世界遺産 ル・コルビュジエ作品群

国立西洋美術館を含む17作品登録までの軌跡

山名善之

TOTO
建築叢書

装幀　中島英樹

はじめに

《ル・コルビュジエ》は20世紀において最も重要な「建築家」のひとりである。建築を少し勉強した人に限らず、多くの人がその「名」を知っている。なぜであろうか。それは《彼》の美学に多くの人が共感したということによるのかもしれない。《彼》は建物や都市を構想しデザインするだけでなく、建築以外に絵画や彫刻といったアート作品を残し、20世紀の機械文明や産業社会の中で、生活の歓びを求める人間の居場所を探し求めた。その姿に多くの人が憧れを抱いた。

《彼》の著作やテキストは、われわれの立たされている今日の状況を再認識させてくれる。現代文明に対する怒り、政治的翻弄、混沌とする世界を合理的に理解しようとする努力……など、時には誇大妄想狂的なところもあるが、そこにはひとりの孤独で人間的な姿が映し出されている。喜劇王チャールズ・チャップリンが「モダン・タイムス」(1936)において機械文明と資本主義を批判したように、同時代を生きた2歳年長の《彼》も機械文明と資本主義の中で苦闘し、建築や都市に対する現実に対して処方箋を探し続け、多くの示唆的な発言を繰り返した。1920年から《彼》は「住宅は、住む(ための)機械である」と発するが、この言葉は当時の機械時代を反映し、人びとに衝撃を与えた。また、この言葉は誤解され、彼自身もその反響の中で翻弄され、何度かその表現を言い換え、ニュアンスを探し求める。このように時代精神を探し続けた《彼》のテキストの数々は、難解なレトリック（フランス語においても）ではあるが、まさに20世紀の聖書のごとく、時として迷える現代人に指南すら与える。そして、20世紀における「文化」とは何であろうかという問いに対し、《彼》の残した著作、絵画、彫刻、建築のつくり出す空間は多くのイメージと示唆を与え続けている。その意味において《ル・コルビュジエ》＝《彼》は、シャルル＝エドゥアール・ジャンヌレ（本名）といったひとりの建築家としての個の存在を超え、ルネサンス期の《アンドレーア・パッラーディオ》のごとく、人類の普遍的価値を形成した文化的事象のひとつとしての総称となったようにもみえてくる。

第40回世界遺産委員会（2016年7月、トルコ、イスタンブール）において登録された「ル・コルビュジエの建築作品――近代建築運動への顕著な貢献」は、そのような《彼》の総合的な文化を表象する17の建築作品によるシリアル・ノミネーションである。名声を確実にした「サヴォア邸」や、団地住居棟のプロトタイプ「マルセイユのユニテ・ダビタシオン」は世界中に影響を与えた。また、「ロンシャンの礼拝堂」の優美な空間造形は時空を超えて多くの人びとに感動を与え続けている。それぞれは文化遺産としての世界的評価も高く、単体の文化財として世界遺産に登録されることも考えられた。しかし、今回の世界遺産登録は今までの単体の文化財による登録とはまったく異なった意味をもっている。

東京上野の「国立西洋美術館」を含む17作品は、それぞれが各国のかけがえのない重要な文化財となっているのと同時に、国境を越え7か国、そして三大陸に広がりをもつ文化事象の構成資産群である。つまり、この世界遺産登録の意義は、単体としてのそれぞれの価値にあるというよりも、むしろ「ル・コルビュジエの作品群」が総体として傑出した普遍的価値をもつというところにある。本書はこれまでの近代建築史の視点のみからル・コルビュジエの人となりや作品を紹介するものではなく、われわれが生活する今日にも連続する半過去の文化、文化遺産としてのル・コルビュジエ作品、それらがつくり出してきた社会や文化に関する視点から書かれていることが特徴となっている。

近代（modern）とは何か、という問いかけで始まる第1章「文化遺産としてのモダン・ムーブメント」においては、実在する伝統的建造物や集落などと現実的な社会の間に、近代世界の興りとともに新たな関係が育まれていったことを背景に「歴史」に対する意識に近代性が萌芽したこと、そして、フランス革命や明治維新によって「ヴァンダリズム（破壊活動）」が起こったために逆説的にそれぞれの国において文化遺産保護制度が整えられ始めたことなどを紹介する。また、近代の重要な事象である「モダン・ムーブメント（近代建築運動）」が近代社会の中で成立し、それが文化遺産として位置付けられる過程をフランスや国際的な枠組みから紹介する。この過程を概観することによって、モダン・ムーブメントに関わる建物と環境形成の記録調査および保存のための国際組織であるドコモモ・インターナショナルの設立背景を理解する助けになるであろう。

第2章「近現代建築と世界遺産」においては、ユネスコで、OUV（顕著な普遍的な価値）をもつ遺産の登録と保護が始められたこと、そして遺跡や歴史的建造物の保存を目的としてICOMOSが設立されたことについて、その背景や経緯を把握することによって世界遺産とはどのようなものであるかを、その制度とともに紹介する。また、20世紀の近現代建築の世界遺産登録の流れ、そこから生じたリビング・ヘリテージの議論やオーセンティシティ、インテグリティといった文化遺産の価値の指標に関する議論の推移を紹介する。そのことを理解することによって20世紀遺産の課題の一端を把握することができるであろう。

第3章「世界遺産『ル・コルビュジエの建築作品』」においては、《彼》の活動初期である1920年代に提示された「住宅は住む機械である」といったテーゼに象徴される「工業化の美学」とはどのようなものであったかを再確認し、そこから近代建築運動がなぜ地球上に広がり得たかということを念頭に、そのメカニズムの分析を試みる。その分析をもとに近代建築運動がいかにして日本に辿り着いたかを1920年代から振り返り、プロトタイプ「無限成長美術館」としての「国立西洋美術館」の誕生に至ったのかを詳述する。そして、世界遺産の登録決議文の全文を紹介するとともにそれまでの経緯について言及し、建築家の作品群のシリアル・ノミネーションの意義について考察を加えた。

第4章「世界に広がるル・コルビュジエ遺産」においては、ル・コルビュジエ実現作品のリストを示すとともに、その価値の検討と世界遺産構成資産の選定過程を紹介し、推薦段階におけるシリアル・ノミネーションとしてのOUVに対する各構成資産の貢献の検討を紹介する。そして登録された17の建築作品の文化遺産としての価値をクライテリアとその属性に照らし合せながら紹介する。

地域に根差す文化遺産としての重要性のみでなく、地球上に広がる文化としての世界遺産登録は、「ル・コルビュジエの建築作品——近代建築運動における顕著な貢献」が史上初となる。そのこともあり登録に至るまでには約15年もの年月を要した。20世紀文化遺産とはいかなるものであるのか？　世界遺産登録にはどのような意義があるのであろうか？　推薦書類の起草から登録まで長い時間をかけて多くの人とさまざまな議論を重ねてきた。この貴重な経験をもとに、この世界遺産登録のエッセンスを筆者なりに整理し、まとめたのが本書である。全4章で構成された本書を読み通すことにより、近現代建築の文化的事象の理解が深まることを期待している。

目次

第１章　文化遺産としてのモダン・ムーブメント

1　近代（modern）とは何か

「文化遺産としてのモダン・ムーブメント」という言葉に多くの人が違和感を覚えるかもしれない。「モダン（modern）」とは現代的、今風であることであり、また、その様を表す言葉である。そこに、多くの人びとが、つねに新しく、みずみずしく、未来を切り開く何かを連想するのに対し、「文化遺産」という言葉には過去の伝統といった古びた何か重々しさを感じる人も多いであろう。生き生きとした「モダン」に対して、死後に残す財産という意味のある「遺産」という言葉には、死と関連したネガティブなイメージをもつ人も少なくない。

本書では、「近代建築運動（モダン・ムーブメント／modern movement）」に対して顕著な貢献をした「ル・コルビュジエの建築作品」の世界遺産登録の意義とは何であるのかを探っていくが、その前に、前提となる「近代≠モダン（modern）とは何か」ということをまず確認しておきたい。この真正面からの問いに対し、「時代区分として近世よりも後で、現代（contemporary period）よりも前の時代を指すもの」といった紋切り型の応答から、「モダニティ（modernity）」とは現代性、現代的なものを意味し、「今日とは何か」を問い続けることにほかならないといったものまでその答えの幅は広く、それ自体を画一的に定義することは難しい。

日本史の教科書では、江戸時代の終わりまでが「近世」、明治維新から戦前までが「近代」、戦後から今日までが「現代」と書かれている。ヨーロッパにおいては東ローマ帝国滅亡（1453）からルネサンス（14～16世紀）を経て産業革命までの時代を「近世（early modern period）」とし、成文憲法、国民国家と資本主義といった近代を象徴するあり方が現れた18世紀末期からを、象徴的にはフランス革命（1789）以降を「近代（modern period）」の本格的な始まりとする見方が一般的である。単純にヨーロッパにおける「近代≒モダン」と日本のそれとを比べると、その起点が日本においては明治維新（1867）、そしてヨーロッパ、例えばフランスにおいてはフランス革命の１７８９年となり、80年弱の時差であると理解することもできる。

しかし、例えばフランス語圏においては英語圏の「モダン（modern）」とも異なり、16世紀ごろからフランス革命までを「モダン（modern）」とし、それ以降から現在の歴史までを「コンテンポラン（contemporaine）」とする使われ方がなされている。筆者は20代後半にパリの国立美術史研究所（ＩＮＨＡ）[注1]においての研究者としてのキャリアをスタートさせたが、「モダン（modern）とは何か」を美術史の観点から議論する場に何度か出くわした。フランス人を中心とし、ヨーロッパ人でないのは私のみということがほとんどであったが、フランス語による議論は、ルネサンス期より以降の今日までのモダン（modern）の概念を前提として進められることが多かった。このような超大なモダン概念の連続性が認められての議論が通常であったが、これは近代≒モダン（modern）とは、開国によって近代文明つまり西洋文化が流入した明治維新より始まると考えるわれわれ日本人の感覚とは意識に差があり面食らった記憶がある。また、「彼ら」の議論を相対化させるために他者である私に意見が求められることも多く、明治維新前まではモダン（modern）概念の連続性を認識できないという私自身の意識を助長させられた。その上「日本における近代」とは自発的なものではなく、いわゆる西洋化によってもたらされたものであるという、植民地的な文化的支配構造を植え付けられているようで、その都度、議論に対して抵抗感を覚えた。

とはいえ、一般に、主権国家体制の成立、市民革命による市民社会の成立、ナポレオン戦争による国民国家の形成など、18世紀後期以降のヨーロッパで成立し今日の世界を特徴付けている社会のあり方を「近代＝モダン」の社会を象徴する要素とし、これらが19世紀以降、日本をはじめとする欧米以外にも伝わり、世界全体を覆うようになるというのが今日では一般的な考え方となっている。世界遺産に登録された「ル・コルビュジエの建築作品」は「近代建築運動（モダン・ムーブメント）における顕著な貢献」という副題を有している。前述の「近代＝モダン」とは何かということを問い続けることを本書全体の前提としながら、この副題に示された「近代建築運動」とは何であるのかということは本書の第3章を中心に探っていきたい。

2　文化遺産の主体

ヨーロッパにおける16世紀から19世紀にかけてとは、近代世界が起こり、同時に歴史と文化遺産について、近代的考え方の基礎が築かれてきた時代とされている。18世紀後半のヨーロッパにおいては文化的、科学的、政治的、経済的な発展によって一連の変化が起こっている。特に科学思想と技術的知識が大きく発展し、工業化社会へと移行する都市部では人口が飛躍的に増大した。社会構造の変化に伴い、実在する伝統的建造物や集落などと社会との間に、新たな関係が育まれていった。

このような社会構造の変化とともに、「歴史」に対する意識にも近代性が萌芽し始めた。「叙述された歴史」は、同じ史料を基礎としても何を「価値基準」とするのかによってまったく異なる叙述となり得る。よって、どのような価値基準を拠り所にするか、また、それは果たして普遍的な妥当性をもつのかということが重要となる。この考察に関わる哲学の領域である歴史哲学の基礎を築いたひとりにイタリア人哲学者のジャンバッティスタ・ヴィーコがいる。彼は「数学的知識以外の知識はあり得ない」というデカルト派の認識論に反対し、学問に必要なのは認識可能なものと不可能なものを区別する原理であると考えた。そして数学は人間のつくり出した仮説であり、歴史は人間の「行為事実」が無からつくり出すものであるから、両方とも認識可能な事柄であると説く。この反デカルト学説を説いたヴィーコの革命的著作である『新しい学』[注2]において彼は、普遍的な「理想的人間」あるいは「理想的社会」という古典的概念はもはや意味をもたないとし、歴史性（historicity）という新しい考え方により、芸術作品や歴史的建造物はかけがえのない、固有の文化の表象として、また国民のアイデンティティの反映として保存すべきものと考えられるようになったとする。

歴史的建造物が固有の文化の表象として捉えられるようになったことにより、文化遺産としての建造物という意識が生まれるようになった。これも「近代＝モダン」が切り開いたひとつの時代からの所産であるといえるであろう。過去の遺物や建造物を文化遺産として捉え、それらを如何に保護し修復し保存するかという意識は、近代という流れとともに変化する。今日では、文化遺産の保護は国際機関であるユネスコ（UNESCO　国際連合教育科学文化機関）[注3]の重要な役目のひとつとして位置付けられ、１９８９年のユネスコの中期プログラムにおいては、文化遺産が以下のように定義されるに至っている。

> 文化遺産とは、各々の文化すなわち全人類が過去から受け継いだ、芸術的あるいは象徴的な有形記号体系の全体と定義することができる。文化的アイデンティティを肯定し豊かにする構成的な要素のひとつとして、全人類のものである遺産として、文化遺産は、各々の場所にその独自の特徴を与える。それは人間の経験の宝庫である。それゆえ文化遺産の保存と公開は、文化に関する政策の要石をなしているのである。

「文化の多様性の保護および文明間対話の促進」などを主要な目的として掲げるユネスコでは、このような文化遺産の定義においても世界市民的意識を前提として「各々の文化すなわち全人類が」と捉えているところに特徴がある。また遺産というと、とかく遺す側を主体と考えがちだが、この定義で気づくように、「文化遺産（cultural heritage）[注4]」の主体は受け継ぐ側の方にあるのである。文化遺産をヴィーコの歴史哲学の考えに戻って捉え直すと、固有の文化の表象としての、あるいは市民のアイデンティティの反映としての文化遺産を通して、今日、文化事象を定位させることができるのであって、受け継いだ側、継承した側、つまり過去のものではなく今日的な視点が重要になってくるのである。

3　ヴァンダリズム

近代の最も象徴的な出来事のひとつとしてフランス革命[注5]がある。革命者やそれに乗じた者たちによって、フランス各地で旧体制である王政派に所属するとされる建造物の破壊活動が頻発した。彼らは王権やその周りにいた宗教者などの旧支配者による社会の象徴的な建造物や事物を破壊し取り除くことによって、建造物等を通して支配関係を強いられていた旧社会から新しい社会体制への

図1-1　フランス革命後に荒廃するクリュニー修道院

脱却を成し遂げようとしたのである。王族、貴族だけでなく、聖職者追放と教会への略奪・破壊がなされ、クリュニー修道院[注6]（図1-1）やサント＝ジュヌヴィエーヴ修道院[注7]などの由緒ある教会・修道院が破壊されるとともに蔵書などの貴重な文化遺産が失われた。革命が進行する中、ロワール川沿いの街のひとつであるブロワの司祭アンリ・グレゴワールは、西ローマ帝国を侵略し、ローマを破壊したヴァンダル族の野蛮な破壊になぞらえて、この愚かな破壊行為を「ヴァンダリズム（vandalism）」と呼び、芸術や建築の保護を訴えたのであった。

このような動きは遠いフランスに限ったことではない。日本における近代のスタートにおいても明治政府によって神仏分離と廃仏毀釈《はいぶつきしゃく》が行われ、多くの貴重な文化遺産が失われた。神仏分離令（1868）や大教宣布（1870）は神道と仏教の分離が目的であり、仏教排斥を意図したものではなかったが、結果として廃仏運動と呼ばれた破壊活動を引き起こしてしまう。廃仏毀釈運動というヴァンダリズムが盛り上がりをみせたのは、江戸時代に行われていた幕府が民衆を管理するための間接統治システムである寺社奉行による寺請《てらうけ》制度に対する民衆の反発という一面もある。この点においてはフランス革命におけるヴァンダリズムと共通した、旧体制に対する反発といった暴力的な民衆感情が底流にあることが分かる。

この文化遺産に対するヴァンダリズムに日本人として最初に危機感を抱いたのが、東京美術学校（現・東京藝術大学）の設立にも尽力した、近代日本における美術史学研究の先駆者、岡倉天心である。1880年7月に帝国大学文学部を卒業した岡倉は、翌月、仏像などの美術品を見たいという外国人御雇教員のアーネスト・F・フェノロサ[注8]のために、通訳として奈良に同行し、そこで仏教美術の荒廃に衝撃を受ける。文部省に入った岡倉は翌年の1881年（明治14年）にはフェノロサと日本美術の調査を開始する。岡倉は調査を続けながら、文化財保護を国家として取り組まなければ、残された仏像もいずれは消滅し、日本人が長年拠り所としていたものが失われていくのではと危機感を募らせたのであった。しかし、欧米列強に追いつくことを至上命題としていた明治政府の下において、岡倉が訴え続けたことはなかなか優先課題とはならなかった。それでも1897年（明治30年）には、岡倉が長年切望していた、文化財保護を目的とした文化財保護法の元となる古社寺保存法が成立する。

4　フランスにおける文化遺産保護制度

日本における「重要文化財」とほぼ同義であるフランス語における歴史的モニュメント（monument historique）という言葉は、革命直後の1790年の憲法制定国民議会において初めて登場する。1834年、当時のフランソワ・ギゾー内相が設置した文化財総監に、プロスペル・メリメが就任した。フランスにおける文化遺産保護は彼が文化遺産管理の任にあたったことから始まったといわれている。

これは王政、カトリック社会を象徴するようなクリュニー修道院に代表される建造物が、旧体制の象徴として革命期からヴァンダリズムによって失われ、フランス国民の記憶に残るモニュメントが消失したことで、多くの市民が文化的基盤の連続性を失い、焦燥感に苛まれたことによるものとされる。ヴァンダリズムに対し、まず、フランソワ＝ルネ・ド・シャトーブリアンやヴィクトール・ユーゴーなどロマン主義の作家たちが反対の声を上げ、ユーゴーの小説『ノートルダム・ド・パリ』（*Notre-Dame de Paris*, 1831）などにおいて、中世を見直す気分が高まったことは有名な話である。

1791年にはアレクサンドル・ルノワールがフランス文化財博物館監査官に就任し、パリ左岸にある17世紀建造のプティ・オーギュスタン修道院が博物館としてあてがわれた。ここで1795年からは破壊され断片化された建築の蒐集が開始されたが、これが建築史料蒐集の最初とされている。その後1816年に博物館としては閉鎖されることになり、蒐集物はエコール・デ・ボザール[注9]内に移された。

このように、フランスの文化遺産の保護制度も、革命政府によって体制が移行した後、フランスとしての文化的基盤の連続性を担保するために、アーカイブズ制度と同様に整えられていったともいえる。

批判する向きもあるが、フランスにおける文化財修復の歴史において最も重要な人物は、19世紀中葉に活躍したヴィオレ＝ル＝デュク[注10]である。彼は中世復興を唱え、多くの歴史的建造物を修復した。そして彼の死後、その影響を受けた人びとによってシャイヨー高等研究センターの前身となる、建造物修復専門の高等教育機関がトロカデロ宮に1887年に設立され、最初の専門資格をもった修復建築家(architectes en chef des monuments historiques, ACMH)が1893年に誕生する。

文化財行政が法律として大きく整えられるのは、1887年に歴史的建造物の保護に関する法律が制定されるのを待つことになる。その後、歴史上または美術上の見地から保存の必要がある不動産および動産を保護の対象とする「歴史的記念物に関する1913年法」が整備され、そして「1927年の文化財建造物登録制度」により、「インヴェントリー(目録)」の整備が法律によって運用されるようになる。その目録に指定されることで文化財となり、私有財産であっても文化財の修理に対しては、行政手続きを経て国費を投入できるよう整備された。また、文化財の現状変更や所有権の移転も制限され、この制度によって、まさに共和国の共有財産としての文化財の実質的な運用が始まったともいえる。

そして1943年の「文化財建造物周辺域の景観規制」、「保護区域に関する1962年法（マルロー法）」、「都市計画に関する1973年法」、1983年の「ZPPAU（建築都市遺産保護地区）」[注11]、1993年の「ZPPAUP（建築都市景観遺産保護地区）」[注12]などによって文化財の周辺景観の保護に関する法律も充実していくのである。[注13]

5 新古典主義と歴史主義

18世紀中葉から19世紀のフランスは、ロココ芸術の過剰な装飾性や軽薄さに対する反動として荘厳さや崇高美を備えた古代ローマといった古典様式が模索された。新古典主義の最初の転換点となったのはアントワーヌ・ロージエによる著作『建築試論』[注14]であるが、ここで彼は建築の原始的形態にまでさかのぼった「原始の小屋」というモデルを提示し、柱・エンタブラチュア・ペディメントの要素のみで構成された建築が真の古典建築の規範であることを示す。パリにこの頃建てられた

「サント・ジュヌヴィエーヴ教会堂」（1757-1790／ジャック・ジェルマン＝スフロ）、「オデオン座」（1779-1782／マリー＝ジョセフ・ペイル＆シャルル・ド・ウェリー）などは新古典主義による建築の代表的なものである。

新古典主義の建築に対しては、当時の考古学も影響をおよぼしている。古典的な真の美を発見することを求めて実測図面を作成するために、建築家はローマやギリシアをはじめ考古学の発掘チームに同行していた。フランスにおいては、美術アカデミーの終身書記に1816年から就任したカトルメール・ド・カンシー[注15]が古典主義芸術の研究を進める中で、特に古代建築に関心を寄せ、ウィトルウィウスを再解釈した大著を著した。彼は古代建築の復元を試みたり、ギリシア建築が再発見されていく過程で、古代ギリシア建築に建築の原型を求め、建築辞典をまとめたりするが、そこに留まることに満足せずに建築史を編纂する重要性を説くのである。

ウィトルウィウスの残した『建築について』（*De Architectura*, c. 30-15 BCE）によりローマ建築はルネサンスに始まる古典主義建築の源泉となった。それに対し、ギリシア建築は18世紀に至るまでヨーロッパでは長い間忘れ去られていたが、パエストゥム（Paestum）の再発見もあり新古典主義運動において、ギリシア建築は建築の起原であると考えられるようになり、グリーク・リヴァイヴァルを巻き起こした。しかし、この古典的な真の美を発見するという純粋な考えによって、ローマとギリシアが相対化されるだけでなく、1798年のナポレオンのエジプト遠征によるエジプト様式の流入や、ロマネスク様式のリヴァイヴァル、イギリスでのゴシック・リヴァイヴァルの流れが18世紀後半にはフランスにも流入したこと、そして19世紀中葉から20世紀初頭にかけての復興ビザンティン様式の流行などによって、さまざまな歴史様式が併存するようになった。これにより純粋に古典を求める古典様式から、単なる歴史主義、様式の混交による折衷様式の時代へと移行していった。フランス革命後の革命政府の指導者たちも古代ギリシアや共和政時代の古代ローマ民主主義との結び付きから新古典主義を当初は好んだものの、19世紀が進むと古代ローマ時代の建築様式に代わって、次第にゴシックやルネサンスが再評価され、過去の建築様式のリヴァイヴァル運動が起こった。この流れの中で、19世紀末には多くの建築様式史の編纂が試みられた。モダニズムの観点から建築史を書き上げたイギリスの建築史家ニコラウス・ペヴスナーは、この建築様式の折衷主義（eclecticism）を含む、過去の建築様式のリヴァイヴァル現象を「歴史主義」と批判的に呼称している。

この古典建築、様式建築を規範とする歴史主義を教育機関として推し進めたのがパリのエコール・デ・ボザールである。1648年にルイ14世によってフランス王立アカデミー付属の学校として設立された美術学校、そして、1671年に宰相ジャン＝バティスト・コルベールによって創設された建築アカデミーがこの教育機関の基礎である。エコール・デ・ボザールでは年に1回「ローマ大賞」というコンクールが主催され、最優秀者にはローマで研究するために全額給付の奨学金が与えられていた。古典主義、歴史主義を基本とするこのような教育システムは、政治的な状況の変化により紆余曲折はあったものの1968年まで続いた。この教育システムと並行して、そして歴史主義が興隆する中で、モダニズムが萌芽するのである。

6　モダン・ムーブメント

日本においては「近代建築」というと、多くの人が明治時代に建てられた西洋建築を思い浮かべるであろう。西洋の建築様式や技術を用いた建築物や、西洋風の意匠を取り入れた建築物を指して「近代建築」というが、これ自体もいわゆる当時の欧米にあった「歴史主義」建築が日本へ移入されたものである。明治の開国以来、近代国家の基盤を整備するために多くの公共施設の建設が急務であったが、明治時代の建築家の多くは欧米に留学、あるいは視察することにより、「西洋の建築」を受容していった。[注16] 明治末から大正時代に入るころには、ヨーロッパ各国のモダン・ムーブメントが紹介され始め、ウィーン分離派やドイツの表現主義の影響もうかがえるようになり、建築の表現が、歴史主義といった様式建築から離れつつあったことが分かる。建築史の用語として、モダン・ムーブメントの理念に基づいて建てられた建築物は単に「モダン・アーキテクチャー」と呼ばれているが、日本においては明治時代の近代建築、つまり様式建築、西洋式建築との混同を避けるために、「モダニズム建築」と呼ぶことが多い。

一般的にモダニズムは、古典的な君主制などの権威主義的な体制に対抗し、啓蒙主義以降の人間の理性中心の思想的流れの中で現れたものと位置付けられる。そして、19世紀後半から20世紀初頭の社会の変容から生じたモダニズムは、同時代的に進行した芸術、建築、文学、哲学といった多様な文化の動向と一体となって推移し、社会組織や日常生活を大きく変革し、新たな環境を形成していった。

20世紀以降に起こった芸術運動としてのモダニズムは、特に第一次世界大戦以後の戦間期、つまり1920年代を中心にした前衛的な動向を指し、従来の19世紀芸術に対して伝統的な枠組に捉われない表現を追求した。今回、世界遺産登録された「ル・コルビュジエの建築作品」の副題である「近代建築運動（モダン・ムーブメント）における顕著な貢献」の「モダン・ムーブメント」とは、この「モダニズム」を理論的な基盤としている。

モダン・ムーブメントをかたちづくった要因の中には、近代の産業社会の発展と都市の急速な成長、それに続く第一次世界大戦への呼応があった。建築においては、その前段階に、モダン・ムーブメントの素地を形成したいくつかの流れ——過去の古典様式建築を否定するウィーン分離派（セセッション／Secession）、抽象美術・抽象芸術の理論化を主張した新造形主義（Neoplasticism）、国際的な影響関係の結節であったデ・スティル（De Stijl）、工芸・写真・デザインなどを含む美術と建築に関する総合的な教育を行い教育機関と一体となった運動を展開したバウハウス（Bauhaus）——などがある。これらとともに、またはそれらを前提としながら、「歴史主義」に陥っていたパリの建築アカデミーに対抗しながら、「新しい建築」を目指して、１９２０年代以降、半世紀近くモダン・ムーブメントが展開したのである。

7　パリの「ヴォワザン計画」と文化遺産

建築におけるモダン・ムーブメントの中で主要な役割を果たしたひとりが、パリを中心に活躍したスイス生まれの建築家ル・コルビュジエ（本名：シャルル＝エドゥアール・ジャンヌレ）である。ダダイストの詩人ポール・デルメをディレクターとし、友人の美術批評家、画家であるアメデエ・オザンファンとともに、雑誌『エスプリ・ヌーヴォー』（*L'Esprit Nouveau*）を１９２０年10月に創刊する。「新しい精神、明快な概念に導かれた建設と統合の精神」といった宣言で始まるこの出版活動を通して、ピュリスム（purisme）の理論を推し進めるためにふたりは建築だけでなく、美術、文学、科学、産業といった異なる活動領域の連帯を主張した。理論的には画家ジョルジュ・スーラにも影響を与えたシャルル・アンリの『科学的美学入門』が大きな理論的位置を占め、現代の工業化社会に呼応した芸術と科学・工業の融合が目指された。この雑誌を再編集するかたちで『建築へ』[注17]

などのル・コルビュジエの初期の代表的な著作が出版された。

ジャンヌレとオザンファンは編集責任者として論説を担当し、「ル・コルビュジエ＝ソーニエ」という連名ペンネームで論考を発表することによって思想的な共同関係を表明している。第18号（1923年11月号）において初めて「ル・コルビュジエ」の単独の署名による記事が発表されるが、その1年前の「1922年パリ・サロン・ドートンヌ」において、ル・コルビュジエは「工業化の美学」に基づく「新しい建築」を示すことになる。住宅の工業化を目指して制作した、フランスの国産自動車シトロエンを捩《もじ》ったプロトタイプ、「メゾン・シトロアン」の石膏模型を出品したほかに「300万人の現代都市」を発表する。このように1922年の「パリ・サロン・ドートンヌ」において紹介された「工業化の美学」は、旧来の様式、装飾芸術の否定であり、新たな精神の提案であった。

「300万人の現代都市」はその後も研究が続けられ、1925年に開催された「（通称）アール・デコ博[注18]」において、最もインパクトのある敷地を対象に、パリの「ヴォワザン計画」（図1-2）として発表される。これは「生活様式と住居をバランスの取れたものに刷新すること[注19]」をテーマに、雑誌『エスプリ・ヌーヴォー』の購読者のひとりでもあったガブリエル・ヴォワザンのスポンサリングにより実現した。「エスプリ・ヌーヴォー館」において展示されたのである。この博覧会に併せて、雑誌『エスプリ・ヌーヴォー』の関連記事をまとめて『今日の装飾芸術[注20]』として出版するが、

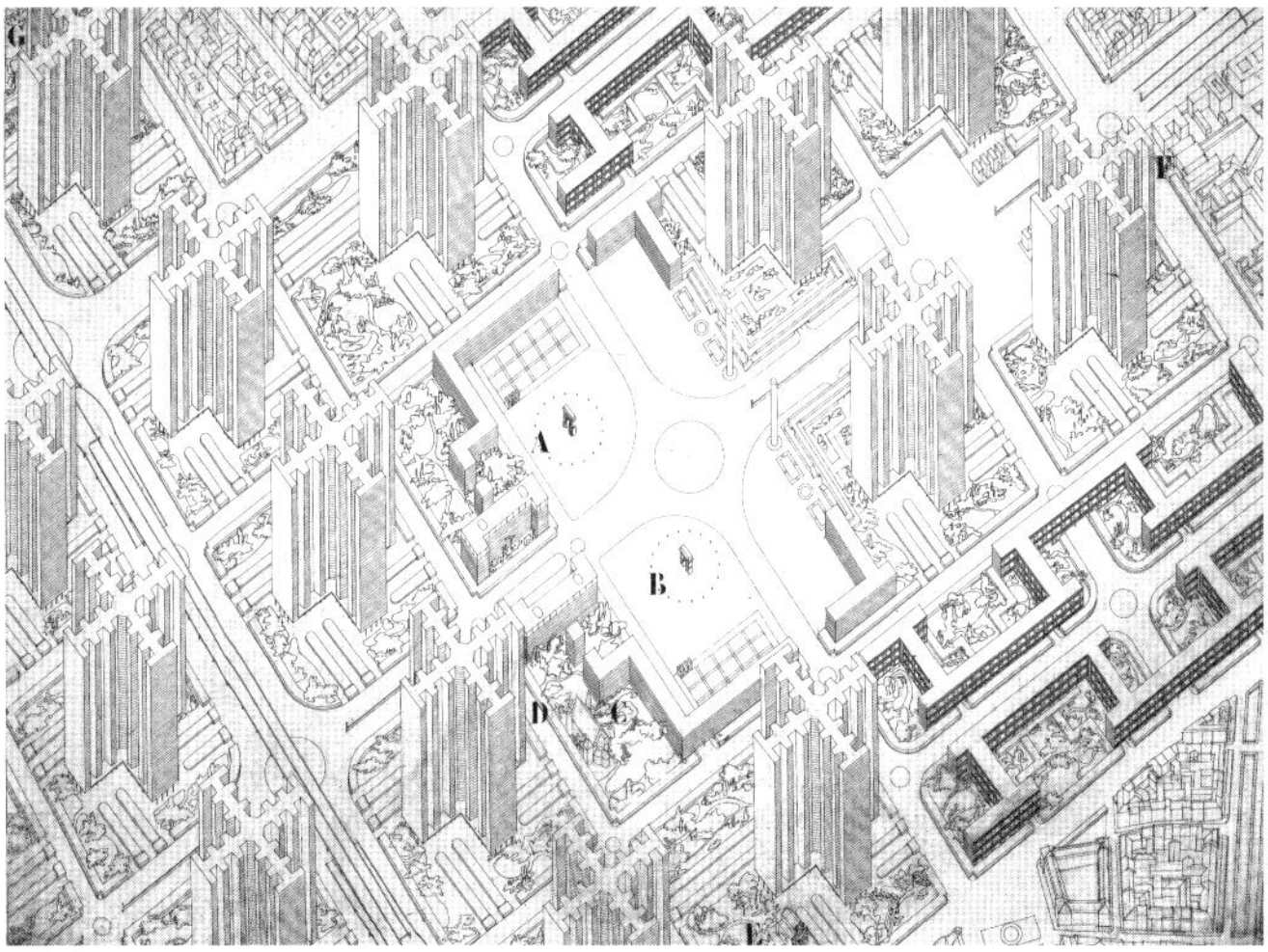

図1-2　ヴォワザン計画／1925／パリ（フランス）／FLC番号：29723

その中でル・コルビュジエは次のように述べる。

様式が存在し得ないように、ましてや生きながらえる装飾芸術はあり得ない。様式がある時代の様式となるのは、偶然かつ表面的な付け加えによって、作品を構成しやすくし、不具合を覆うために取り付けられ、繰り返されて豪華にするという事情によるのだ。……だが装飾芸術に存在理由がないとしても、それに代わる道具として、建築があり、芸術品がある。……建築とは、精神のひとつのあり方で、時代から生じる感情を物的なかに固定することだ。……

と、これまでの様式主義を否定し、新しい精神である「エスプリ・ヌーヴォー」を伴った新しい建築、都市の姿を提案する。

このパリの「ヴォワザン計画」はセーヌ河右岸の趣はあるが不衛生で合理的でないパリの中心部（ルーブル美術館横を通るリヴォリ通り北側の数平方キロメートルに当たる）を一掃し「現代都市」をつくるという、重々しい歴史的環境を一掃するかのように、新たな煌びやかなガラスのタワー群を立ち現れさせようとする計画である。公園に囲まれた低層部と並木道の上に建つ一列に並んだ巨大なスカイスクレイパーは、新しい時代の精神の象徴として経済秩序を賛美するかのごとく、周りの旧市街を見下ろしている。

都市への人口集中による環境悪化に定常的に悩まされていたパリは、開発を前提として、1911年に拡張委員会を設置し、都市開発の課題にいかに応えるかを、広く一般に公開するかたちで議論するようになる。1919年に行われた拡張計画のコンペでレオン・ジョセリーが経済的側面を重視する計画案を提案して当選するが、このような都市開発計画案が具体化する中で文化遺産に対する保護も急務となってくる。本章4節に前述したとおり、1887年に歴史的建造物の保護に関する法律が制定されて以来、文化遺産保護の議論が盛んになる。「歴史的記念物に関する1913年法」が整備され、「文化財建造物登録制度」により「インヴェントリー（目録）」の整備が法律によって運用されるようになる1927年までの間に開発が期待されるパリ市内では、文化遺産に対する多くの保護措置がとられるようになった。

パリ中心部を取り壊し、「現代都市の機械」に置き換えるという「ヴォワザン計画」は、ル・コルビュジエをネガティブに捉える時に重宝されてきた。アメリカの大都市が自動車中心になり、人間不在の状況になっていることに疑問をもった批評家ジェイン・ジェイコブズも『アメリカの大都市の死と生[注21]』の中で、

彼（ル・コルビュジエ）が考えた都市は精巧な機械仕掛けのおもちゃのようだった。……秩序があり、明快で、理解しやすかった。まるでよく出来た広告のように、一度で内容を分からせてくれる。こうして計画に示されている大胆な考えは、プランナーや不動産業者、建設業者と働く設計者、銀行家、そして市長にまでも受け入れられてしまったのである。

と1960年前後におけるアメリカの大都市の過ちの元凶がル・コルビュジエのこの計画にあるかのようにも記述している。世界遺産登録の作業が進む中の最終段階のフランスにおいても、『ル・モンド』紙などがその記事の中で「ヴォワザン計画」のイメージを紹介し、近代都市計画の失敗をル・コルビュジエの大罪として酷評してきた。文化財関係者の間でも、文化遺産の集積するパリを壊滅的に破壊しようとした建築家としてのイメージが強く、それを理由に「ル・コルビュジエの建築作品」登録に対して積極的でない立場の専門家も多かったのである。

このようにル・コルビュジエの提案した計画の中でも最も物議を醸した「ヴォワザン計画」も、図面を詳細に見ると意外なことに気がつく。オフィスビルや住居棟の間に計画された公園の中に、歴史的建造物や歴史的街区が丁寧に残されているのである。まず、ふたつの凱旋門であるサン・マルタン門とサン・ドニ門が周りに広場がつくられ遺されているのに気がつく。このふたつの門は、ここでは都市の文脈から切り離され、「古きパリ」への最後のオマージュという役割を与えられているかのようである。セーヌ河岸においてはルーブル宮とパレ・ロワイヤルが、また、ヴァンドーム広場やマドレーヌ寺院も残しているのである。ル・コルビュジエは著書『ユルバニスム』の中で、

パリの「ヴォワザン計画」をみれば、西と東西に、ルイ14世、ルイ15世、ナポレオンの偉大な線、——廃兵院、チュイルリー公園、コンコルド広場、シャン・ド・マルス練兵場、エトアル広場——がある。そこに、混乱を支配し、混乱に打ち勝った精神、創造が測り知られる。新しい事務所街は、異常なものには見えない。それは、伝統のなかにあって、正常な前進を続けるものとしての印象を与える。

歴史的過去、万人の遺産は尊敬される。……地上面積の5パーセントしか建てられない「ヴォワザン計画」は過去の遺跡を保護し、それらを調和ある環境のなかにおく。……人びとはそこ

で教えられ、夢を見、息をつく。過去はもはや生命を殺す不吉な身振りではない。過去はあるべき位置を取り戻す。

と記している。

1991年に「パリのセーヌ河岸」は世界遺産に登録されたが、それよりも70年ほど前に計画されたセーヌ右岸に計画されたル・コルビュジエの「ヴォワザン計画」も、世界遺産に登録されたエリアを慎重に避け、セーヌ河岸のルーブル宮、パレ・ロワイヤルなどには基本的に開発の手を付けず、リヴォリ通りの北側のエリア、オスマン通りを幹線道路として開発を計画している。遺さなくてはならないというものは、時代を超えて共通するものがあるのであろう。また、古いものをすべて遺そうというのではなく、ル・コルビュジエ自身も「万人の遺産は尊敬される」とし、重要な文化遺産は（選択的に）遺されるべきであるとし、結局は「ヴォワザン計画」自体がパリの中心部の正しい解決をもたらすものではないとしながらも、計画は議論を時代に応じた水準に引き上げ、課題を健全な尺度に引き戻すことに役立つものだと説明している。つまり、この計画の意図のひとつとしては、現実的な開発の必要性から目を背けて保存リストの充実のみに原理的に集中する姿勢、またパリの歴史的遺産に目もくれず開発のみを現実とする姿勢、この両者のもつ危険性に対して警鐘を鳴らすものであったのだろう。

8 「サヴォア邸」の破壊危機

ル・コルビュジエは南フランスのカップ・マルタンの海岸で遊泳中に心臓発作を起こし他界する。1965年8月27日のことであった。

芸術家の財団の設立準備は作家の没後に始められると思われがちだが、ル・コルビュジエ財団の設立の準備は彼の死の十年ほど前から自身の手によって進められていたのである。1957年、妻イヴォンヌが他界するが、跡継ぎのいないル・コルビュジエはこの頃から死後の財産の管理、広い意味での遺産に意識的になっていたようだ。自宅やアトリエに残っていたスケッチや図面、絵画・版画や彫刻などの美術作品、蔵書、往復書簡、契約書類、写真、メモ……などが散逸してしまうのではないかという心配とともにである。

第二次大戦下において、ナチス・ドイツ軍に接収され荒廃が進んでいた「サヴォア邸」が、1958年には隣接する高校の増築拡張のため取り壊しの危機に瀕する。この危機に際し、ル・コルビュジエは当時ハーバード大学の教授であったスイス人美術史家で『空間・時間・建築』[注22]の著者でもあるジークフリート・ギーディオンと連携し、アメリカのMoMA、ホセ＝ルイ・セルト、リチャード・ノイトラ、ポール・ネルソン、スイスのアルフレッド・ロートなどを巻き込み「サヴォア邸」が貴重な歴史的文化財であるような認知が広まるようにユネスコなどにも働きかけながら保存運動を展開したのであった。運動を通してル・コルビュジエの中には「ル・コルビュジエ財団」となり得るようなおぼろげなイメージが浮かんできたであろうことが当時のメモ書きなどから推察できる。

……私の唯一の相続主体として「ル・コルビュジエ財団」なるものを設立しようとしている。基金はまとまった相当価値あるものになるであろう。具体的には、数千枚におよぶデッサン、200枚ほどの絵画類、1922年以来の建築と都市計画の図面……、そして、現在では4、あるいは5か国語に訳されている50冊近くになる著作の版権……、こういったものがわれわれの目の前にある金目のすべてだ。……そして、ナンジェセール・エ・コリ通りのアパルトマンも基金の一部だし、湖の住宅も同様。そしてスコエア・ドクトル・ブランシュにある住宅もラ・ロッシュ氏が財団の本部として提供してくれる旨を、数回にわたって私に打診してくれている。……

（1959年11月3日付の書簡）

これは「サヴォア邸」保存のために、購入資金として約一億フラン（旧フラン）必要だということが分かった直後に、ル・コルビュジエがギーディオンに宛てた手紙である。緊急の資金の必要性を前にル・コルビュジエは同時に今までの設計活動全体のうち4分の1ほどしか設計料を獲得できなかったことを嘆き、私の手のうちには現金こそないがこのような財産はあるということをギーディオンに訴えたのである。

奔走の末、世界中から250近くの保存要望の電報が集まる。これらを当時の文化大臣アンドレ・マルローへ送り、「サヴォア邸」は1962年にフランス政府が買い上げるに至る。幸い、ル・コルビュジエ自身が私財を投じてという最終手段は避けられたのであった。「サヴォア邸」は、その後、1963年から1967年にかけて何度か修復工事がなされ、ル・コルビュジエが他界した1965年にはフランス政府による文化財指定を受けるのである。

このように保存運動は無事に実を結ぶが、ル・コルビュジエはこの経験を通して、彼がそれまでに創作し続けた知的創作物が永遠なものではなく物理的な破壊の危険性をはらんでいることを実感することになるのである。

9　ル・コルビュジエ財団の設立

1960年を境にル・コルビュジエは財団設立の重要性を意識し始め、その準備に具体性が増してくる。

時代の要請に強く応えて、あるいはその闘争に関与することで、私は人生を成してきた。だから、私は家族以外の、多くの重要人物と付き合う機会にも恵まれ、あるいはそれらの人びととしばしば摩擦を起こすこともあった。……ここに遺言として私の所有するすべてのものを、管理者である「ル・コルビュジエ財団」あるいはそれに対応するものに相続することを宣言します。そして「ル・コルビュジエ財団」は精神的なものへと昇華するようにと、つまり、私が人生をかけて追い求めたという努力が継続してゆくようになることを願います。

（ル・コルビュジエ、覚書、1960年1月13日付）

ル・コルビュジエは財団の構想をあたため、没後に財団を任せようとする近親者に宛て、財団のイメージを記した右のような書き出しで始まる4ページほどの遺言書のようなものを書いた。そこには財団の目的、使命を定めるとともに財産リストを別添していた。財団の正式な「定款」は1965年6月11日付で登記されるが、内容は1960年に作成したこの覚書とほとんど変わっていない。「サヴォア邸」の保存運動と、財団設立の動きの中で、学生を中心としたアソシエーションやル・コルビュジエ財団設立の準備委員会の役目を果たしたル・コルビュジエ友の会などが活動を始める。そのような状況の中、1962年にアンドレ・マルローは「サヴォア邸」を財団本部として利用する「サヴォア邸＝ル・コルビュジエ・ミュージアム」の構想を提案する。紆余曲折のうえ、前述のラウル・ラ・ロッシュの提案が尊重され、財団本部として利用することを条件に１９６４年に「ラ・ロッシュ邸」をル・コルビュジエ財団に相続する旨を確認する書面が取り交わされる。１９６５年6月にラ・ロッシュが他界し、その直後にル・コルビュジエも彼を追うように他界する。そして本部の定まった「ル・コルビュジエ財団」は１９６８年7月24日付の官報告示により正式に発足する。１９７０年には「ラ・ロッシュ邸」に隣接する、ル・コルビュジエの兄の住宅であった「ジャンヌレ邸」も財団に寄贈され現在の姿となっている。

ル・コルビュジエ財団が発足してから半世紀近くが経過した。財団の発足以来、その主事業のひとつとして、ル・コルビュジエに関するドキュメント類のアーカイブ化が続けられてきた。[注23] 財団の創設時には、研修生としてアメリカなどからの海外の大学からも研修生を受け入れ整理を進めたらしい。[注24] その後、前事務局長のトレアン女史の下で、図面整理作業、アーカイブ化が進められ、マイクロフィルム、マイクロフィッシュによる図面類の二次媒体保存、そして、その二次媒体をもとに１９８２年にはガーランド社（ニューヨーク、ロンドン）より、およそ３２，０００枚の図面が縮小、モノクロ版32巻として出版された。このマイクロフィルム化によりル・コルビュジエの図面の一次整理が完了し、目録番号（ＦＬＣ番号）が付され、一次目録が完成したことは評価に値する。その後、ル・コルビュジエ財団と日系企業であるエシェル・アン（Echelle-1）社によるデジタル化に伴い、再度、精緻に整理が施され、２００５年3月よりデジタルデータの出版が行われるに至っている。

このようにル・コルビュジエの知財を長年にわたって整理・保管し、展覧会協力を行い、コンファレンスなどを開催することで、その文化的意義を検証してきたル・コルビュジエ財団の功績によって、今回の世界遺産登録の基礎がつくられたといえるであろう。

10　フランスにおける20世紀遺産の文化財登録

フランス政府は、フランスの歴史上または美術上の見地から保存の必要がある不動産および動産を保護の対象とすることを「歴史的記念物に関わる1913年法」において定め、それを根拠に「1927年の文化財文化財建造物登録制度」により「インヴェントリー（目録）」の整備が進んだ（本章4節）。この初期段階において、第一次世界大戦（1914-1918）の戦争遺産が20世紀建造物として初めて登録された。第一次世界大戦の分水嶺のひとつとなったといわれるマルヌ会戦（1914-1915）に関わるものであり、ベルギーを突破したドイツ軍をマルヌ河畔でフランス軍が食い止めた戦いの記憶を留めておくために、1920年法案の施行により調査がなされ砲台跡等が歴史的建造物として保護されたのである。[注25] 第二次世界大戦直後も同様にいくつかの戦争遺産が早い段階で指定されるが、そのような類以外にもフランスの政治家として名高いジョルジュ・クレマンソーの「パリのアパルトマン」（1931年より博物館として改修）[注26]が20世紀遺産として指定されたのは20世紀も半ばを過ぎた1955年のことである。

1957年には最初のモダン・ムーブメントの建造物としてオーギュスト・ペレ兄弟設計による「シャンゼリゼ劇場」（1910-1913）が指定される。その後、1958年にシャルル・ド・ゴール将軍がアルジェリア戦争を背景に第四共和政を打倒し、第五共和政を樹立したのを契機にフランスの国の体制が大きく変わる。その際、それまで文化財保護行政を担当していた芸術省を改組し、作家、冒険家でもあったアンドレ・マルローを初代大臣として文化・コミュニケーション省が設立される。本章8節で触れた「サヴォア邸」の破壊危機がこの頃（1958）起こるが、ル・コルビュジエの国葬（1965）の葬儀委員長を務めるほどマルローはル・コルビュジエと近い存在であり、「サヴォア邸」の保護活動において彼の存在は大きなものであった。マルローは文化省設立前にド・ゴール大統領の下でコミュニケーション相などを務め、ド・ゴールの唱える「偉大なフランス」に対して、「文化の権利（droit à la culture）」の概念を提唱するとともに、この概念を新たなフランス憲法（第五共和政）に盛り込むことで戦後フランスの威信を世界に発信することを試みていた。そのひとつとして、マルローはモダンアートやモダン・ムーブメントによる建築にも理解を示し、歴史的資産としてだけでなく現代のフランス文化として、これらを重要視していた。

このような流れの中で、マルローは文化大臣としてフランス近代遺産に力を注ぐ。1959年からフランス文化省によりモダン・ムーブメントの建築作品の保護が具体化されていくが、そのひとつのきっかけとなったのは「サヴォア邸」の保護活動であり、もうひとつはアメリカで次の年に起きたフランク・ロイド・ライトの代表作である「ロビー邸」(1909-1910)の取り壊しの話である。しかし、「シャンゼリゼ劇場」の文化財保護の過程の中で、1913年の法令のみでは20世紀文化遺産の保護がそれ以前のものとは同様に運用ができないというさまざまな実務的問題が発生してきた。そして、1961年の省令で「インヴェントリー(目録)追録制度」をつくることにより、注目に値する現代建築までをも保護対象にすることを可能にしたのである。この制度の下に第2次モダン・リストの作業が進められる。ここでは、〈i 意義ある潮流をつくり出した建築〉、〈ii 建設技術の発展に寄与した建築〉、〈iii アーバニティを形成する建築〉ということなどをクライテリアに、故人となった代表すべき建築家の主要作品という視点でリストが整えられていった。これはペレ兄弟であるオーギュスト・ペレとギュスターブ・ペレが50年代に次々と他界したこともあり、20世紀初頭の「建築家の作品」を保護する基準として「故人」という縛りが選定の条件に課されている。続く1963年には、〈i 1900年という時代〉、〈ii モダン・ムーブメント〉、〈iii 国際様式(1925-1940)〉といった注目すべき建築潮流という観点から存命中の建築家も含めて作品を登録する文化財目録が作成された。そこで拾い上げられた建築家は、エクトール・ギマール、オーギュスト・ペレ、トニー・ガルニエ、アンリ・ソヴァージュ、シャルル・ルクー、ボードワン・エ・ロッズ、ロベール・マレ＝ステヴァンス、モウリス・ノヴァリナ、ジャン・プルーヴェ、ル・コルビュジエといったものであり、近代の技術である鉄筋コンクリートやメタル建築の多くが登録された。ここで注目すべきことは、オーギュスト・ペレによって復興計画がなされ、2005年に「オーギュスト・ペレによって再建された都市ル・アーヴル」として世界遺産登録された「ル・アーヴルの建築群」（1943-1957）が、1965年に「サン・ジョセフ教会」が歴史的記念物に登録されたのを機会に、ユルバニスムとしての面的に広がりのあるものに対して、文化遺産としての注意が払われるようになったことである。ドイツにおいてもこの時期に文化遺産としてのモダン・ムーブメント建築の価値が認められる動きが出始める。ヴァルター・グロピウス設計による「バウハウス校舎」（1925-1926）は東ドイツ体制下において学校が再開され、1964年には建物の価値が地元において公式に認知され、その10年後に国（東ドイツ）の歴史的建造物に指定される。竣工後50年が経過した70年代半ばには大規模な修復工事が開始され、傷んでいたカーテンウォールが修理される。この「バウハウス校舎」も1996年に世界遺産に登録されている。

ル・コルビュジエは1965年8月27日に他界するが、その直後の1965年9月16日官報告示において「ナント・ルゼのユニテ・ダビタシオン」のファサードと外被部分が歴史的記念物に登録され、同年12月16日には「サヴォア邸」が、翌年1967年の11月8日に「ロンシャンの礼拝堂」が、それぞれ歴史的記念物に指定される。また、「ジャウル邸」のファサードと外被部分は、

1966年6月29日告示で登録される。献堂式が1955年の6月25日である「ロンシャンの礼拝堂」が、その後わずか12年半で文化遺産として指定され、「ジャウル邸」も竣工後、わずか11年で歴史的記念物として登録された。アンドレ・マルロー文化大臣のイニシアティブがあったにせよ、これはフランスの文化財の中でも異例の早さでの文化遺産指定であるといえよう。1970年代に入ると初期住宅作品のひとつである「クック邸」のファサードと外被部分が1972年2月17日告示で登録される。「ポルト・モリトーの集合住宅」も、そのファサードと外被部分が1972年1月31日告示で指定される(エントランス・ホールと共用部分が1990年10月31日告示で登録)。このようにル・コルビュジエの建築作品も少しずつではあるが、文化遺産として認知され、その保護措置がとられるようになる。

11　モダン・ムーブメント建築の破壊

文化遺産としてのモダン・ムーブメント建築の意識が高まりをみせたのは、その背景に1960年頃から多くの重要なモダン・ムーブメント建築の破壊が起こったからにほかならない。フランスにおける「サヴォア邸」、アメリカにおける「ロビー邸」の破壊話は象徴的な出来事であったが、日本においても、「パレスサイド・ビル」が現在建っている場所にアントニン・レーモンド設計による「リーダーズ・ダイジェスト東京支社ビル」（1951）が建っていたが、これは１９６３年に取り壊されている。また、明治村にエントランス・ホール部分が移築再現されたフランク・ロイド・ライト設計の「帝国ホテル」（1923）が老朽化と地盤沈下を理由とした建て替えのため保存運動も空しく取り壊されたり、丸の内地区に復元された「三菱一号館」（1894）が取り壊されたりしたのは日本が高度成長に沸いていた１９６８年であった。

フランスも同様である。ペレ兄弟設計のものでは１９６０年前後に、パリ11区のアーチが特徴であった大空間をもつ「アトリエ・エステー」が、また傑作のひとつである「ポンテュ街のガレージ」（1906-1907）も、シャンゼリゼ通り近くの好立地であったためか、開発のために１９７０年に取り壊される。パリ郊外のビル・ダブレにあったル・コルビュジエ設計の「チャーチ邸」（1927-1930）も１９６５年に壊された。ル・コルビュジエらが中心になり１９２８年より近代建築運動の国際的な議論を巻き起こしたＣＩＡＭ（近代建築国際会議）[注27]も１９５６年には実質的に崩壊し、１９６０年前後から近代建築運動に対する疑念や見直しが始まる。

ル・コルビュジエの評価は彼が他界（1965）したことも手伝ってか、近代建築運動とともにひと昔前のものとされ急速に下がっていった。建築家、ユルバニストのフィリップ・ブドンは、改変の激しかったル・コルビュジエの初期作品「ペサックの集合住宅」（1924）を社会学的見地から調査し、モダン・ムーブメントの唱えた集合住宅の規格化、画一化について、それに満足しきれない住民たちが、住むという意思の発露として改変を加えたという論調でモダン・ムーブメントをネガティブな側面から1969年出版の『ル・コルビュジエのペサックの集合住宅[注28]』において論じ、この著作は当時から現在に至るまで多くの学生に読まれる本となった。

12　モダン・ムーブメント建築の保護

1920年代からのモダン・ムーブメントが1960年を境に失速し、多くのそれらの建築作品も老朽化や機能が充足できなくなってきたことを理由に1970年以降、さらに近現代建築の解体が加速する。パリの中心にあった19世紀建築で、建築家ヴィクトール・バルタール設計による「レ・アール中央市場」（図1-3）はその郊外への移転と跡地の高速地下鉄中央駅の建設のために1971年から1973年にかけて破壊される。19世紀近代都市構造から大きく街並みが変わる中での出来事である。同様にトニー・ガルニエによる工業都市のアイデアの実現を試みたリヨン市の大規模プロジェクトである「リヨン屠畜場・市場」（1909-1914）は、市街周縁部の開発によって1974年にスリー・ヒンジ・アーチが特徴のメイン・ホールのみを残して破壊される。20世紀建築に対する要求性能の変化は著しく、ヨーロッパ各地に建てられた結核治療のための建築であるサナトリウムもこの時期にその多くが閉鎖され壊されている。1930年代の映画文化の象徴でもあ

図1-3　パリ「レ・アール中央市場」（バルタール設計）の取り壊し（1972）

りパリのアール・デコの代表的な建築作品であった「ゴウモン・パラス映画館」（1930）も1972年に壊される。

文化遺産としての20世紀建築の解体が加速するにつれ、その保存の気運が社会的に高まり行政による保護措置が執られるのは皮肉な話である。フランスにおいては1974年8月に文化省歴史的記念物局にピエール・デュソウルが副局長に就任したのを機に、このような近現代建築の破壊の状況を受けて、その保護を急務な第一課題として、1か月後の9月15日までに「1830年以降の文化遺産としての価値が醸成されている近現代建築」を各県20件ずつ現況写真とともに提出するようにと、全国の文化財担当者に呼びかける。そして同年10月には全国から集められた19・20世紀建築の中から300件を選び保護措置をとるようにと答申するに至る。この300件の保護推薦リストのうち52%がアール・ヌーヴォーのもので、1930年代のモダン建築は33%に留まっていた。これを契機として1975年以降1984年までの10年間、毎年10〜20件の近現代建築の歴史的建造物として保護措置を施すようにルーティン化する政策がとられる。

アメリカにおいても、ほぼ同じ時期にフランク・ロイド・ライトの建築作品を起点としてモダニズム建築の保存の気運が高まる。そして1960年代末には連邦法によって制度的に整えられ、その後、例えば、南カリフォルニアにあるリチャード・ノイトラ設計の「ロヴェル邸」(1927-1929)が1971年に、ルドルフ・シンドラーの「ロヴェル・ビーチハウス」(1926)が1976年に国家歴史登録財(National Register of Historic Places)に登録されるなど、1970年代から1980年代にかけてモダニズム建築に対する具体的な措置の中で、近現代建築の保護制度がアメリカ社会の中にも根付いてくる。

ル・コルビュジエの建築作品は「サヴォア邸」や「ロンシャン礼拝堂」、「ジャウル邸」が早い時期に文化財指定や登録がなされ保護されたが、前述のデュソウル副局長の就任直後に大きく進展する。1975年1月15日告示において、「救世軍本部」(1930-1933)のファサードと外被、ホールと階段部分、「アトリエ・オザンファン」(1922-1924)ファサードと外被、「リプシッツ＝ミスチャニノフ邸」(1924-1925)のファサードと外被部分の3件が同時に歴史的記念物として登録さ

指定年	作品名	告示年月日
1984年	「フィルミニの文化の家」を指定	1984年10月8日
	「フィルミニの競技場」を指定	1984年10月8日
1985年	「ブラジル学生会館」を登録	1985年11月4日
1986年	「マルセイユのユニテ・ダビタシオン」のファサード、テラス、ポルティーク、ホール、共用廊下等を含む内部空間等を指定	1986年6月20日（キッチン家具を含むインテリアを伴う50号室を1995年10月12日告示で指定）
	「スイス学生会館」を指定	1986年12月16日
1987年	「マンドロ邸」を指定	1987年12月29日
	「サン・ディエの工場」のファサードと外被部分を指定	1988年5月10日
1990年	「レージュの集合住宅」を登録	1990年5月30日
1993年	「フィルミニのユニテ・ダビタシオン」のファサードと屋根及び学校部分を指定	1993年9月9日
	「ブリエのユニテ・ダビタシオン」のファサード、屋根、ポルティーク部分及び受付、第一共用廊下、101、116、128、131、132、133、134号室部分を登録	1993年11月26日
1994年	「カップ・マルタンの休暇小屋」サイト全体（バラック・アトリエ、ヒトデ軒、ユニテ・ド・キャンピングも含む）を登録	1994年3月25日
1995年	「ラ・ロッシュ-ジャンヌレ邸」を登録	1995年10月15日

表1-1　ル・コルビュジエ作品の文化財への指定と登録

れるのである。続いて、同年１９７５年5月12日の告示で「スタイン邸」（1927-1928）のファサードと屋根部分が、翌年１９７６年8月16日の告示で「プラネクス邸」（1925-1928）のファサードと屋根部分が登録される。そして、70年代末の１９７９年12月11日の告示で、「ラ・トゥーレット修道院」（1956-1960）が指定されるといった具合である。この時期に近現代建築に対する文化遺産としての理解が進み、ル・コルビュジエの建築作品に限らずモダン・ムーブメントの建築作品を含む多くの20世紀文化遺産が登録される。

その後、ル・コルビュジエ作品に関しては１９８０年代、１９９０年代に歴史的記念碑としての文化財指定、登録が進み（表1-1）、この時期に世界遺産に登録されたフランス国内の建築作品の文化財としての保護措置が整えられた。

13　ドコモモ・インターナショナルの設立

鉄筋コンクリート建築の先駆者とされル・コルビュジエの師匠でもあったオーギュスト・ペレは１９５４年に他界し、彼とその兄弟の残した図面類は１９５９年にフランス国立工芸院（ＣＮＡＭ）[注29]に寄贈され整理作業が始まる。この20世紀建築のドキュメンテーションの流れは、フランス国内の国立・地方アーカイブにおいても70年代から盛んになり、フランス文化省による建築高等研究機関の中心的役割を果たすことを目的に1981年に設立されたフランス建築研究所（IFA）[注30]の誕生により、そこに「20世紀建築アーカイブ」[注31]が国立アーカイブとの連携により編成され1984年にオープンする。

また、前述したように（本章9節）ル・コルビュジエ財団は1968年7月に発足し、ル・コルビュジエの知財と文化財を管理するために、図面をはじめとした膨大なドキュメント整理の活動が始まる。フランスだけでなく他の国においても同様の動きが起きる。例えばイギリスにおいて20世紀ソサイエティ（C20）[注32]の前身である30年代ソサイエティ[注33]が1979年に設立され、展覧会「30年代――戦前のブリティッシュ・アートとデザイン」[注34]が催され活動が開始されるが、1992年に名称が現在のものに改称されると、より20世紀の建築作品の保護を推し進める活動に力を入れるようになった。アメリカにおいても1985年にフランク・ロイド・ライトの住宅の所有者の会議が呼びかけられ1987年に第1回会合が催され、その2年後の1989年にフランク・ロイド・ライト建築保護団体[注35]が設立される。

モダン・ムーブメントにおいて重要な国のひとつであるオランダにおいて、1980年代にモダン・ムーブメントの建築作品として重要なヨハネス・ダウカー設計による「サナトリウム・ゾンネストラール（Sanatorium Zonnestraal）」（1926-1931）が荒廃し、それをどのように保存活用するかなどの議論が始まりつつあった。そして、1988年にはこのモダン・ムーブメント建築の保存やドキュメンテーションに関する問題意識を共有するために当時、アイントホーヘン工科大学教授のフーベルト・ヤン＝ヘンケットと建築家ヴェッセル・デ・ヨングの呼びかけにより、西ヨーロッパを中心とした修復建築家、建築史家、専門家等が集まり議論を交わした。多くの近現代建築が破壊の危機に瀕している状況を受けて、問題意識を共有するために議論と情報交換のための共通のプラットフォームの構築が参加者の全員一致により求められた。これがひとつのきっかけとなり、モダン・ムーブメントを記録するとともに、それに関わる現存建物・環境の保存とそのドキュメンテーションを目的に掲げるドコモモ（DOCOMOMO）[注36]・インターナショナルが同年１９８８年に設立され、ドコモモの理念や活動に関する宣言である「ドコモモ憲章（アイントホーヘン宣言）」が２年後の１９９０年に採択された。

国境を越えたモダン・ムーブメントが１９２０年代に西ヨーロッパの各地で明確なかたちをとり、それから半世紀を経て、巨匠建築家によるいくつかのモダン・ムーブメントの建築作品に対する文化遺産としての価値が醸成され始めた。そのような状況がドコモモ・インターナショナルといった国際的な議論の場を必要とし始めたことは自然なことであったのかもしれない。１９９０年の第１回の総会（国際会議）の後、国際会議、総会が開催され議論が継続されている（表１-２）。

日本においては、１９９８年にドコモモ・インターナショナルからの支部設立の要請を受けるかたちで、日本建築学会の建築歴史・意匠委員会下のドコモモ対応ワーキンググループを母体に組織

回数	開催年	開催地
第1回	1990年	オランダ、アイントホーヘン
第2回	1992年	ドイツ、デッサウ(バウハウス)
第3回	1994年	スペイン、バルセロナ(ミース財団)
第4回	1996年	スロバキア、ブラスティラバ(スロバキア国立博物館) およびスリアック(スリアックスパ)
第5回	1998年	スウェーデン、ストックホルム(ストックホルム建築博物館) /スカンディナビア5カ国共催
第6回	2000年	ブラジル、ブラジリア(ブラジリア大学)
第7回	2002年	フランス、パリ(ユネスコ本部)
第8回	2004年	アメリカ、ニューヨーク(コロンビア大学)
第9回	2006年	トルコ、イスタンブール(イスタンブール工科大学 およびアンカラ中東工科大学)
第10回	2008年	オランダ、ロッテルダム(ファン・ネレ工場)
第11回	2010年	メキシコ、メキシコシティ(メキシコ自治大学)
第12回	2012年	フィンランド、ヘルシンキ(オタニエミ文化会館)
第13回	2014年	韓国、ソウル(ソウル国立現代美術館)
第14回	2016年	ポルトガル、リスボン(カルースト・グルベキアン財団)

表1-2　ドコモモ・インターナショナル国際会議の開催地

1. モダン・ムーブメントの建築に関する重要性を、一般市民、行政当局、専門家、教育機関に広めること。
2. モダン・ムーブメントの建築作品の調査を進め、学術的価値を位置付けること。
3. モダン・ムーブメントの建築、環境群の保存とリユース(再利用)を推し進めること。
4. モダン・ムーブメントの貴重な建築作品の破壊と毀損に反対すること。
5. 保存とリユース(再利用)に対する適正な技術や手段の開発と専門知識の伝達を行うこと。
6. 保存とリユース(再利用)の調査のための基金の調達を図ること。
7. モダン・ムーブメントという過去の挑戦に基づいて形成された建築環境を、将来に継承すべく持続可能なものとして探求しながら、新しいアイデアを展開していくこと。

表1-3 ドコモモ憲章(アイントホーヘン・ソウル宣言)

を整え、重要なモダン・ムーブメント建築20件の選定作業を開始し、2000年のブラジリア総会でドコモモ の支部として正式に承認される。当時、モダン・ムーブメントの建築作品の保存意識は未熟なものであったが、この頃から段階的に醸成され始める。その後、アジア地域にも徐々にではあるが支部が設立され始め、2014年に初めてアジア地域で第13回の韓国・ソウル大会が開催される。ソウル大会においては文化遺産としてのモダン・ムーブメントの建築作品の保存だけでなく、再利用の観点についても議論を深めていくことが再認識され、その観点から「アイントホーヘン宣言」が「アイントホーヘン・ソウル宣言」（表1-3）へと書き換えられた。

ドコモモ・インターナショナルの設立から四半世紀が経過したところで、「ル・コルビュジエの建築作品――近代建築運動（モダン・ムーブメント）への顕著な貢献」が世界遺産へと登録されたことになる。この世界遺産登録はモダン・ムーブメント建築作品への保存意識が成熟していく過程の中でのさまざまな議論が結実した、ある一段階ともいえるであろう。

1　Institut national d'histoire de l'art ／パリ大学ソルボンヌ美術史研究所などを基礎に「学術的活動を振興し、芸術と遺産の歴史の分野における国際的な学術協力に貢献する」ことを目的に設立された美術史関係の図書館を含む研究機関。筆者はパリ大学Iパンテオン・ソルボンヌ校博士課程に1996年9月～2002年3月の間、近現代美術史部門（ジェラルド・モニエ部門長）に籍を置き研究活動を行っていた。

2　原著は、Giambattista Vico, *Principi di scienza nuova*, 1725 ／邦訳は、ジャンバッティスタ・ヴィーコ著、叢書・ウニベルシタス『新しい学』（全

3巻)、上村忠男訳、法政大学出版局(2007, 2008)

3 United Nations Educational, Scientific and Cultural Organization

4 「文化遺産」、つまりカルチュラル・ヘリテージ〈cultural heritage〉の「遺産」(ヘリテージ〈heritage〉)とは古フランス語にも存在する概念であり、「受け継がれる、継承される」を意味するフランス語のエリテ〈hériter〉を語源とする。

5 1787年にブルボン朝の王権に対する貴族の反抗にはじまった騒乱は、1789年7月14日、バスティーユ牢獄を襲撃し、全社会層を巻き込む本格的な革命となり、政治体制は絶対王政から立憲王政、そして共和制へと移り変わっていった。

6 正式名称はサン=ピエール・エ・サン=ポール・ド・クリュニー修道院(Abbaye de Saint-Pierre et Saint-Paul de Cluny)。ブルゴーニュ地方のソーヌ=エ=ロワール県・クリュニーに909年9月11日、アキテーヌ公ギヨーム1世により創建されフランス革命まで存続した。現代も活動するカトリック教会最古の修道会であるベネディクト会系の修道院であった。フランス革命によって破壊され放棄された後に、他の建造物の石材供給源になった。

7 サント=ジュヌヴィエーヴ修道院(Abbaye Sainte-Geneviève de Paris)は、かつてパリにあったカトリック教会の修道院。フランス革命によりほとんどが破壊され、建物の一部は、現在パリ5区のアンリⅣ高等学校の校舎となっている。聖アウグスチノ会の規則を遵守するフランスの団体コングレガティオン・ド・フランスの責任者として、サント=ジュヌヴィエーヴ修道院はジェノヴェファン(Génovéfains)を自称し、17世紀から修道院はヨーロッパに大きな影響を与えた。

8 アーネスト・F・フェノロサはハーバード大学で哲学、政治経済を学び、動物学者エドワード・シルヴェスター・モースの紹介で1878年に来日し、東京大学で哲学、政治学、理財学(経済学)などの講義を担当した。美術が専門ではなかったが、来日前にボストン美術館付属の美術学校で油絵とデッサンを学んだことがあり、美術への関心はもっていた。来日後は日本美術に深い関心を寄せ、助手の岡倉天心とともに古寺の美術品を訪ね、天心とともに東京美術学校の設立に尽力した。

9 17世紀のパリに最初に設立された国立高等美術学校 École nationale supérieure des Beaux-Arts(ENSBA)。ここでの教育は伝統的、古典主義的な作品が理想とされ、これらの理想化された様式を踏襲させていく教育システムであった。1968年の5月革命をきっかけに、ソルボンヌ大学に続いて構造改革を要求して立ちあがったボザールも大学の改革が行われ、解体そして分校制へと移行した。これを機に建築科も分校制の各建築教育ユニット(U. P.)となり、その後、筆者も在籍したパリ・ベルヴィル建築学校(Ecole Nationale Supérieure d'Architecture de Paris-Belleville)(U. P. 8)に代表される各建築学校(大学)へとなる。

10 ウジェーヌ・エマニュエル・ヴィオレ・ル・デュク。中世建築の修復、およびゴシック建築の構造合理主義的解釈で知られる。羽生修二『ヴィオレ・

ル・デュク　歴史再生のラショナリスト』鹿島出版会（1992）に詳しい。ヴィオレ・ル・デュクの著書の日本語訳と解説としては『建築講話』飯田喜四郎訳、中央公論美術出版（1986）がある。

11 zones de protection du patrimoine architectural urbain

12 zones de protection du patrimoine architectural urbain et paysager

13 江口久美著『パリの歴史的建造物保全』中央公論美術出版（2015）に詳しい。

14 原著は、Marc-Antoine Laugier, *Essai sur l'architecture*, 1753／邦訳は、マルク・アントワーヌ・ロージエ著、『建築試論』、三宅理一訳、中央公論美術出版（1986）

15 白井秀和著『カトルメール・ド・カンシーの建築論――小屋・自然・美をめぐって』、ナカニシヤ出版（1995）に詳しい。

16 工部大学校で日本人建築家を養成した御雇外国人教員であったジョサイア・コンドル（Josiah Conder, 1852-1920）はヴィクトリアン・ゴシック様式の建築家であり、教え子の辰野金吾（1854-1919）もロンドンに留学し、イギリスの当時の歴史主義建築の強い影響を受けた。

17 原著は、Le Corbusier-Saugnier, *Vers une architecture*, 1923, Paris, Editions G. Crès.／邦訳は、ル・コルビュジェ・ソーニエ著、『建築へ』、樋口清訳、中央公論美術出版（2003）。ル・コルビュジエ著、SD選書21『建築をめざして』、吉阪隆正訳、鹿島出版会（1967）。ル・コルビュジエ著、『建築芸術へ』、宮崎謙三訳、構成社書房（1929）

18 1925年4月28日から11月8日までフランスのパリで開催された現代産業装飾芸術国際博覧会（Exposition Internationale des Arts Décoratifs et Industriels Modernes）

19 ガブリエル・ヴォワザンは、弟のシャルル・ヴォワザン（Charles Voisin, 1882-1912）とともに、フランスの飛行機製作のパイオニア的存在で1907年にレオン・ドラグランジュの注文で製作したヴォワザン・ドラグランジュ1型機がヨーロッパ2番目の動力飛行に成功した。1912年からは、軍用機の製作を始めたが、競合他社との競争に敗れ、第一次世界大戦後に軍用機製作から転換をはかり、戦争中に急募した工員に仕事を提供するため、工場製作のプレファブ住宅をトラックで配送する工業化住宅への参入を試みた。この一連の中でル・コルビュジエは「ヴォワザン計画」を立案する。しかし、この事業は成功せずにヴォワザンは自動車メーカーへ転身し、1946年にシトロエンと合併、その歴史を閉じることとなる。

20 原著は、Le Corbusier, *L'Art decoratif d'aujourd'hui*, 1925, Paris, Editions G. Crès.／邦訳は、ル・コルビュジエ著、『今日の装飾芸術』、前川國男訳、構成社書房（1930）、鹿島出版会（1966）

21 原著は、Jane Jacobs, *The Death and Life of Great American Cities*, New York (Random House), 1961／邦訳は、ジェイン・ジェイコブス著、『ア

メリカ大都市の死と生』、黒川紀章訳、鹿島出版会（1977）。同新版に、山形浩生訳、鹿島出版会（2010）

22 原著は、Sigfried Giedion, *Space, Time and Architecture*, Harvard University Press, Cambridge,1941／邦訳は、S・ギーディオン著、『空間・時間・建築』、太田實訳、丸善（1955）

23 ル・コルビュジエのドキュメントは、活動の初期に訴訟案件をいくつか抱えたためか、その証拠書類ともいえる膨大な量の書類が保管されている。書簡類の送付カーボン・コピー、電報類、カタログ、見積もり、名刺、写真、レストランの領収書をはじめ、スケッチ対象の瓶や貝殻のオブジェ類、さらにはスケッチ、図面などが保管されている。

24 例えば建築史家のB・B・テイラー（Brian Brace Taylor, 1944-2017）もハーバード大学から派遣され、膨大な資料の整理に取り組んだひとりである。彼は整理の初期の成果として展覧会「ペサックの集合住宅」（１９７２年、パリ、ボストン）を開催するなどした。

25 これに続いて１９２２年には同種のピカルディの戦い、シャンパーニュ＝アルデンヌの戦い、ロレーヌの戦いに関わる戦争遺産が文化遺産として指定された。

26 クレモンソー博物館（パリ16区、8, rue Benjamin Franklin）http://www.musee-clemenceau.fr

27 Congrès International d'Architecture Moderne

28 原著は、Philippe Boudon, *Pessac de Le Corbusier*, Dunod, 1969／邦訳は、フィリップ・ブードン著『ル・コルビュジエのペサックの集合住宅』、山口知之、杉本安弘訳、鹿島出版会（1976）

29 Conservatoire national des arts et métiers

30 Institut français d'architecture

31 Centre d'archives d'architecture du XXe siècle

32 The Twentieth Century Society

33 The Thirties Society

34 Thirties: British Art and Design Before the War

35 Frank Lloyd Wright Building Conservancy

36 Documentation and Conservation of Buildings, Sites and Neighbourhoods of the Modern Movement

第２章　近現代建築と世界遺産

1　ユネスコ

世界遺産の事務局である世界遺産センター（The World Heritage Centre）はユネスコ（UNESCO）の文化セクターに属し、1992年以来ユネスコの文化遺産部から独立するかたちでパリのユネスコ本部に設置されている。ユネスコは国際連盟のもとに設置された「国際知的協力委員会（ＩＣＩＣ）」[注1]の活動が発展したものとされている。ＩＣＩＣは国際的な輿論《よろん》を構成する要素である教育、科学、哲学の研究制度および研究設備を探求し、また国際関係改善のために各国間における思想や知識の交換を図る方途を審議することを目的に国際連盟の諮問委員会として設置され、1922年8月1日に第1回委員会が開催された。国際連盟事務局次長であった新渡戸稲造が幹事長に就任し、哲学者ベルグソンや物理学者のアインシュタイン、キュリー夫人など、著名な有識者12名が出席していた。さらに、1926年にフランス政府の財政的支援により「国際知的協力機関（ＩＩＩＣ）」[注2]がパリに設立され、ＩＣＩＣが立案する事業の実施機関として第二次世界大戦の混乱で活動が中止されるまで大学、図書館、知的財産、芸術、情報、メディア等の分野で活動が続いていた。

これらの活動にコミットしていたのが、国際弁護士で1907年から1943年まで国際平和ビューローの事務局長を務め1913年にノーベル平和賞を受賞した、フリーメイソンのメンバーであったアンリ＝マリー・ラ・フォンテーヌと、作家、起業家、空想家、法律家、平和活動家で情報学の父といわれるポール・オトレである。このふたりのベルギー人は世界平和実現のため世界知識人センター[注3]を設立（のちに国際連盟の知的協力機関[注4]に併合）し、世界学校、世界大学、世界議会、国際裁判所などの組織を提案した。このうちのひとつが「国立西洋美術館」などのル・コルビュジエの美術館プロトタイプ「無限成長美術館」の原型となる「世界美術館」を含む、ル・コルビュジエとオトレ、ラ・フォンテーヌによる「ムンダネウム」[注5]プロジェクトである。

第二次世界大戦前のこれらの活動が母体となり、大戦後の１９４５年11月にイギリスとフランス両国政府の招聘によりユネスコ設立のための会議がロンドンで開催されユネスコ憲章が採択された。ユネスコ憲章前文には「戦争は人の心の中で生まれるものであるから、人の心の中に平和のとりでを築かなければならない」と記されている。戦争の悲劇を繰り返さないために、教育や文化の振興を通じて世界平和を推進するとの理念を掲げてユネスコが設立されたのである。そして、文化の多様性の保護および文明間対話の促進などが、重点的に推進する活動目標のひとつとして掲げられ、世界遺産の登録と保護、文化多様性条約の採択のほか歴史的記録遺産を保全するユネスコ記憶遺産事業などが行われているのである。

ユネスコは第二次世界大戦の終結後の１９４６年11月４日に設立されたのち、徐々に加盟国を増加させ活動も多岐にわたるようになっている。１９５１年には未だ国際連合本体に未加盟だった

	第1条 目的及び任務 第2項
(a)	大衆通報(マス・コミュニケーション)のあらゆる方法を通じて諸国民が相互に知り且つ理解することを促進する仕事に協力すること並びにこの目的で言語及び表象による思想の自由な交流を促進するために必要な国際協定を勧告すること。
(b)	次のようにして一般の教育と、文化の普及とに新しい刺激を与えること。 加盟国の要請によって教育事業の発展のためにその国と協力すること。 人種、性又は経済的若しくは社会的な差別にかかわらない教育の機会均等の理想を進めるために、諸国民の間における協力の関係をつくること。 自由の責任に対して世界の児童を準備させるのに最も適した教育方法を示唆すること。
(c)	次のようにして知識を維持し、増進し、且つ、普及すること。 世界の遺産である図書、芸術作品並びに歴史及び科学の記念物の保存及び保護を確保し、且つ、関係諸国民に対して必要な国際条約を勧告すること。 教育、科学及び文化の分野で活動している人々の国際的交換並びに出版物、芸術的及び科学的に意義のある者その他の参考資料の交換を含む知的活動のすべての部門における諸国民の間の協力を奨励すること。 いずれの国で作成された印刷物及び刊行物でもすべての国の人民が利用できるようにする国際協力の方法を発案すること。

表2-1 ユネスコ憲章

日本が加盟するなど、旧枢軸国の加盟も比較的早い段階で進んだ。ユネスコのその後の全地球的な充実へ道を切り開いたのは1954年のソビエト連邦の加盟である。これによりユネスコは共産諸国にも活動の場を広げ、さらに1950年代から1960年代にかけてアジアやアフリカの新独立国が次々と加盟を果たし、2011年の総会ではパレスチナが加盟し2017年時点では195か国の加盟国、9地域の準会員で構成されている。また、ユネスコは加盟国政府で構成されるいわゆる「政府組織」だが、その目的を達成するためには、それぞれの国の政府だけでなく、市民の協力が必要だとしている点が他の政府間組織とは異なる点である。

それでは、ユネスコとは具体的にはどのような機関であろうか。ユネスコ憲章第1条によると、「国際連合憲章が世界の諸人民に対して人種、性、言語又は宗教の差別なく確認している正義、法の支配、人権及び基本的自由に対する普遍的な尊重を助長するために教育、科学及び文化を通じて諸国民の間の協力を促進することによって、平和及び安全に貢献すること」を目的とした国際連合の専門機関としている。その実現のために、ユネスコは表2-1にある目的と任務を挙げている。

このような趣旨に基づいてユネスコは活動し、加盟国すべてが参加する総会において最高決定がなされる。2年に一度開催されるこの総会において各国がそれぞれ1票を投じ、ユネスコの政策や事業計画についての決定を行っている。世界遺産に関しては1972年の第17回総会で採択された国際条約「世界の文化遺産及び自然遺産の保護に関する条約（世界遺産条約）[注6]」によって履行されており、文化遺産および自然遺産を損傷、破壊などの脅威から保護し保存することが重要であるとの観点から、国際的な協力および援助の体制を確立する活動を行っている。

2　世界遺産条約

世界遺産には、顕著な普遍的価値をもつ建築物や遺跡などを登録する「文化遺産」と、顕著な普遍的価値をもつ地形や生物多様性、景観美などを備える地域などを登録する「自然遺産」、文化と自然の両方について、顕著な普遍的価値を兼ね備える「複合遺産」の3種類がある。本節では「世界遺産条約」がどのような経緯で成立してきたのかを説明したい。

文化遺産の保護に関しては1章にも示したが、その初めての国際的取り決めは略奪禁止に関するもので、1907年に作成された「ハーグ陸戦条約」で規定された。しかし実際は第二次世界大戦においても武力による文化遺産の破壊行為のみならず、占領国が被占領国の文化遺産を強制的に買い取るという事実上の組織的略奪が行われていたのである。この反省に基づき、ユネスコの主導のもとで「武力紛争の際の文化財の保護に関する条約」が1954年5月14日にオランダのハーグで採択され、1956年に発効した。同時に「武力紛争の際の文化財保護議定書」（第一議定書）が作成された。いわゆる「ハーグ条約」である。この第一議定書においては、締約国に対して、平時に文化遺産保護のための適切な措置を取ること、武力紛争の際には文化遺産を尊重することなどを義務付けている。保護の対象としては、建築物、考古遺跡、芸術品などの文化遺産に加えて、美術館や図書館などの保管施設も保護の対象に加えられている。

そして、1960年代にエジプト南部のナイル川流域にアスワン・ハイ・ダムの建設計画がもち上がり、古代エジプト文明のヌビア遺跡の水没が懸念された。これを受けてユネスコがヌビア水没遺跡救済キャンペーンを行い、世界60か国から技術支援、考古学調査支援などの国際的な支援活動が展開された。これがきっかけとなり国際的組織運営により歴史的価値のある遺跡、建築物等を開発から守ろうという機運が生まれた。この流れの中で1965年にパリを本部とする「国際記念物遺跡会議（ICOMOS）」[注7]が誕生するのである。

一方、自然遺産に関しては、アメリカの国立公園制度誕生の100周年に当たる1972年を具体化に向けた中間段階として、「ホワイトハウス国際協力協議会自然資源委員会」において1965年に「世界遺産トラスト」が提唱され、それを受けるかたちで優れた自然を保護する国際的な枠組みが模索され1971年の大統領教書において明文化された。

このふたつの流れが、「かけがえのない地球（Only One Earth）」をスローガンにした1972年の「国際連合人間環境会議（通称・ストックホルム会議）」でひとつにまとまった結果、同年11月16日ユネスコのパリ本部で開催された第17回ユネスコ総会で、「世界の文化遺産及び自然遺産の保護に関する条約（世界遺産条約）」が満場一致で成立することになったのである。この国際条約は全8項目、38条から構成されている[注8]（表2-2）。翌年アメリカ合衆国が第1番目に批准、締結し、20か国が条約締結した世界遺産条約は1975年に正式に発効した。日本が世界遺産条約を批准するのは先進国としては最後となる1992年で125番目の締約国とかなり遅い批准であった。

項目名（条項）	要約
Ⅰ　文化遺産及び自然遺産の定義（1～3条）	文化遺産は「歴史上、芸術上、学術上、顕著な普遍的価値を有するもの」、自然遺産は「鑑賞上、学術上、景観上、保存上、顕著な普遍的価値を有するもの」との基本定義。
Ⅱ　文化遺産及び自然遺産の国内的及び国際的保護（4～7条）	自国内の文化・自然遺産を認定・保護すること各締約国に課せられた第一の義務とする。 そのために必要な立法・行政・措置や国内機関の設置と、他国内の保護活動に対する国際的援助を求め、同時に、国内法に基づく私的財産権を侵害してはならない。
Ⅲ　世界の文化遺産及び自然遺産の保護のための政府間委員会（8～14条）	締約国21か国からなる世界遺産委員会の設置。 「文化財保存修復研究国際センター（ICCROM）」、「国際記念物遺跡会議（ICOMOS）」、「国際自然保護連合（IUCN）」の代表の顧問としての出席、他の非政府機関の代表も必要に応じての出席の承認。 「世界遺産一覧表」と「危険にさらされている世界遺産一覧表」への掲載にあたっての当該国への同意。
Ⅳ　世界の文化遺産及び自然遺産の保護のための基金（15～18条）	締約国の分担金や締約国・政府間機関・公私の機関または個人の任意拠出金・贈与を基にした世界遺産基金の設立を示し、それが世界遺産委員会の決定のみに従って使用されなくてはならない。
Ⅴ　国際的援助の条件及び態様（19～26条）	世界遺産委員会は、研究の提供・技術の提供・専門家の養成・機材の供与・資金の貸付や供与などの形で、当該国に援助を与える。
Ⅵ　教育事業計画（27、28条）	自国民が世界遺産を評価し尊重するように教育・広報活動を行う。
Ⅶ　報告（29条）	
Ⅷ　最終条項（30～38条）	

表2-2　「世界の文化遺産および自然遺産の保護に関する条約」の概要

3　アテネ憲章からヴェネツィア憲章、そしてICOMOS設立

さまざまな国の文化遺産、記念建造物や景観を守るために、国際的運動を起こそうという考えは第一次大戦後に議論が始まった。そして具体的な議論として世界文化遺産の保護の必要性が主張され始めたのは1931年からのことである。前述のICICによって、その4年後の1926年に「国際美術館オフィス（IMO）」[注9]が設立されるが、このIMOによって1931年にアテネで第1回歴史記念建造物関係建築家技術者国際会議が開催される。ここで歴史的建造物の保存・修復に関する原則をまとめたのが「アテネ憲章」[注10]で、〈Ⅰ見解。一原則〉、〈Ⅱ歴史的記念建造物に関する行政的および法的施策〉、〈Ⅲ歴史的記念建造物の価値高揚〉、〈Ⅳ修復のための材料〉、〈Ⅴ記念建造物の破損〉、〈Ⅵ保存技術〉、〈Ⅶ記念建造物の保存と国際協力〉の7項目から構成されている。特に最終項目〈Ⅶ〉の書き出し「a技術的、倫理的協力」には、以下のように記されている。

> 本会議は、人類の芸術的・考古学的遺産の保存は、文明の番人である国家共同体に重大な関わりをもつものであることを認め、各国は、国際連盟条約の精神に基づいて行動し、芸術的・歴史的記念建造物の保存を促進するために、より広い範囲で、より実質的に協力しあうことを希望し、資格があるとされた諸機関や団体が、文明がもっとも高度に表現されていながら、危

機に瀕しているとみなされる価値ある芸術作品の保護のための彼らの関心を、国際的な公共の権利を決して侵害することなしに表明できることを非常に好ましいことであると考え、このための要望が、国際連盟の知的協力の組織下で、各国の好意的な注意が喚起されるように推奨されることを希望する。

まさに世界遺産条約へと繋がる文化遺産に関する国際協力の萌芽が見受けられる。そして、そのための国際博物館委員会の調査や、前述したＩＣＩＣの役目が期待されている。また、記念建造物を尊重する教育の役割や、国際的な文献情報の有用性についても言及され、国内の歴史的記念建造物の、「真と概要を伴った調査目録」を刊行することや、各国が国内の歴史的記念建造物に関するすべての文献情報を集めた史料館を設立することなどを求めている。

世界の文化遺産を守るための制度づくりはユネスコ内部でも初期から行われており、１９５０年にはユネスコ内に第６部として人類の文化遺産部が設けられた。翌１９５１年には文化遺産の保存と修復に関して助言援助する国際組織として記念物・芸術的歴史的遺産・考古学的発掘に関する国際委員会が設立され、１９５６年のユネスコ総会で文化財分野の人材育成のための組織を設立することが採択され政府組織ICCROM[注11]（本部・ローマ）が１９５９年に設立された。そして、１９６１年にユネスコ本部で開かれた第８回国際記念物委員会で構想が具体化され始め、１９６４年にユネスコの支援を受けヴェネツィアで開かれた第2回歴史記念建造物関係建築家技術者国際会議[注12]において1931年の「アテネ憲章」を批判的に継承した「ヴェネツィア憲章（記念物と遺跡の保存と修復に関する国際憲章）」[注13]が採択された。そしてこの憲章の精神を国際的に実現していく組織としてユネスコ内の記念物・芸術的歴史的遺産・考古学的発掘に関する国際委員会を母体としてICOMOSが設立されたのである。

「ヴェネツィア憲章」には大きく5つの事項が述べられており、その精神は1972年の世界遺産条約に受け継がれ、ICOMOSはこの「憲章」を基本に据えつつ、新しく現れる課題に対して専門的な解決を与える活動を続けている。

ICOMOSはユネスコをはじめとする国際機関と密接な関係を保ちながら、世界文化遺産の保護・保存、そして価値の高揚のための重要な役割も果たすとともに、文化遺産保護の原理、方法論、科学技術の応用の研究などを続けている。またユネスコの諮問機関として、世界遺産登録の審査、モニタリングの活動を続け、世界遺産条約に基づき世界遺産リストに登録推薦される資産について世界遺産委員会およびユネスコに対していわゆる「ICOMOS勧告」を答申している。

4 世界遺産制度と登録審査

世界遺産条約は「顕著な普遍的価値あるものと認められた遺産」を保護することを目的としている。つまり、すべての価値や意義ある遺産を世界遺産の制度によって保護することを謳っているわけではないのである。国際的な見地から見て「顕著な普遍的価値」を有することが明白であって、登録に際してはこれを証明する必要がある。これに加えて重要なのは遺産を保護しようとする意思である。これは日常的な当事者である地域住民のコミットメントから始まり、それを地方自治体から政府に至るまで行政が制度として支えていることが登録審査の際の鍵となる。世界遺産リスト登録に必要となる前提、審査の流れ、登録後の保全状況報告などは、「世界遺産条約履行のための作業指針（世界遺産作業指針）」[注14]で示されている。

登録までの流れを図示すると図２－１のようになる。まず、世界遺産の暫定リストに登録する必要がある。暫定リストは、世界遺産登録に先立ち各国政府がユネスコ世界遺産センターに提出するリストのことで、原則として、このリストに掲載されていないものを世界遺産委員会に登録推薦することは認められていない。各国の担当政府機関がこの暫定リスト記載物件の中から、準備の整ったものを推薦することから登録の審査は始まる。この推薦書類の受領を受けてユネスコ世界遺産センターが諮問機関ICOMOS、ＩＵＣＮ（国際自然保護連合）[注15]に評価依頼するのである。文化遺産

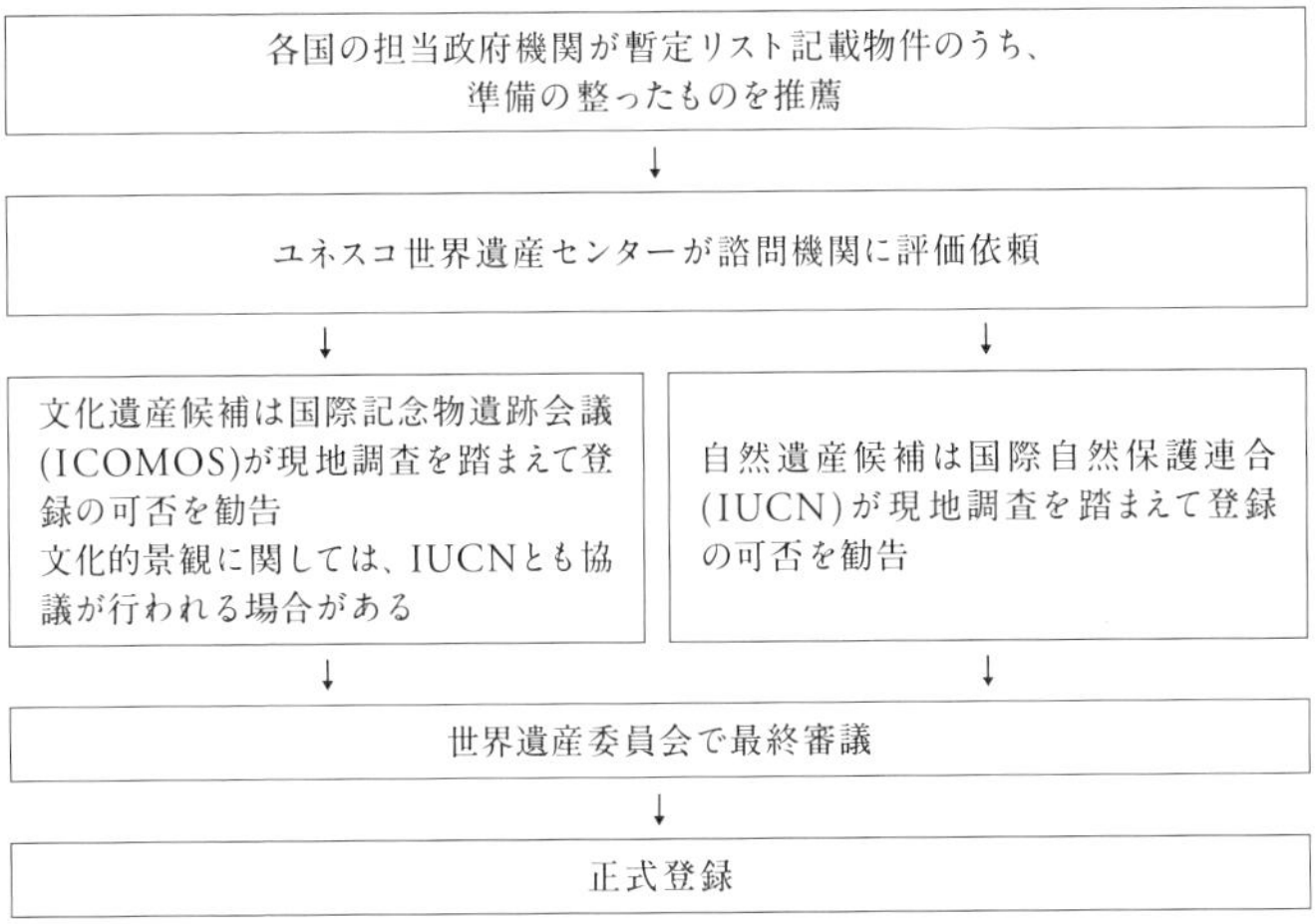
各国の担当政府機関が暫定リスト記載物件のうち、
準備の整ったものを推薦
ユネスコ世界遺産センターが諮問機関に評価依頼
文化遺産候補は国際記念物遺跡会議(ICOMOS)が現地調査を踏まえて登録の可否を勧告
文化的景観に関しては、IUCNとも協議が行われる場合がある
自然遺産候補は国際自然保護連合(IUCN)が現地調査を踏まえて登録の可否を勧告
世界遺産委員会で最終審議
正式登録

図 2-1　世界遺産リスト登録手続きの流れ

であればICOMOSが現地調査を踏まえて登録の可否を勧告し、自然遺産であればＩＵＣＮが現地調査を踏まえて登録の可否を勧告することとなっている。この勧告を受けて世界遺産委員会において最終審議し決定することとなっている。

登録する対象は、不動産、つまり移動が不可能な土地や建造物に限られる。そのため、美術館が登録されても動産である絵画や彫刻などの収蔵品は対象とならず、宮廷の調度品や寺院の仏像、教会の聖具も対象とはならない。そして、その対象が世界遺産の登録基準（クライテリア）を少なくともひとつは満たし、その「顕著な普遍的価値」を証明できる「オーセンティシティ（真正性）」と「インテグリティ（完全性）」を備えていることが必要とされる。これらが証明されていることについて、ICOMOS勧告に基づいて世界遺産委員会において議論され判断される。その際、同一の歴史や文化に属する場合や、生物学的・地質学的特質などに類似性が見られる場合に、「連続性のある資産（シリアル・ノミネーション・サイト）」としてひとまとめに登録することが認められている。「ル・コルビュジエの建築作品」はこのシリアル・ノミネーションによる登録である。

諮問機関による登録推薦書類の勧告は、世界遺産委員会の決議と同様に「記載」「情報照会」「登録延期」「不登録」の4段階でなされる。

「記載」は、世界遺産リストへの登録を正式に認めるものである。これに関しては、特にこれ以上の説明はいらないであろう。「情報照会」は一般的に顕著な普遍的価値の証明ができているものの、保存計画などの不備が指摘されている事例で決議され、期日までに該当する追加書類の提出を行えば、翌年の世界遺産委員会で再審査を受けることができる。ただし、3年以内の再推薦がない場合は、以降の推薦は新規推薦と同じ手続きが必要となる。それに対し、「登録延期（記載延期）」は、顕著な普遍的価値の証明などが不十分と見なされ、より踏み込んだ再検討が必要な場合である。この場合、必要な書類の再提出を行った上で諮問機関による再度の現地調査を受ける必要があるため、世界遺産委員会での再審査は、早くとも翌々年以降になる。そして「不登録（不記載）」と決議された物件は原則として再度推薦することができない。このこともあって、諮問機関の勧告の時点で「不登録」勧告が出されると委員会での「不登録」決議を回避するために、審議取り下げの手

	世界遺産の登録基準（クライテリア）
(i)	人類の創造的才能を表現する傑作。
(ii)	ある期間を通じてまたはある文化圏において、建築、技術、記念碑的芸術、都市計画、景観デザインの発展に関し、人類の価値の重要な交流を示すもの。
(iii)	現存するまたは消滅した文化的伝統または文明の、唯一のまたは少なくとも稀な証拠。
(iv)	人類の歴史上重要な時代を例証する建築様式、建築物群、技術の集積または景観の優れた例。
(v)	ある文化（または複数の文化）を代表する伝統的集落、あるいは陸上ないし海上利用の際立った例。もしくは特に不可逆的な変化の中で存続が危ぶまれている人と環境の関わりあいの際立った例。
(vi)	顕著で普遍的な意義を有する出来事、現存する伝統、思想、信仰または芸術的、文学的作品と直接にまたは明白に関連するもの（この基準は他の基準と組み合わせて用いるのが望ましいと世界遺産委員会は考えている）。
(vii)	ひときわすぐれた自然美及び美的な重要性をもつ最高の自然現象または地域を含むもの。
(viii)	地球の歴史上の主要な段階を示す顕著な見本であるもの。これには生物の記録、地形の発達における重要な地学的進行過程、重要な地形的特性、自然地理的特性などが含まれる。
(ix)	陸上、淡水、沿岸および海洋生態系と動植物群集の進化と発達において進行しつつある重要な生態学的、生物学的プロセスを示す顕著な見本であるもの。
(x)	生物多様性の本来的保全にとって、もっとも重要かつ意義深い自然生息地を含んでいるもの。これには科学上または保全上の観点から、すぐれて普遍的価値を持つ絶滅の恐れのある種の生息地などが含まれる。

表2-3　世界遺産条約履行のための作業指針（世界遺産作業指針）第77項

続きがとられることもしばしばである。

それでは、世界遺産の登録基準（クライテリア）とは何であろうか。これは「世界遺産作業指針」の第77項[注16]（表2－3）に記述されている。（i）－（vi）が文化遺産に対して、（vii）－（x）が自然遺産に対して適用されるクライテリアである。複合遺産に関しては（i）－（vi）のうちひとつ以上と（vii）－（x）のうちひとつ以上の基準をそれぞれ適用することが条件となっている。世界遺産登録には、このクライテリアを満たし、その「顕著な普遍的価値」を証明できる「オーセンティシティ（真正性）」と「インテグリティ（完全性）」（本章6節にて後述）を推薦資産が兼ね備えていることが求められる。

5　20世紀の近現代建築の世界遺産登録

ドコモモの成立の気運の高まりつつある１９８０年代中庸にある大きな出来事があった。20世紀文化遺産としての近現代建築が世界遺産一覧表へ記載されたのである。それは、スペイン・バルセロナの世界遺産「アントニ・ガウディの作品群」である。この登録はカタルーニャ地方の近代化を象徴する建築群としてまずクライテリア（i、ii、iv）として「バルセロナのグエル公園、グエル邸、カサ・ミラ」の名称で１９８４年に登録される。[注17]

その後、1987年にはブラジルの新首都「ブラジリア」[注18]がクライテリア（i、iv）として登録される。1956年に大統領に当選したジュセリーノ・クビチェックにより、新首都建設で内陸部の開発とそれによる国土の均衡的発展を企図し、新都市の建設とリオデジャネイロからの遷都が発表された。クビチェックの任期である5年以内に竣工することが至上命令とされ、工事は急ピッチで進められわずか41か月間で完成し1960年4月21日には供用が開始された。歴史的で伝統的な街並みをもつ都市が世界遺産に登録される例は多いが、建設から30年未満という近代的な都市が登録されたのは当時としては異例のことであった。これらのことがひとつの契機となりモダン・ムーブメントの建築や計画都市も世界遺産の対象になるという雰囲気が醸成されだした。

1994年当時、410件の世界遺産一覧表記載資産のうち304件が文化遺産である一方、自然遺産は90件であったのに対して、複合遺産は16件で大部分がヨーロッパを中心とした先進国のものであった。1990年代初頭、ICOMOSには1972年の世界遺産条約成立当時の「記念碑的な」考えが根強くあり、その後の科学的認識や文化遺産の概念の拡大が無視されてきたと指摘され始めていた。この状況を受けて1994年6月にパリのユネスコ本部において開催された専門家会合における議論をまとめた報告書に基づき、同年12月にタイのプーケットで開催された第18回世界遺産委員会において「世界遺産一覧表における不均衡の是正及び代表性・信頼性の確保のためのグローバル・ストラテジー[注19]」が採択された。ここでは、①欧州地域における遺産、②都市関連遺産および信仰関連遺産、③キリスト教関連資産、④先史時代および20世紀の双方を除く歴史時代の遺産、⑤優品としての建築遺産　などの登録が過剰に進んでいるとの認識が共有された。

このような登録遺産の偏りは文化遺産の多面的かつ広範な視野を狭める傾向を招き、ひいては生きた文化（living culture）や伝統（living tradition）、民俗学および民族的な風景、そして普遍的価値を有し、広く人間の諸活動に関わる事象などを対象から除外する結果となっているという認識が示された。さらに、世界遺産一覧表の代表性と信頼性を確保していくためには、遺産を「もの」として類型化するアプローチから、広範囲にわたる文化的表現の複雑でダイナミックな性質に焦点をあてたアプローチへと移行させる必要があり、人間の諸活動や居住の形態、生活様式や技術革新などを含め総合的に人間と土地のあり方を示す事例や、人間の相互作用、文化の共存、精神的・創造的表現に関する事例なども考慮すべきであると指摘された。以上を踏まえ、１９９４年現在、比較研究が進んでいる分野として、①産業遺産、②20世紀建築、③文化的景観　の３つの遺産の種別が示された。１９９０年にドコモモが設立され、文化遺産としてのモダン・ムーブメントに関する議論が国際的な広がりをもち始め、この「グローバル・ストラテジー」として「20世紀建築」の登録の推進が示されたことにより、20世紀建築の世界遺産登録の流れが加速したといえるであろう。

「グローバル・ストラテジー」の採択が行われた１９９４年にスウェーデンの首都ストックホルム郊外にある共同墓地である「森の墓地（Skogskyrkogården）」がクライテリア（ii、iv）として登録された。これは建築の世界では建築家グンナール・アスプルンドとシーグルド・レヴェレンツによる「森の火葬場と墓地」として知られ、ナショナル・ロマンティシズムから北欧新古典主義を経て、成熟したモダニズム建築へと到達した北欧（スカンディナビア）の建築潮流の変遷が反映されているばかりでなく、スウェーデンで初めて火葬を前提とした葬祭場と墓地が計画されたことでも知られている。また北欧人にとって精神的な故郷といえる「森」へ還って行く人間の運命を、直感的に悟らせるような建築表現を実現させたことでも高く評価されている。[注20]

ドコモモ・インターナショナルの第1回国際大会・総会（アイントホーヘン）に続いて、第2回大会が世界遺産登録を目指していたデッサウのバウハウス校舎で1992年9月に開催された（デッサウは1990年に旧東ドイツより統合）。ここでは、①集合住宅の保全と使用計画、②建物の機能、物的性状と構法の観点から見た実験的建築としてのモデル建築の保存の実践、③モダニズム期以降の建築のドキュメンテーションと出版、建築展開におけるその源泉とその意義の識別、④脅威にさらされているモダニズム建築の保存と国別登録の基準に関する情報共有、と大きく4つのテーマで議論が繰り広げられた。ここでの議論がその後のドコモモ・インターナショナルの活動の骨格をつくり上げたともいえる。同時にデッサウのバウハウス校舎の世界遺産登録に向けての意見交換もなされ、それらの意見も踏まえて、ヴァイマルの「バウハウス大学本部棟（Main Building of the Weimar Academy for Architecture and Building Arts – University）」「ヴァン・デ・ヴェルデ棟および芸術学棟(The Van-de-Velde Building of the Academy for Architecture and Building Arts -University)」「ハウス・アム・ホルン(The "Haus am Horn")」、そしてデッサウの「デッサウ・バウハウス(The Bauhaus)」「親方の家(The Masters' Houses)」の5件を構成資産とした推薦書類「ヴァイマルとデッサウのバウハウスとその関連遺産群」が世界遺産センターに提出されたのである。バウハウスは1919年にドイツ・ヴァイマルに設立された、工芸・写真・デザインなどを含む美術と建築に関する総合的なデザイン教育を行った学校であるが、学校として存在し得たのは、ナチスにより1933年に閉校されるまでのわずか14年間である。バウハウスのデッサウ校舎は、その象徴ともいえる建物で、20世紀の建築に最も影響を与えたデザインのひとつとされる。1925年から1926年にかけて建てられた校舎は、バウハウスの初代学長であるヴァルター・グロピウスが中心となり、他のバウハウス建築家とともに設計された。1996年の世界遺産委員会(メリダ/メキシコ)において、前述の5件がクライテリア(ii、iv、vi)において登録されたが、2017年の世界遺産委員会(クラクフ/ポーランド)において、2017年にベルナウ・バイ・ベルリンの関連遺産などを拡大登録し、現在では「ヴァイマル、デッサウおよびベルナウのバウハウスとその関連遺産群」[注21]と改称されている。

その後、20世紀文化遺産の世界遺産登録はモダン・ムーブメントの象徴的な建築作品として、「リートフェルトのシュレーダー邸(i、ii)」が2000年、ミース・ファン・デル・ローエの傑作「ブルノのトゥーゲントハット邸（ii、iv）」が2001年、「シドニー・オペラハウス（i）」が2007年、「ベルリンのモダニズム集合住宅群（ii、iv）」が2008年、ヴァルター・グロピウスとアドルフ・マイヤーによる傑作「アルフェルトのファグス工場（ii、iv）」が2011年に、オランダのモダニズムの傑作「ファン・ネレ工場（ii、iv）」が2014年に登録されている。また都市的な規模をもったものとしては「カラカスの大学都市（Ciudad Universitaria de Caracas）（i、iv）」が2000年に、バウハウスあるいはインターナショナル・スタイルが採用され1920年代から1950年代にかけて建築された白色や明るい色の建造物群が特徴的なイスラエルの首都テルアビブの街区「テルアビブのホワイト・シティ——近代建築運動（ii、iv）」が2003年に登録され、そして「オーギュスト・ペレによって再建された都市ル・アーヴル（ii、iv）」が2005年に、続いて60人以上の建築家、エンジニア、アーティストがモダニズムの統一性をもってつくり上げた大学都市「メキシコ国立自治大学（UNAM）の大学都市の中央キャンパス（i、ii、iv）」が2007年に世界遺産に登録される。

現在ではこれらの20世紀文化遺産としての近現代建築が「世界遺産一覧表」へ記載登録されている（表2-4）。第41回世界遺産委員会は2017年7月2日から12日までクラクフ（ポーランド）で開催されたが、2017年現在で世界遺産登録件数は1073件であり、そのうち20世紀文化遺産としての近現代建築の登録件数が占める割合はわずか2%に過ぎない。

	登録資産名称	所在地	登録年 拡張年	建築家名など	クライテリア
①	バルセロナのグエル公園、グエル邸、カサ・ミラ →アントニ・ガウディの作品群	スペイン	1984 2005	アントニ・ガウディ	i, ii, iv
②	ブラジリア	ブラジル	1987	ルシオ・コスタ、オスカー・ニーマイヤー	i, iv
③	森の墓地	スウェーデン	1994	グンナール・アスプルンド、シーグルド・レヴェレンツ	ii, iv
④	ヴァイマルとデッサウのバウハウスとその関連遺産群 →ヴァイマル、デッサウおよびベルナウのバウハウスとその関連遺産群	ドイツ	1996 2017	ヴァルター・グロピウス	ii, iv, vi
⑤	バルセロナのカタルーニャ音楽堂とサン・パウ病院	スペイン	1997	リュイス・ドメネク・イ・ムンタネー	i, ii, iv
⑥	建築家ヴィクトル・オルタの主な都市邸宅群（ブリュッセル）	ベルギー	2000	ヴィクトル・オルタ	i, ii, iv
⑦	リートフェルトのシュレーダー邸	オランダ	2000	ヘリット・リートフェルト	i, ii
⑧	カラカスの大学都市	ベネズエラ	2000	カルロス・ラウール・ビリャヌエバなど	i, iv
⑨	ブルノのトゥーゲントハット邸	チェコ	2001	ミース・ファン・デル・ローエ	ii, iv

表 2-4　世界遺産に登録された近現代建築

	登録資産名称	所在地	登録年 拡張年	建築家名など	クライテリア
⑩	テルアビブのホワイト・シティ―― 近代建築運動	イスラエル	2003		ii, iv
⑪	オーギュスト・ペレによって再建された都市 ル・アーヴル	フランス	2005	オーギュスト・ペレ	ii, iv
⑫	ヴロツワフの 百周年記念ホール	ポーランド	2006	マックス・ベルク	i, ii, iv
⑬	シドニー・オペラハウス	オーストラリア	2007	ヨーン・ウツソン	i
⑭	メキシコ国立自治大学(UNAM)の大学都市の中央キャンパス	メキシコ	2007	マリオ・パニ、エンリケ・デル・モラル	i, ii, iv
⑮	ベルリンのモダニズム 集合住宅群	ドイツ	2008	ヴァルター・グロピウス、ブルーノ・タウト、マルティン・ヴァグナー、ハンス・シャロウン	ii, iv
⑯	ストックレー邸	ベルギー	2009	ヨーゼフ・ホフマン	i, ii
⑰	アルフェルトの ファグス工場	ドイツ	2011	ヴァルター・グロピウス、アドルフ・マイヤー	ii, iv
⑱	ファン・ネレ工場	オランダ	2014	ファン・デル・フルフト=ブリンクマン、(マルト・スタム)	ii, iv
⑲	ル・コルビュジエの 建築作品―― 近代建築運動への顕著な貢献	ドイツ・アルゼンチン・ベルギー・フランス・インド・日本・スイス	2016	ル・コルビュジエ	i, ii, vi
⑳	パンプーリャの 近代建築群	ブラジル	2016	オスカー・ ニーマイヤー	i, ii, iv

6　オーセンティシティとインテグリティ

世界遺産に登録されるためには、つまり「世界遺産一覧表」に記載されるすべての推薦資産が文化遺産、自然遺産、複合遺産のいずれであっても、「顕著な普遍的価値」を有していることが求められる。「顕著な普遍的価値」は、英語の「outstanding universal value」の頭文字をとってOUVと表現されることが多く、国家間の境界を超越し人類全体にとって現代および将来の世代に共通した重要性をもつような、傑出した文化的な意義および／または自然的な価値（世界遺産作業指針第49項）を意味する。世界遺産登録にあたって資産がOUVを有していると見なされるには、前述した世界遺産としての登録基準（クライテリア）を満たし（世界遺産作業指針第77項）、オーセンティシティ（真正性／authenticity）とインテグリティ（完全性／integrity）の条件についても満たしている必要がある（同第49項）。

ところで、日本語として表記された「完全性」「真正性」からはその概念を理解することは難しいが、これらの意味するところはどのようなものであろうか。

まず、オーセンティシティであるが、「真正であること」、「本物であること」などと訳される。世界遺産のうち文化遺産、つまりクライテリアの（ⅰ）から（ⅵ）に基づいて登録推薦される資産が満たさなければならない条件のひとつである（つまり、自然遺産の評価理念としては適用されない）。

前述した文化遺産の保存修復の鑑ともいわれた「ヴェネツィア憲章」では、ヨーロッパの石造の建造物や遺構などの文化遺産を前提としていたために、オーセンティシティの保持にあたっては新しい材料を許容しないことが示され（同第9－13項）、さらに文化遺産において、現存する元の部材を用いた再構築のみを許容する手法といった厳密なアナスティロシス(anastylosis)[注22]の適用が示されている（同第15項）。そのために構造的に問題が生じていても保持等の目的で修理の際に部材の一部または全部を新しい材料に置換すること自体がこの観点から難しいものであった。

特に日本などの文化遺産に多い木造建造物に対しては、西洋的考えからオーセンティシティを適用すると、材料の観点などから文化遺産としての価値そのものを否定される懸念があった。日本政府は１９９２年に世界遺産条約を批准し、最初の世界遺産候補として「姫路城」、「法隆寺地域の仏教建物群」を推薦した。その審査においてもオーセンティシティに関する見解の違いが浮き彫りになったことで、「オーセンティシティに関する奈良ドキュメント」が１９９４年11月に28か国45名の参加者により起草された。その際、オーセンティシティに関する多くの複雑な問題が提起され、そもそも言語によってはオーセンティシティの概念を正確にもたないことなども指摘されたのであった。[注23]

現在の世界遺産登録におけるオーセンティシティの考え方は、遺産の価値は関連する情報源がどれほど信頼に足るものであるか、つまりそれがどれだけ真正（オーセンティック）であるかということを前提としている。よって、当初、「ヴェネツィア憲章」で謳われていたような材料中心主義のオーセンティシティといった厳格で狭い概念からは広げられたものになっている。しかし、オーセンティックであるということは、唯一無二であること、偽りのないこと、真実であること、純正であることを意味することに変わりはない。ユネスコのローマの世界遺産センター機関の文化財保存修復研究国際センター（ICCROM）のポール・フィリッポ氏とユッカ・ヨキレット氏によれば「ある芸術作品のオーセンティシティとは、創造課程のもつ内在的一貫性、作品の物質的実現、歴史的時間の経過が作品に与えた結果が真実であることの尺度である」としている。

オーセンティシティは意匠（design）、材料（material）、技術（workmanship）、および周辺環境（setting）の評価軸で検討され、文化的景観の場合はこれに固有の性格（distinctive character）と構成要素（component）のオーセンティシティが加わるというのが奈良ドキュメント以降の基本的な考えであった。その後、世界遺産の価値を評価する際の評価指標としてのオーセンティシティの観点、つまり、その「属性（attribute）」が見直され、同第82項に〈形状、意匠〉、〈材料、材質〉、〈用途、機能〉、〈伝統、技能、管理体制〉、〈所在地、周辺環境〉、〈言語その他の無形遺産〉、〈精神性、感性〉、〈その他の内部要素、外部要素〉の8項目が明示されるようになった。

オーセンティシティとは資産の備えている価値を示すための指標であり、資産のこれらの属性と潜在的なOUVとを関連付けるもので、属性が十分に資産の価値を示せるように誠実に表現することが世界遺産登録の際には求められるのである。OUVと関連する時代より後にそれらの性質が変化した程度によって、また、その理由によりその資産がオーセンティシティを失う場合がある。また、資産の再建や復元の有無や程度によっても同様である。もし変化が加えられたのであれば、その根拠となる記録の有無、修復に用いられた材料が伝統的なものであるかどうか、修復の内容の詳細や修復の有無などを厳密に明確に記述する必要があるのである。つまり、資産OUVに照らし合わせた観点から「本物でなくてはならない」ということである。資産再建に当たっては、完全かつ詳細な資料に基づいて行われた場合のみ許容され、憶測で再建されたものは結果として資産のオーセンティシティを失うことになるとされる。

次にインテグリティであるが、これは自然遺産および／または文化遺産とそれらの属性のすべてが損なわれることなく包含されている度合いを測るための指標である。同第88項にインテグリティを評価する項目として①顕著な普遍的価値（OUV）を表現するのに必要な要素がすべて含まれているか、②資産の重要性を示す特質（features）や背景を不足なく代表するために適切な規模が確保されているか、③開発および／または管理放棄による負の影響を受けているか、の3点が挙げられている。特に文化遺産の完全性については、①資産の物理的構造および／または重大な特徴が良好な状態の下に維持されるとともに、劣化の進行による影響を適切に制御する方法が担保されていること、②資産の価値の総体を示すのに必要な諸要素の相当量が資産の範囲に包含されていること、

③独特の性質が本質を成す文化的景観及び歴史的都市・集落その他の生きている資産の場合には、それらを構成する諸要素の関係性や動的な機能が維持されていること、などがそれぞれ求められるのである。

世界遺産条約の採択から20年が経過した1992年に、文化的景観の概念を導入するためにクライテリアの改定が行われた。田園景観を含む自然公園の区域を世界遺産として評価する場合、自然遺産と文化遺産のどちらの観点から評価すべきなのかについての議論があり、長い議論の末に世界遺産委員会は自然と人間との共同作品としての景観の性質に鑑み、その顕著な普遍的価値を文化遺産の観点から評価することが妥当であると判断し、文化遺産のクライテリアの部分的改定が行われた。この文化遺産と自然遺産の中間的な性格をもつ文化的景観に関する議論は継続され、2005年の世界遺産作業指針の大改定によって、それまで別々に運用されていた文化遺産と自然遺産の評価基準の条項が統合されたのであった。この統合に伴い、従来、文化遺産のクライテリアに照応して審査されてきたオーセンティシティ、自然遺産のクライテリアに照応して審査されてきたインテグリティの条件の項目が統合されて、世界遺産の審査に当たっては、そのインテグリティおよび／またはオーセンティシティに関して条件を満たしていなくてはならなくなった（世界遺産作業指針第78項）。ただし、文化遺産に関しては必ず少なくともオーセンティシティの条件を満たしていなくてはならないと定められている（同第79項）。また、インテグリティに関しては改定前は文化遺産の条件とはされていなかったが、歴史的町並みや文化的景観の審査に当たっては、これらの文化遺産のＯＵＶが発揮されるのに必要な要素がすべて含まれているか、資産の重要性を示すのに不足なく十分な規模が確保されているかなど（同第88項）のインテグリティを満たすという条件が認識がされるようになってきた。このように元来、インテグリティは自然遺産の評価指標であり、各種の自然現象や生態系が完全に担保できる場所であるかを定める指標といえば分かりやすいかもしれない。自然遺産のインテグリティの評価は、例えば恒久的に自然を保護できる十分な面積をもち、人為的影響のないあるいは、ほとんどないことによって担保される。このように自然遺産の評価指標としてインテグリティは理解しやすいものといえる。一方で文化遺産の評価指標としても、世界遺産発効５年目の１９９７年にパリで開催された「世界遺産作業指針検討会議」において、自然遺産同様に文化遺産の評価指標としてインテグリティが検討されていたのである。議論の末、文化遺産に関してはオーセンティシティを評価指標として採用することになり、その後、現在に至るまでその流れが続き、また、文化遺産に関する評価指標としてのオーセンティシティ／インテグリティの議論は継続している。

　インテグリティとオーセンティシティとは密接に関連し合っている。文化遺産の復元や再建、不適切な修復などの後世の人為的な手が入っていないものの、長期にわたり放置され劣化が進行している場合、インテグリティが損なわれている一方で、オーセンティシティについては「認められるものの脆弱である」と評価されるであろう。このように文化遺産の評価理念としてのインテグリティは、保全状況の評価としてもオーセンティシティと併行して理解される場合が多い。「オーセンティシティに関する奈良ドキュメント」において、「すべての文化と社会は、それぞれの遺産を構成する有形または無形の固有の形式と手法に根差しており、それらは尊重されなくてはならない」として文化の多様性を尊重することが述べられているが、これは東洋と西洋といった地域性による文化の差異ばかりでなく、世界遺産においては新しい対象である産業遺産、文化的景観、近現代建築といったものに対しても、OUVの評価指標としてオーセンティシティとインテグリティの適用に同様のことが求められるようになってきたのである。

7　多様性のあるオーセンティシティ

「奈良ドキュメント」によってオーセンティシティに多様性が出てきたことによって新たな議論が起こった。多様性が時には曖昧さにつながり運用が難しくなってきているのではという批判も出始めた。20世紀遺産においてこのことが最初に議論されたのは2007年に世界遺産登録された「シドニー・オペラハウス」である。「周辺一帯を含むシドニー・オペラハウス（The Sydney Opera House in its Setting）」として1981年にハーバーブリッジなども含めたかたちで推薦されたが、

ICOMOS勧告後にオーストラリア政府は登録が難しいと判断し推薦書類を取り下げた。「シドニー・オペラハウス」の設計者は計画決定当時には無名だった建築家ヨーン・ウッソンであるが、貝殻やヨットの帆を思わせる独創的な屋根形状と構造設計の困難さなどにより工事は大幅に遅れ、1959年に着工したもののシェル屋根工事の完成を控えた1966年に解任される。その後ピーター・ホールら3人の建築家によって設計、設計管理が続けられ1973年に完成する。竣工後はシドニーのみならずオーストラリアのシンボルとしても親しまれるものとなった。

現在のところ世界遺産リストで最も年代が新しい遺産はこの1973年竣工の「シドニー・オペラハウス」である。「シドニー・オペラハウス」は世界遺産に2007年に登録されるが、その過程はル・コルビュジエのものと同様に長い道のりであった。近現代建築としてかなり早くに推薦書が作成、提出されたが1987年の世界遺産の審議の結果は審議延期であった。つまり、世界遺産に登録するためのOUVに関し乗り越えなくてはならないいくつかの重要な課題があったのである。その課題をひとつずつクリアするために20年ほどの月日を要したのである。つまり竣工してから34年後に世界遺産に登録されるが、その半分以上を世界遺産登録のための課題解決に費やしたことになる。

まず課題解決のために「シドニー・オペラトラスト」により1990年に「シドニー・オペラハウスの保全勧告」がなされ、1993年から2003年の第3次まで保存管理計画（マネージメント・プラン）が策定された。この保存管理計画において当初の設計意図を復活させようということで1999年にウツソンの再雇用が決定され、2002年に「ウツソンのデザイン原則」がつくられる。これを受けて2003年に州遺産レジスター、2005年には国家遺産リストに記載され、同年に再度、世界遺産に推薦し登録に至る。世界遺産推薦の際には推薦資産に対する視覚的影響を担保するためにバッファー・ゾーン（緩衝地帯）を設定するが、シドニー港に突き出すように象徴的に建つオペラハウスはシドニー港とともにあり、この港全体、つまり港湾施設全体を含んだ総体を文化遺産の観点から保全していくのは困難であり現実的ではないであろうとの議論を呼んだ。しかし、オーセンティシティの観点からすると「オペラハウスの創造としての意義は、シドニー港の海の風景という文化的歴史的コンテクストの総体においてみられるものであり、デザインはそこからのインスピレーションが主要なものとして位置付けられる」ということになり、一体としての保全が求められた。また、「ウツソンのデザイン原則」が策定され、建物内部をウツソンの意図に沿って「復元」（これは「内装新築」するといった方が正確かもしれない）する可能性は保存管理計画の中で意図されたことであった。このことは、「シドニー・オペラハウス」の創造課程全体の歴史からみて反論の的になるものであった。

次に、ドコモモの設立のきっかけとなったヨハネス・ダウカー設計によるヒルバーサムにある結核などの病気のための療養施設「ゾンネストラール・サナトリウム」（1931）について言及しなくてはならないであろう。結核治療の施設は、その治癒率が高まって以降は社会的な必要性を失い多くの施設が廃墟と化していった。「ゾンネストラール・サナトリウム」も1957年には一度、長期滞在型の総合病院になったが、同じような運命を辿った。一度、廃墟と化した「ゾンネストラール・サナトリウム」はオランダ近代建築史における重要性も認められ、コンバージョンしてオフィス、レンタル・パーティー会場、貸会議場として事業化されて使われることを見通して修復され、現在では世界遺産の暫定リストに記載されている。また、同じオランダの事例であるがロッテルダムにある「ファン・ネレ工場」は、「20世紀前半における近代主義・機能主義の象徴」として、2014年の第38回世界遺産委員会でユネスコの世界遺産リストに記載された。これもたばこ、コーヒー、紅茶の製造工場として1995年まで工場として使われていたが、現在ではコンバージョンされて主にクリエーターのオフィスとして使用されている。

近代的都市計画理論「工業都市」を提案し建築家でユルバニスト（都市計画家）として名高いトニー・ガルニエの設計した公共建築がフランスのリヨン市に多い。彼はリヨンにおいて1909年から1913年にかけて、「リヨン屠畜場・市場」や「テート・ドール公園の畜舎をもつ酪農場」、「グランジュグランジュ病院」など、次々と作品を生み出す。この初期のガルニエの代表作のひとつである「リヨン屠畜場・市場」は210m×80mの大空間ホールをもつ3ヒンジ・アーチの鉄骨造によるものである。これは、ル・コルビュジエも若いころに訪れユルバニスムの考えに共感したとされ、１９１４年に開催された国際博「シテ・モダーン（La Cité moderne）」の会場のひとつとして使用することも目指して１９０９年から建設が開始される。第一次世界大戦のため全体計画が完成するのは１９２８年になるが、その後、ホールと周辺施設は家畜市場屠畜場として使用されるようになる。１９７４年に屠畜場としての役目を終え１９７５年にはフランスの文化財に指定され、１９８８年に修復が行われる。１９９９年には建築家アルベール・コンスタンタンによって修復・改修が行われ、現在では多目的の大ホールとして使用されている。これも当初の用途からは何度か変更が加えられコンバージョンされているが、大ホールとしての鉄骨構造体は当初の材料、意匠等が保持されインテグリティおよびオーセンティシティが保持されているものであるといえよう。

このようなモダニズム建築の王国であるオランダや近現代建築の重要国であるフランスには、近現代建築の保存、再利用の良例は多いが、日本においては「東京中央郵便局」や「京都会館」などの保存の経験から、まだまだ保存、再利用において学術的にも多くの取り組むべき課題を残しているといえよう。しかし、このような近現代建築の保存・保全と再利用の現場において、さまざまな課題が議論されるようになり、使いながらの保存といった「リビング・ヘリテージ」の考えが重要視されるようになってきた。

8　リビング・ヘリテージとマドリッド・ドキュメント

ICOMOSの活動として文化遺産保存に関する27分野ごとの国際専門委員会が置かれている。そのひとつが20世紀の文化遺産について議論する場となっている20世紀遺産国際専門委員会（ISC20c）[注24]である。多くの委員が筆者同様にドコモモの初期からの活動メンバーでもあるほか、産業考古学の研究や、産業遺産の保護・振興などを目的とした国際的な団体である国際産業遺産保存委員会（TICCIH）[注25]のメンバーも参加している。私がこの委員会の副委員長をしていた時期に議論していた課題として、20世紀建築の国際的な共通課題でもあるリビング・ヘリテージ（使いながらの保存）があった。特に20世紀の主要な潮流であったモダン・ムーブメントは、機能主義ともいわれ定められた用途に従い合目的に建築デザインがされている。そのために、当初の用途や機能が時代変遷とともに必要とされなくなったり、その建物に対する要求性能が変化したりすると、元の機能のままの建物を使いながらデザインを担保することが難しくなってくる。

このさまざまな問題を内包する課題に対し、ISC20cとして共通の見解をまとめておくために、2011年6月のマドリッドにおける国際専門委員会として起草したのが「マドリッド・ドキュメント」[注26]（図2-2）である。この議論の中でル・コルビュジエの建築作品のひとつとして「国立西洋美術館」の増築や改変がひとつの実例課題となっていた。というのも、「国立西洋美術館」は1959

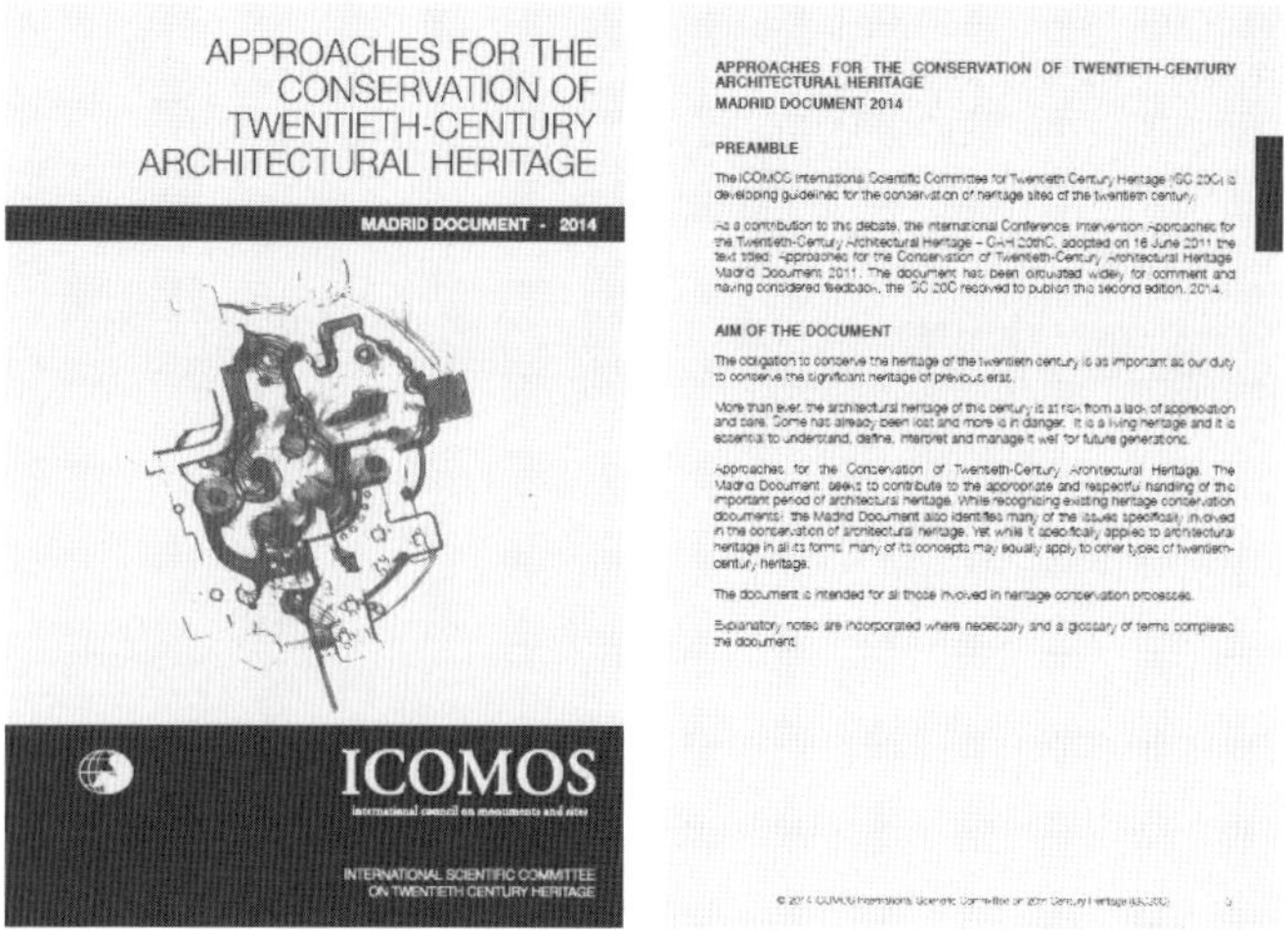

APPROACHES FOR THE CONSERVATION OF TWENTIETH-CENTURY ARCHITECTURAL HERITAGE

MADRID DOCUMENT - 2014

ICOMOS

international council on monuments and sites

INTERNATIONAL SCIENTIFIC COMMITTEE ON TWENTIETH CENTURY HERITAGE

APPROACHES FOR THE CONSERVATION OF TWENTIETH-CENTURY ARCHITECTURAL HERITAGE

MADRID DOCUMENT 2014

PREAMBLE

The ICOMOS International Scientific Committee for Twentieth Century Heritage (ISC 20C) is developing guidelines for the conservation of heritage sites of the twentieth century.

As a contribution to this debate, the International Conference: Intervention Approaches for the Twentieth-Century Architectural Heritage – CAH 20thC, adopted on 16 June 2011 the text titled: Approaches for the Conservation of Twentieth-Century Architectural Heritage, Madrid Document 2011. The document has been circulated widely for comment and having considered feedback, the ISC 20C resolved to publish this second edition, 2014.

AIM OF THE DOCUMENT

The obligation to conserve the heritage of the twentieth century is as important as our duty to conserve the significant heritage of previous eras.

More than ever, the architectural heritage of this century is at risk from a lack of appreciation and care. Some has already been lost and more is in danger. It is a living heritage and it is essential to understand, define, interpret and manage it well for future generations.

Approaches for the Conservation of Twentieth-Century Architectural Heritage, The Madrid Document, seeks to contribute to the appropriate and respectful handling of this important period of architectural heritage. While recognising existing heritage conservation documents, the Madrid Document also identifies many of the issues specifically involved in the conservation of architectural heritage. Yet while it specifically applies to architectural heritage in all its forms, many of its concepts may equally apply to other types of twentieth-century heritage.

The document is intended for all those involved in heritage conservation processes.

Explanatory notes are incorporated where necessary and a glossary of terms completes the document.

図2-2　マドリッド・ドキュメント 第2版（2014）より

年から美術館としての用途は一貫して変わらないものの、増築や改修、修復が繰り返され、竣工当初から多くが改変されている。その状況において、「国立西洋美術館」のインテグリティとオーセンティシティをどのように説明するかという課題もあり「マドリッド・ドキュメント」の起草委員会は私自身にとってもタイムリーで興味深いものとなった。

記念建造物および遺跡の保全と修復に関する基本原則を定めた「ヴェネツィア憲章（1964）」[注26]、「歴史的庭園保護憲章（フィレンツェ憲章 1982）」[注28]、「歴史的都市街区保存憲章（ワシントン憲章 1987）」[注29]、「オーセンティシティに関する奈良ドキュメント（1994）」[注30]、「建築遺産の保全と構造修復の分析のための方針（2003）」[注31]、「遺産の構造、サイト、エリアのセッティングに関する西安宣言（2005）」[注32]などのICOMOSが採択した憲章、宣言や決議などのほか、「２００８年に改定された世界遺産の作業指針」、また保存の対象として守るべきものの考え方として記念建造物というニュアンスがそれまでは強かったが、その考え方だけでなく「場所（place）」を重視し、歴史重層性を尊重する概念として「fabric」を提示した「バラ憲章（1999）」[注33]、ドコモモの主旨を謳った「アイントホーヘン宣言（1990）」、TICCIHによる産業遺産に関する「ニジニー・タギル憲章（2003）」、これらの一連の文化遺産の保存に関する憲章、宣言や決議の積み重ねのひとつとして行われるもので、「マドリッド・ドキュメント」は近現代建築や20世紀建築に関して特別な取り決めを行うことを意図したものではないとした。しかし、現在、近現代建築や20世紀建築に対して「文化遺産」として認知されずに多くの建築遺産が破壊に瀕しているという現状があり、近現代建築より以前の記念碑的な建造物と同じような狭い考え方で文化遺産の価値を判断したり、保全、修復、保存などを行ったりする中で、さまざまな誤解や不具合等が発生し始めていることなどが起草の動機となったことを確認した。このために、近現代建築や20世紀建築を使いながらの保存を考えていくことに主眼を置きながら、これらの文化遺産のオーセンティシティやインテグリティの考え方を再確認しようというのが「マドリッド・ドキュメント」の目的である。

前述した、「シドニー・オペラハウス」や「国立西洋美術館」がそうであるように、これらの建築作品は竣工以来、増築されたり改築されたりしながら、多くの箇所に改変が加えられてきた。これらはその時々の要求性能によって、建築作品の価値がその都度確認されながらもリビング・ヘリテージとして変化していったものと捉えることができる。この前提を近現代建築や20世紀建築において、より意識的になろうということが「マドリッド・ドキュメント」の起草委員会メンバーの共通認識としてあった。そして、文化遺産として守るべき対象は必ずしもその建築作品が竣工（創建）した当初の物理的な姿としてだけではなく、文化遺産が時間とともにつくり上げてきた価値の総体として把握する必要があるとした。つまり、竣工時の材料のオーセンティシティを過度に尊重せずに、維持保全の考えから取り換えが可能なものもあるということを容認し、また、リビング・ヘリテージの考えから新しい要求性能に対応する変化も受け入れることが重要であるとした。このように狭義のオーセンティシティに縛られることなく、文化遺産の価値の総体を厳格に把握し堅持することは重要であるが変化する可能性のあるものも容認するとした。

しかし、この点については多くの起草委員会メンバーは慎重であった。近現代建築の場合、文化遺産の認識が高まる時期は破壊される時か、文化財として指定される前に、つまり、文化財として保護の対象になる前に大改変が行われるような時が多いからである。このような状況の中で文化遺産の価値を記述する際に新たな要求性能に対応した変化が前提とされることもあり、文化遺産の価値が絶対的なものではなく相対的なものに陥ることの可能性が懸念された。ここで「マドリッド・ドキュメント」が強調したのは、対象となる文化遺産の価値の総体の記述は「前もって」行われなくてはならないとした点である。これは新しい要求性能によって改変や増築の可能性が出始めてから議論をしても遅く、そうではなく文化遺産の認識が少しでもされ始めたら即時に価値の総体の記述をすることが重要であるとした。最初の記述は簡素なものであっても良いが、最初に記述した価値の基本を堅持しながら少しずつ具体的に詳細にしていくことが重要である。

近現代建築は建築家などの創作者の作品という意味から離れることはできないことが多い。この点を踏まえて、まずはそれらの意図を把握するために創作の意図を裏付ける図面やスケッチ類、模型、雑誌発表記事、作品集などのドキュメント類を整理し把握することが重要である。次に文化遺産として認識されるまでに、その建物がいかに維持されてきたか、メンテナンス、改修工事、場合によっては増築工事などがされてきたのかを把握する必要がある。この際に重要なのは文化遺産としての価値の総体を脅かすほどの変化がすでにあったものは文化遺産として対象を認識することが難しくなる。しかし、文化遺産の価値の総体が維持されていたり、軽度の復旧によって、再度、文化遺産の総体が認識可能なものになったりするものは文化遺産となり得るだろうとした。そのためにも竣工までの建築家などの創作者、工事関係資料のドキュメントを整理するのと同様に、その建物が物理的にあるいは使い勝手としていかに変化を遂げてきたかを把握するためのドキュメントの整理と変化の把握が重要となるのである。

この一連の議論の中で、世界遺産のＯＵＶの把握において文化遺産に関しては今までオーセンティシティを主軸に把握してきたが、リビング・ヘリテージを前提とした近現代建築や20世紀建築の価値の把握に関してはむしろインテグリティに重心を移した方が良いのではないかとの意見が起草委員会メンバーの中心を占めるようになった。このように、リビング・ヘリテージを前提とした近現代建築においては狭義のオーセンティシティに縛られるのではなく、価値の総体を堅持しインテグリティを担保しながら材料を含む変化を容認しようという考えで「マドリッド・ドキュメント」がまとめられていったのである。しかし、もちろん、その変化は最小限（ミニマム・インターベンション）のものでなくてはならず、また、変化されたものはドキュメント等で把握するのと同時に物理的にも復旧が可能な状態にしておくことも重要であるとされた。

　具体的な作業としては、従来の文化遺産（文化財）の方法と同様に文化遺産の「インヴェントリー（目録）」を作成する必要があることが求められている。その際、以前と比べて注意深く作業する点として、デザイン（例えば色彩設計などを含む）、建設システムや技術機器、躯体構造、美的資質や使用形態などが検知される、具体的な有形の特徴の把握に留意すること、また、構成資産を記述する際にインテリア、建具、また関連する家具や芸術作品などや、敷地の景観・背景や周囲のランドスケープにも注意するべきであることが記述された。また、ドキュメントをアーカイブ化することの重要性と、その後の科学的、合理的判断による維持保全を可能にして文化遺産の適切な保存を行っていくために、保存管理計画を早期に策定することを求めている。そして、「マドリッド・ドキュメント」においては一連の20世紀建築の保存のための作業を透明化し、広く社会から認知されるためにさまざまなコミュニケーションの手段を講じることの重要性も記している。

9　シリアル・ノミネーション

日本が世界遺産条約を批准した1992年には世界遺産登録件数は377件であったが、この年より文化的景観が範疇のひとつとして認められたこともあり、「フィリピン・コルディリェーラの棚田群（1995）」、フランスの中世以来ブドウ栽培やワイン醸造のさかんな景勝地である「サン＝テミリオン地域（1999）」などの農業景観、世界一美しい海岸といわれる景勝地・避寒地である「アマルフィ海岸（1997）」など文化的景観に関わるものも多く登録され始めたほか、産業遺産や20世紀建築が登録されるようになり、ほぼ毎年30件以上（1993年：33件、1994年：29件、1995年：29件、1996年：37件、1997年：46件、1998年：30件）が世界遺産に登録されるようになってきていた。2回目の推薦書類「ル・コルビュジエの建築作品」が提出された2011年の時点で登録件数は936件に達し、登録件数を抑えるためにますます審査が厳しくなりつつあった。しかしその後も2012年：26件、2013年：19件、2014年：26件と登録が進み、3回目の推薦書類「ル・コルビュジエの建築作品」の推薦書類が提出された2014年の世界遺産委員会では、登録件数がすでに1、073件となっていたのである。

「ル・コルビュジエの建築作品」については第3章において詳しく触れるが、7か国17資産を推薦するシリアル・ノミネーションである。つまり、件数としては1件ではあるが多くの構成資産をもち、世界遺産サイト数が増大することに対して登録に対してネガティブな意見を述べる者も世界遺産関係者の中には多かった。シリアル・ノミネーションとは、シリアル・プロパティーズと呼ばれる関連する資産群を一連の複数の構成資産として扱うものである。これに関して世界遺産作業指針第137項では以下の条件を満たすものとして規定されている。

①構成資産は長時間にわたる文化的、社会的、機能的結びつきを反映し、生態上、進化上または生息上の繋がりを反映しなければならない。

②各構成資産は、容易に定義・識別される実質的かつ科学的な方法によって、全体として資産の顕著な普遍的価値（OUV）に寄与するものとし、無形の属性を含むものもある。この結果として生じるOUVは、容易に理解され伝達されるものであること。

③資産の登録推薦の過程（構成要素の選定を含む）において、一貫性を保つため、かつ、構成要素の過度な断片化を避けるため、全体的な管理の可能性および統一性を十分に考慮しなければならない。

つまり、個々の構成資産のOUVというよりは全体のOUVを明確に証明することが重要なのである。また、世界遺産作業指針第114項には、個々の構成資産の管理を連携して行うための体制・制度を明記することが求められている。というのも、これら構成資産は単一の締約国、つまりひとつの国の中に閉じてるものもあれば、国境を越えて複数の国にまたがって分布している場合もあるからである。このシリアル・ノミネーションによる世界遺産推薦は2012年から2015年の間に63件もなされ、昨今の推薦の多くがこのシリアル・ノミネーションであることが分かる。

代表的なのは1993年に登録されたスペインの「サンティアゴ・デ・コンポステーラの巡礼路」であろう。聖ヤコブ（スペイン語：サンティアゴ）の遺骸があるとされるキリスト教の聖地であるスペイン、ガリシア州のサンティアゴ・デ・コンポステーラへの巡礼路で、主にフランス各地からピレネー山脈を経由しスペイン北部を通る道である。街道のうちフランス国内のものはスペイン政府による世界遺産リストへの記載から5年後の1998年に拡張登録されている。その中には「ヴェズレーの教会と丘（1979年登録、2007年拡張）」、前述した「サン＝テミリオン地域」など、重複して登録されているものも含まれ、フランスからスペインにかけての街道沿いの多くの修道院、教会、大聖堂、鐘楼等が構成資産となっている。

日本においても熊野古道（大辺路・中辺路・小辺路・伊勢路）、大峯奥駈道、高野山町石道の街道と街道沿いの史跡、名勝、国宝、重要文化財などを構成資産とした「紀伊山地の霊場と参詣道（2004）」、同様に銀山街道（鞆ヶ浦道・温泉津沖泊道）の「石見銀山遺跡とその文化的景観（2007）」、大宮・村山口登山道、須山口登山道、須走口登山道、吉田口登山道の「富士山――信仰の対象と芸術の源泉（2013）」などが街道沿いの構成資産をまとめて推薦したシリアル・ノミネーションである。

最多の構成資産で登録されたものは、アルゼンチン、ボリビア、チリ、コロンビア、エクアドル、ペルーの6か国で291件が推薦され、273構成資産が世界遺産リストに2014年に記載された「アンデスの道路網、カパック・ニャン」であろう。この資産については2004年に関係国が世界遺産センターのラテンアメリカ・カリブ海部門に対して調整役になるように要請し、2005年には学識者、関係国の専門家および世界遺産センターからなる学術委員会が結成され、OUVの確認、検討が5年間かけて行われた。

このシリアル・ノミネーションの考え方を適用させようとしたのが「ル・コルビュジエの建築作品――近代建築運動への顕著な貢献（L'oeuvre architecturale de Le Corbusier - Une contribution exceptionnelle au Mouvement Moderne）」である。しかし、地理的な連続性をもつ街道沿いの構成資産群と違い、ル・コルビュジエという建築家によってなされた建築群であり地理的なまとまりをもっていないという事実があり、さらに、7か国がどのように構成資産を協同して包括的に管理するかという課題もあり、これらのことが登録推薦作業を難航させたともいえる。

10　世界遺産としての建築家による作品群

果たしてル・コルビュジエのような近現代の建築家の作品群はシリアル・ノミネーションとして世界遺産に登録できるのであろうか？　この問いは「ル・コルビュジエの建築作品」の推薦書類起草に関わった者、あるいはICOMOS ISC20cのメンバーが共通して問い続けた課題であり、今なお議論し続けなくてはならないテーマでもある。まず世界遺産の考え方から、登録される文化遺産は不動産、つまり移動が不可能な土地や建造物に限られる。この観点からまず世界遺産リストに記載される登録名称にたとえ建築家の名前が入っていたとしても、世界遺産は文化財を保存し後世へ継承するためのものであって、建築家の業績に基づいて栄誉を称えるものではないということは明らかである。

作品群としてその資産名称に建築家の名前を付して登録されたものには前述したスペイン・バルセロナの世界遺産「アントニ・ガウディの作品群（バルセロナのグエル公園、グエル邸、カサ・ミラ）」がある。この主な登録理由は19世紀末から20世紀初頭の建築と建設技術の発展に建築家ガウディの卓越した創造的貢献があったというものである。これはカタルーニャ地方の伝統と郷土から、産業化する近代社会の成立の過程の中で科学的、技術的アプローチによって、時代を画す建築的表現により創造的傑作を生んだということであり、作品群は芸術や工芸品の流れ、象徴性、表現主義、そして合理性といった、いくつかの19世紀の芸術的潮流の顕著な総合的創造として、カタルーニャの文化的頂点と位置付けることができるからである。また、その先進性は20世紀の近代建築運動に形態的にも技術的にも多くの影響をおよぼした。このように推薦資産の概要評価がされ、クライテリア〈i 登録された「アントニ・ガウディの作品群」は、総体として19世紀末から20世紀初頭にかけて、建築と建設技術の発展に卓越した独創的な貢献を表している〉、〈ii 登録された「アントニ・ガウディの作品群」は、総体としてカタルーニャの エル・モデルニスモ（el Modernisme）で表されるように、彼の時代の文化的、芸術的な流れに密接に関連付けられている価値の重要交流を示していて、それは20世紀の現代建築の発展に関係づけられる形態および技術の多くを予想し、影響を与えたものである〉、〈iv 登録された「アントニ・ガウディの作品群」は、総体として20世紀初頭建築における重要かつ創造性ある個人邸宅から公共建築を含むビルディング・タイポロジーの顕著な事例としてシリアル（群）を構成しているものである〉という（i、ii、iv）を理由に1984年に世界遺産登録がなされたのである。

この記述からも分かるように、カタルーニャ地方の20世紀初頭の近代工業化社会が成立する過程の中で顕著となった文化を背景とし〈i 人類の創造的才能を表現する傑作〉、〈ii ある期間を通じてまたはある文化圏において、建築、技術、記念碑的芸術、都市計画、景観デザインの発展に関し、人類の価値の重要な交流を示すもの〉、〈iv 人類の歴史上重要な時代を例証する建築様式、建築物群、技術の集積または景観の優れた例〉の観点から「アントニ・ガウディの作品群」、つまり、単体としてではなく3つの構成資産の総体としての価値でもって、世界遺産のOUVの評価がなされたものである。

シリアル・ノミネーションとして世界遺産登録された20世紀建築にはこのガウディの例を除けば2017年に登録された「ル・コルビュジエの建築作品」のみとなるが、ルネサンス期のものとして、「ヴィチェンツァ市とヴェネト地方のパッラーディオのヴィラ」が1994年に登録され、その2年後に拡張されている。この世界遺産リストに記載された構成資産は、23件のパッラーディオの建築を含むヴィチェンツァ市とヴィチェンツァ市を中心としたヴェネト地方の24件のヴィラである。クライテリア〈i ヴィチェンツァはアンドレーア・パッラーディオによる多くの建築によって歴史的に織りなされるようユニークな芸術的到達によって固有の街の雰囲気をつくり出していて、また、ヴェネト州に広がる、パッラーディオのヴィラは、このルネサンスのマスター建築家による創造的才能を表現する傑作である。古典建築類型を再考したことにより導き出された、タイポロジカルな試行のパッラーディオの一貫した論証結果ともいえる〉、そして〈ii ヴィチェンツァとヴェネト州の街におけるパッラーディオの作品は、古典的な建築に触発された比類のない形式の純度によって特徴付けられ、ほとんどのヨーロッパの国々で、建築と都市のデザインに類例のない影響力をもち、それは建築家の名前を冠した建築運動である「パッラーディアニスム（Palladianism）」

として起き、およそ3世紀にわたって展開された〉として、総体として評価され、クライテリア〈ⅰ人類の創造的才能を表す傑作〉、〈ⅱある期間、あるいは世界のある文化圏において、建築物、技術、記念碑、都市計画、景観設計の発展における人類の価値の重要な交流を示していること〉として、世界遺産に登録されている。パッラーディオの作品群はルネサンス期にヴィチェンツァを中心としたイタリアのヴェネト州で起きた文化現象として非常に重要なものであるばかりでなく、それが3世紀にもわたって「パッラーディアニスム」として影響力を世界中にもち続けたということで、23件のパッラーディオの建築を含むヴィチェンツァ市とヴィチェンツァ市を中心としたヴェネト地方の24件のヴィラが総体としてOUVが評価されたということが、これらの登録理由の記述から理解できる。

このヴィチェンツァ市を中心としたヴェネト地方のパッラーディオのヴィラ群も、バルセロナを中心としたカタルーニャ地方のガウディ建築群も、それぞれの地域のある時期の文化が、その後、世界的な影響力をもったという点で、時代こそは違うものの共通した建築家名を冠したシリアル・ノミネーションによる世界遺産登録となったといえる。

建築家ではないが築城術の軍エンジニアであったヴォーバンの名を冠した世界遺産「ヴォーバンの防衛施設群」は2008年の第32回世界遺産委員会で登録された。築城の名手ヴォーバンは150の戦場の要塞を建設あるいは修理し、53の城塞包囲攻撃を指揮したといわれる。近代的な稜堡《りょうほ》式の要塞の築城法を体系化し、「落ちない城はない」と言わしめたほどの要塞攻城の名手であった。世界遺産に登録されたのは、そのうち稜堡式要塞など、要塞や都市の城壁で、ブザンソンをはじめとするフランスの12資産がシリアル・ノミネーションでガウディの世界遺産登録同様のクライテリア（ⅰ、ⅱ、ⅳ）で登録された。

これら以外にシリアル・ノミネーションではないが、すでに複数の建築作品が世界遺産登録されている建築家にヴァルター・グロピウスとオスカー・ニーマイヤーがいる。グロピウスはアドルフ・マイヤーと設計した「ファグスの靴型工場」（1925）がクライテリア（ⅰ、ⅳ）で２０１１年に、そして、クライテリア（ⅱ、ⅳ、ⅵ）で世界遺産登録された「ヴァイマルとデッサウのバウハウスとその関連遺産群」に含まれる「デッサウのバウハウス」を設計している。また、オスカー・ニーマイヤーはクライテリア（ⅰ、ⅳ）として登録された「ブラジリア」の施設群を設計し、２０１６年に「パンプーリャの近代建築群」としてクライテリア（ⅰ、ⅱ、ⅳ）で世界遺産に登録されたブラジルのベロオリゾンテ市北東部に位置する人造湖周辺に形成された庭園都市に設計された建造物群も彼の手による。これらの世界遺産のＯＵＶはそれぞれの個々の資産の価値として記述されているが、その多くがクライテリア（ⅰ）〈人類の創造的才能を表す傑作〉の記述を含むものとなっている。

11　20世紀遺産の課題

１９８８年にオランダの建築家フーベルト・ヤン＝ヘンケットとヴェッセル・デ・ヨングの呼びかけにより20世紀の最も主要な建築運動であるモダン・ムーブメントに関心のある人びとがアイントホーヘンに集まり、文化遺産としての近現代建築の課題について話し合った。同年ドコモモ・インターナショナルが発足し、その2年後の１９９０年に文化遺産としての近現代建築の保存の重要性を謳った「アイントホーヘン宣言」が採択された。その間の１９８９年には政府間機関である欧州評議会が国際会議を招集して対応を開始し、１９９１年には加盟国に向けて「20世紀建築遺産の保護に関する勧告」を採択している。その後、前述した１９９４年の「グローバル・ストラテジー」を受けるかたちでICOMOSにISC20cが設置された。ICOMOSの数ある国際学術委員会は「Cultural Tourism – ICTC」、「Fortification and Military Heritage – IcoFort」のように皆、テーマ別であるが「20th Century Heritage –ISC20c」のみが時代で区切られているようにみえる。しかし、ISC20cの委員会では、もちろん20世紀の遺産とはいかなるものかという概要的なことが議論されるが、むしろその議論を通して近現代といった近過去の遺産「heritage of the recent past」についてどのようなものを保護の対象としていかに保存・保全の方策をとっていくかというテーマを議論することが多い。今日に連続する社会状況の近過去のどこまでが文化遺産として認識でき得るのか、世界遺産に登録すべきものは新しいところでは何年前までの「遺産」が該当すべきか等の問題に対しても具体的に向き合わなくてはならない課題として議論されることがある。

世界遺産に登録されている最も新しいものは1973年建設の「シドニー・オペラハウス」（2007年世界遺産登録）であり、最初に世界遺産委員会に推薦書が出され審議されたのは1987年で竣工後16年後のことであった。竣工後16年では文化遺産としての認知が難しく「ブラジリア」のように供用開始から27年経過したものであれば文化遺産としての認識が可能になるのであろうかという議論もされたとのことである。「グローバル・ストラテジー」が採択された翌年の1995年にICOMOSが20世紀遺産に関する会議をヘルシンキで開催したが、その会議中に「25年経過」ということが提示されたこともあったが、この年代問題に関しては具体的数値を明示するような議論はこれ以降進んでいない。フランスにおいてル・コルビュジエの世界遺産推薦書類作成が開始された2003年当時においては、「国立西洋美術館」は竣工から44年しか経過しておらず、これが日本が推薦作業に公式に協力できない理由となっていた。これは日本の文化財保護法においても、登録文化財は50年以上を経過したものと明記されているために、それよりも重要とされる国宝、重要文化財は当然のことながら50年以上を経過したものという前提で運用されていたためである。また、インドの文化財保護に関する法律も100年以上を経過したものである必要があったために、政府によって保護の対象となった文化財として運用するのがル・コルビュジエの作品に対しては難しいという経験もした。結局、「チャンディガールのキャピトル・コンプレックス」に関しては、都市が中央政府直轄地として管理され都市計画法によって保護されていること、キャピトル部分は州政府自体のエリアであることなどで、世界遺産推薦の条件のひとつである国レベルにおいて保護措置がとられているということをクリアしたのである。フランスの文化財の指定にはこのような年代による縛りはないために、フランスの20世紀文化遺産関係者と話していると、そのような運用の妨げになる規定は早めに改定した方が良いのではないか、現に将来的に文化財として重要になるであろうものが50年を待たずに日本においては多くが破壊されているではないかと指摘されることも多かった。

もうひとつの20世紀建築遺産の課題は世界遺産「ル・コルビュジエの作品」に代表されるように、建造物である文化遺産から「建築家の作品」という視点を切り離して考えるのは難しいという点である。もちろん、ルネサンス期の建築家パッラーディオの作品群というものもすでに世界遺産に登録され、この「建築家の作品」問題は20世紀建築に限られたことではないが、20世紀の、とりわけモダン・ムーブメントに関わるものは、この「建築家の作品」という視点が複雑に絡んでくることは避けられないのである。2016年の世界遺産委員会では近代建築の巨匠といわれるル・コルビュジエとフランク・ロイド・ライトのそれぞれの作品群がシリアル・ノミネーションとして推薦され、3回目の推薦となった「ル・コルビュジエの作品――近代建築運動への顕著な貢献」は世界遺産リストへ「記載」となったが、その直前に審議された「フランク・ロイド・ライトによるモダン・アーキテクチャーの主要作品（Key Works of Modern Architecture by Frank Lloyd Wright）」（ⅰ、ⅱ）はシリアル・ノミネーションとしての内容が作品カタログ的であり構成資産（10作品）全体を踏まえた総体としての文化遺産のOUVの記述に問題があり「登録延期」となった。[注34]これはタイトルが示すようにフランク・ロイド・ライトの作品を10点厳選して推薦されたものであった。つまり、世界遺産登録推薦書類の中でのOUVの記述が、建築家フランク・ロイド・ライトがいかに近代建築史において重要であり、彼の設計した10作品が生涯設計した400を超える作品群の中で最も重要であるという風にも読めるものであった。この点が問題視されたのである。これとは逆の事例として北欧の近代を代表する建築家アルヴァ・アールトの作品の例がある。アルヴァ・アールト設計の「パイミオのサナトリウム」（1928-1933）も2004年に「パイミオ・ホスピタル（旧パイミオのサナトリウム）」（ⅰ、ⅱ、ⅳ）として暫定リスト入りし、2005年に推薦書類がまとめられるが、結果として登録には至らなかった。審査の最中に前述した例とは逆行するようなアールトの建築作品群をシリアル・ノミネーションとして推薦しないかという助言もあったようである。

「フランク・ロイド・ライトの作品群」、また、「ル・コルビュジエの作品群」の初期推薦において、構成資産（つまり、ル・コルビュジエの作品であれば17作品、フランク・ロイド・ライトであれば10作品）の総体がどのような文化遺産の価値をもつのかというよりも前に、建築家の建築史上の重

図 2-3　世界遺産推薦書類
「フランク・ロイド・ライトによるモダン・アーキテクチャーの主要作品」表紙

要性を重視しているところが世界遺産のシリアル・ノミネーションの趣旨に照らし合せて問題であった。モダン・ムーブメントの建築の保存を主眼に置いているドコモモをはじめとする近現代建築の研究者、建築家、愛好家は、このように文化遺産としての建造物そのものよりも建築家の偉業にまず興味をもち、その「作品」としての建築に重要性を見出すということが多いのである。この視点に固執することによって、かえって文化遺産としての近現代建築の保存の理解が社会に広がっていかないのではと指摘する声もある。

前述した20世紀（建築）文化遺産の20件の中には、人類が犯した悲惨な出来事を伝え、そうした悲劇を二度と起こさないための戒めとなる「負の遺産」を含めていなかった。ポーランドの「アウシュヴィッツ＝ビルケナウ強制収容所」（vi）が

１９７９年に登録された後、１９８０年の第４回世界遺産委員会でクライテリア〈vi 顕著で普遍的な意義を有する出来事、現存する伝統、思想、信仰または芸術的、文学的作品と直接にまたは明白に関連するもの〉のみで登録することの是非が議題に挙がり、一時的に負の遺産の登録推薦は下火になったが、その後、その議論を再燃することになったのは、広島の「原爆ドーム（Hiroshima Peace Memorial／Genbaku Dome）」（vi）が登録されることになった１９９６年の世界遺産委員会のことである。「原爆ドーム」の登録に際して委員会は紛糾し、アメリカ合衆国は戦争遺跡を世界遺産に含めること自体に否定的な見解を示した。このときの決議は、あくまでも平和希求の象徴として評価に基づいており、評価基準の適用に当たっては「戦争」との関連は直接的に示されていない。このように20世紀遺産はあまりに近い時代の遺産化であり、特に負の遺産に対しては当事者同士の記憶が未だ生々しいこともあり難しい課題を将来に残している。

世界遺産リストにおける20世紀遺産の登録件数は世界遺産登録全体数のわずか2％に過ぎず、リストにすでに示したとおり20件ほどである。そのリストをもう一度見てもらいたいが、リストのほとんどが近現代のそれもヨーロッパ系の巨匠建築家によるいわゆる「作品」が多い。もちろん、この世界遺産リストの20世紀遺産の登録状況は20世紀という時代を反映しているのであろう。また、ドコモモなどの活動の成果であると理解することもできる。しかし、20世紀文化遺産はこのような巨匠建築家の建築作品に限られたものではない。ISC20cにおいて20世紀文化遺産の多様性を議論した際、アメリカからはアポロ計画の遺産について、また東欧諸国の研究者からは社会主義時代の施設を文化遺産として保存対象にすることに対しての理解を広めたいといった意思の提示もあった。また、世界に広がる20世紀遺産として近代オリンピックの施設群についての話も出たりしている。ル・コルビュジエの作品群が世界遺産登録されたことを受け、フランク・ロイド・ライトの作品群も数年のうちに世界遺産リストに記載されるであろう。ドコモモの設立から30年近くが経過し、さまざまな課題はあるが近代建築運動（モダン・ムーブメント）に関わる文化遺産に対する理解も、ある一定の段階まで進んできたといえるであろう。ドコモモが対象としてきた「西ヨーロッパにおいて1920年前後に生まれ、非西洋地域も含めた世界中に広がっていった建築運動」とする近代建築運動の文化遺産の考え方に象徴されるように、〈近代の〉遺産は、とかく西洋中心の物差しによって時代区分が理解されることが多い。明治維新によって西洋化、近代化され第一次世界大戦後はヨーロッパ列強と肩を並べる国となった日本は非西洋社会の中で稀有な存在といえるかもしれないが、その日本においてでさえもヨーロッパと違う近代のあり方が描かれる。そして、非西洋のそれぞれの地域においても、それぞれの成立状況を反映した近代のあり方が描けるであろう。本書の最初でも少し述べたが、「近代とは何か」、われわれの時代を生んだ近過去の文化状況をどのように評価していくかということを問い続けることは、まさにわれわれが生きる時代の文化状況を確認する作業にほかならない。このように近過去の文化遺産に多様性をよりもたせ、近代建築運動の遺産を相対化させることによって、われわれの生きる時代をより文化的に豊かなものとして位置付けられるであろう。

1 International Committee on Intellectual Cooperation

2 International Institute of Intellectual Cooperation

3 Centre Intellectuel Mondial

4 League of Nations Institute for Intellectual Co-operation

5 ル・コルビュジエ、ポール・オトレ著、『ムンダネウム』、山名善之、桑田光平訳、筑摩書房（2009）のほか Alex Wright, *Cataloguing the World. Paul Otlet and the Birth of the Information Age* (in Introduction), Oxford University Press, 2014. Françoise Levie, *L'homme qui voulait classer le monde. Paul Otlet et le Mundaneum*, Bruxelles, Les Impressions Nouvelles, 2006. に詳しい。1910年、オトレとラ・フォンテーヌは初めて「知識の都市」の構想し、「Palais Mondial」（世界宮殿）と命名した。ブリュッセルにあるサンカントネール公園左翼にあった政府建造物が与えられ活動が継続し、オトレは1924年に世界宮殿を「ムンダネウム」と改名するが、予算カットや戦争の影響で活動の継続は難しくなり閉鎖に追い込まれる。ドイツ軍によって「ムンダネウム」の地区が接収され、その過程で「ムンダネウム」の相当量あるコレクションが破壊されたため、オトレと彼の同僚らは「ムンダネウム」施設の移動を余儀なくされた。レオポルド・パークにある建物が新しい本拠地となり、オトレの死後の1972年にそこから移動せざるを得なくなるまで、そこで「ムンダネウム」ができる限り再構成された。1972年以来、「ムンダネウム」はベルギーのワロン地域の都市モンスに移設され1998年以来、資料室と共に一般公開されている。http://www.mundaneum.org/en

6 Convention Concerning the Protection of the World Cultural and Natural Heritage

7 International Council on Monuments and Sites

8 詳しくは、文部科学省日本ユネスコ国内委員会による世界遺産条約仮訳（http://www.mext.go.jp/unesco/009/003/013.pdf）を参照のこと。原文はユネスコ世界遺産センターのウェブサイト（http://whc.unesco.org/?cid=175）に掲載されている。

9 International Museums Office (IMO)：国際連盟の International Commission for Intellectual Cooperation (ICIC) によって1926年に設立

され、国際連合設立による再編によって International Council of Museums (ICOM) へと統合される。

10 歴史的建造物の保存・修復に関する原則である。ル・コルビュジエらによる都市計画に関するアテネ憲章とは別のものである。ここでの保存修復に関する理念は1964年のヴェネツィア憲章に継承された。 http://www.japan-icomos.org/charters/athens1931.pdf

11 International Centre for the Study of the Preservation and Restoration of Cultural Property 日本は１９６７年にメンバーとなっている。ICCROM（イクロム）は世界遺産委員会の席上、資産の保存に関する技術的助言を行うほか、モニタリングや国際援助プロジェクトに専門家を派遣するなどの支援を行っている。

12 第一回歴史記念建造物関係建築家技術者国際会議（1931）においてアテネ憲章が採択された。

13 ヴェネツィア憲章：日本語全訳と英文が日本ICOMOS訳として http://www.japan-icomos.org/charters/venice.pdf に示されている。

14 UNESCO 世界遺産センターの website:http://whc.unesco.org/en/guidelines に原文が示され、参考として平成17年度版の日本訳（文化庁仮訳）http://bunka.nii.ac.jp/special_content/hlink13 が掲載されている。

15 International Union for Conservation of Nature

16 「世界遺産条約履行のための作業指針」は世界遺産委員会の議論の結果に基づいて毎年のように改定される性格のものである。よって条文は最新のものを常に参照する必要がある。「（世界遺産）作業指針」の第77項には顕著で普遍的価値を評価する基準、つまりクライテリアが10項目設定されている。このクライテリア（評価基準）は２００５年2月の作業指針大改定の際に大幅に変更された。変更前は、文化遺産は6項目つまり現クライテリアの（ⅰ）から（ⅵ）からなり、自然遺産は4項目つまり現クライテリアの（ⅶ）から（ⅹ）であった（ただし記載順序の変更あり）。また、変更前は「世界遺産登録のための基準」とされていたが、変更によって「顕著な普遍的価値評価のための基準」と改められた。また、文化遺産に係わる6つのクライテリアも時代とともに少しずつ変化、拡充してきている。クライテリア（ⅰ）は当初は芸術的価値が特記されていたが、「傑作」という表現でより広いものを対象とできるようになった。評価基準（ⅱ）は当初、建築や記念工作物が対象の中心であったが、のちに都市計画、景観設計、科学技術へと対象の評価を広げている。また、当初はある文化圏の中における建築物の「影響」が対象であったが、その後、より広く文化的価値の「交流」を対象にするように変化している。クライテリア（ⅲ）においては、文化的伝統が新たに加わっている。当初は主として考古学的遺跡を対象としていたが、文化的伝統が加わったことによって文化的景観の評価にも用いることができるようになった。クライテリア（ⅳ）は、当初、建築様式が記述の中心であったが、次第に景観や科学技術の集合体にまで評価の対象が広がってきている。クライテリア（ⅴ）は伝統的な建築様式や集落形態が主な関心であったが、伝統的な土地利用形態や人類と環境とのふれあいのあり方まで記述が拡大されている。クライテリア（ⅵ）は遺産そのものが内発的に独自の価値を有するというのではなく、思想や進行、歴史的な事件（行事）

や人物と関連した価値を有するものを対象としている独自の基準であるが、のちに芸術的作品や文学作品との関連が明記された。また、クライテリア（vi）は１９９７年に世界遺産作業指針が改定され単独での登録ができなくなった。（西村幸夫・本中眞編『世界文化遺産の思想』東京大学出版会、２０１７年、参照）

17　その後、スペイン政府はスペイン国内のすべてのガウディの建築群を追加登録することを試みたが、登録を許可されたのは「カサ・ビセンス」、「サグラダ・ファミリアのご生誕のファサードと地下聖堂」、「カサ・バトリョ」、「コロニア・グエル教会地下聖堂」のみで、２００５年に追加登録がなされる。

18　「ブラジリア」はブラジル高原の荒涼とした未開の大地に建設され、ブラジル人建築家ルシオ・コスタ設計により建設された計画都市地域は、人造湖であるパラノア湖のほとりに飛行機が翼を広げた形をしており、飛行機の機首の部分にオスカー・ニーマイヤー設計による国会議事堂や行政庁舎、最高裁判所が並び、翼の部分には、国内外のモダン・ムーブメントの建築家による高層住宅や各国の大使館がある。

19　文化庁ウェブサイト：http://www.bunka.go.jp/seisaku/bunkashingikai/bunkazai/sekaitokubetsu/shingi_kekka/sanko.html 参照

20　ストックホルム南部のEnskedeを敷地として、新しい墓地の設計コンペ「ストックホルム南墓地国際コンペティション」が１９１４年から１９１５年にかけて行われ、当時まだ無名であった若き建築家ふたりの協同応募案が1等に選ばれ、この墓地の主要施設である森の火葬場が１９４０年に竣工するまで、25年間という異例の長期間にわたり設計と施工が続けられた。

21　Bauhaus and its Sites in Weimar, Dessau and Bernau

22　廃墟化した遺跡において断片化した崩落あるいは腐食化した（主に）石片を組み合わせ、考古学見地から再構成すること。新たな材を付け加えることもあり得るが、その場合は厳密な議論が必要であるとされている。

23　これは１９９４年の世界遺産会議（タイ、プーケット）において審議され、その後、いくつかの専門家会議を経て、世界遺産条約にオーセンティシティの概念が拡大、拡充されて作用指針１９９６年において改定が加えられていった。

24　Twentieth Century Heritage International Scientific Committee

25　The International Committee for the Conservation of the Industrial Heritage

26　http://www.icomos-isc20c.org/pdf/madriddocumentjapanesetranslation.pdf
その他の言語については http://www.icomos-isc20c.org/madrid-document/ を参照

27　http://www.japan-icomos.org/charters/venice.pdf

28　http://www.japan-icomos.org/charters/florence.pdf

29 http://www.japan-icomos.org/charters/washington.pdf

30 http://www.japan-icomos.org/charters/nara.pdf

31 https://www.icomos.org/charters/structures_e.pdf

32 https://www.icomos.org/charters/xian-declaration.pdf

33 http://www.japan-icomos.org/charters/burra.pdf

34 The buildings—Unity Temple in Oak Park, Illinois; Frederick C. Robie House in Chicago, Illinois; Taliesin in Spring Green, Wisconsin; Hollyhock House in Los Angeles, California; Fallingwater in Mill Run, Pennsylvania; Herbert and Katherine Jacobs House in Madison, Wisc onsin; Taliesin West in Scottsdale, Arizona; Solomon R. Guggenheim Museum in New York City; Price Tower in Bartlesville, Oklahoma; and Marin County Civic Center in San Rafael, California—were built between 1906–1969 and chosen for their significance in the development of modern architecture.

第３章　世界遺産「ル・コルビュジエの建築作品」

1 世界遺産登録の意義：国境を超えるモダン・ムーブメント

ル・コルビュジエの国際的名声を確実にした「サヴォア邸」や、団地住居棟のプロトタイプ「マルセイユのユニテ・ダビタシオン」は世界中に影響を与えた。また、「ロンシャンの礼拝堂」の優美な空間造形は時代を超えて多くの人びとに感動を与え続けている。これらは文化遺産としての世界的評価も高く、単体の文化財として世界遺産に登録されることも考えられた。しかし、「ル・コルビュジエの建築作品」の世界遺産登録は、ミース・ファン・デル・ローエの「トゥーゲントハット邸」や「ルイス・バラガン自邸と仕事場」、リートフェルトの「シュレーダー邸」などの単体の20世紀文化財による登録とは違い、同一の歴史・文化群として構成要素が総体として顕著な普遍的価値を有するといったことを前提としたシリアル・ノミネーションである。今回登録された7か国そして三大陸に広がる17作品は、単体としてだけの価値ではなく、むしろ、総体として傑出した普遍的価値をもつというところに、この世界遺産の意義があるのである。ある特定の地域に根差す文化だけではなく、1920年前後より半世紀近くかけて近代建築運動によって地球上に広がった文化を表象する建築作品群の世界遺産登録というところが今回のシリアル・ノミネーションの意味するところである。

このことから登録の意義は、本題の「ル・コルビュジエの建築作品」のみにあるのではなく、むしろ副題である「近代建築運動（モダン・ムーブメント）への顕著な貢献」にあるといえる。20世紀は、モダン・ムーブメントによってそれまで国や地域において固有であった建築の作法や技術が国境を超えてグローバルに地球上に同時存在することを助長した時代であった。そして「モダン」という社会における共同体のための建築・都市のあり方が美学的共感とともに国際的広がりをみせた時代でもあった。モダン・ムーブメントの背景にあったのは、産業革命以来の工業化社会である。産業革命による機械化が成熟し、自動車などの大量生産の時代まで、つまり1920年前後からの半世紀続いた社会を映し出し、そこから称揚した機械の美学を表す建築をル・コルビュジエは考案しつくり出していった。これらの都市とそこに住まう人びと、その時代の共同体のあり方を、文化財となったル・コルビュジエの建築作品群を通して見ることができるのである。

ル・コルビュジエは図3-1のようにあらゆる大陸にプロジェクトをもち、多くの建築作品、都市計画を実現した。現存する建築作品は68資産に上るが、その中で世界遺産「ル・コルビュジエの建築作品」に登録された17資産は、前述したように、その保存状態の良さ、国レベルでの文化財保護、インテグリティとオーセンティシティ、OUV（顕著な普遍的価値）といった観点から代表的なものを絞り込んだものである。

ル・コルビュジエ作品がこのように地球上に広がっていったのは、もちろん、時代背景とともにル・コルビュジエが描き上げていった、国境を超え広がり得る建築や都市に対する理論によるとこ

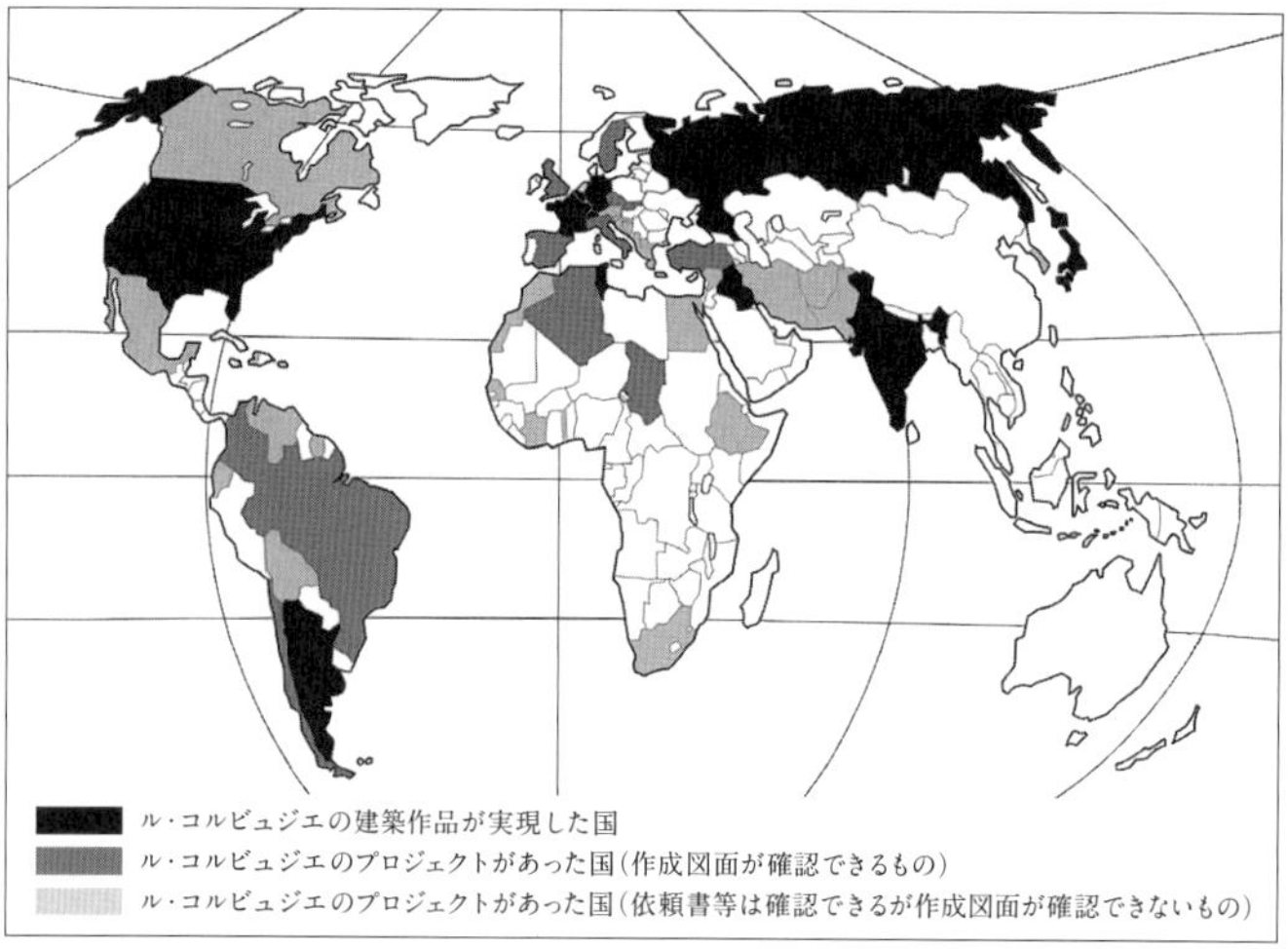

図 3-1　世界中に広がるル・コルビュジエのプロジェクト

ろが大きく、それが多くの出版物によって広められていったことを無視することはできない。また、ル・コルビュジエらが結成したＣＩＡＭ（近代建築国際会議）を通して、近代の建築や都市のあり方が議論された。それだけでなく１９２０年代の中葉から多くの若手建築家が彼のアトリエを目指し世界中から集まり、彼の理論を、建築作品、都市計画の設計という実践を通して修得し、また、彼らが祖国に帰り近代建築運動を広げていったことも注目すべき点である。日本においても１９２０年代末の前川國男のアトリエ入所に始まり、坂倉準三、吉阪隆正など多くの若手建築家が彼の下で研鑽を積み、帰国後日本で実作をつくり出すことを通じてル・コルビュジエの理論と近代建築運動を広げていったことも、モダン・ムーブメントの広がりをつくり出したメカニズ

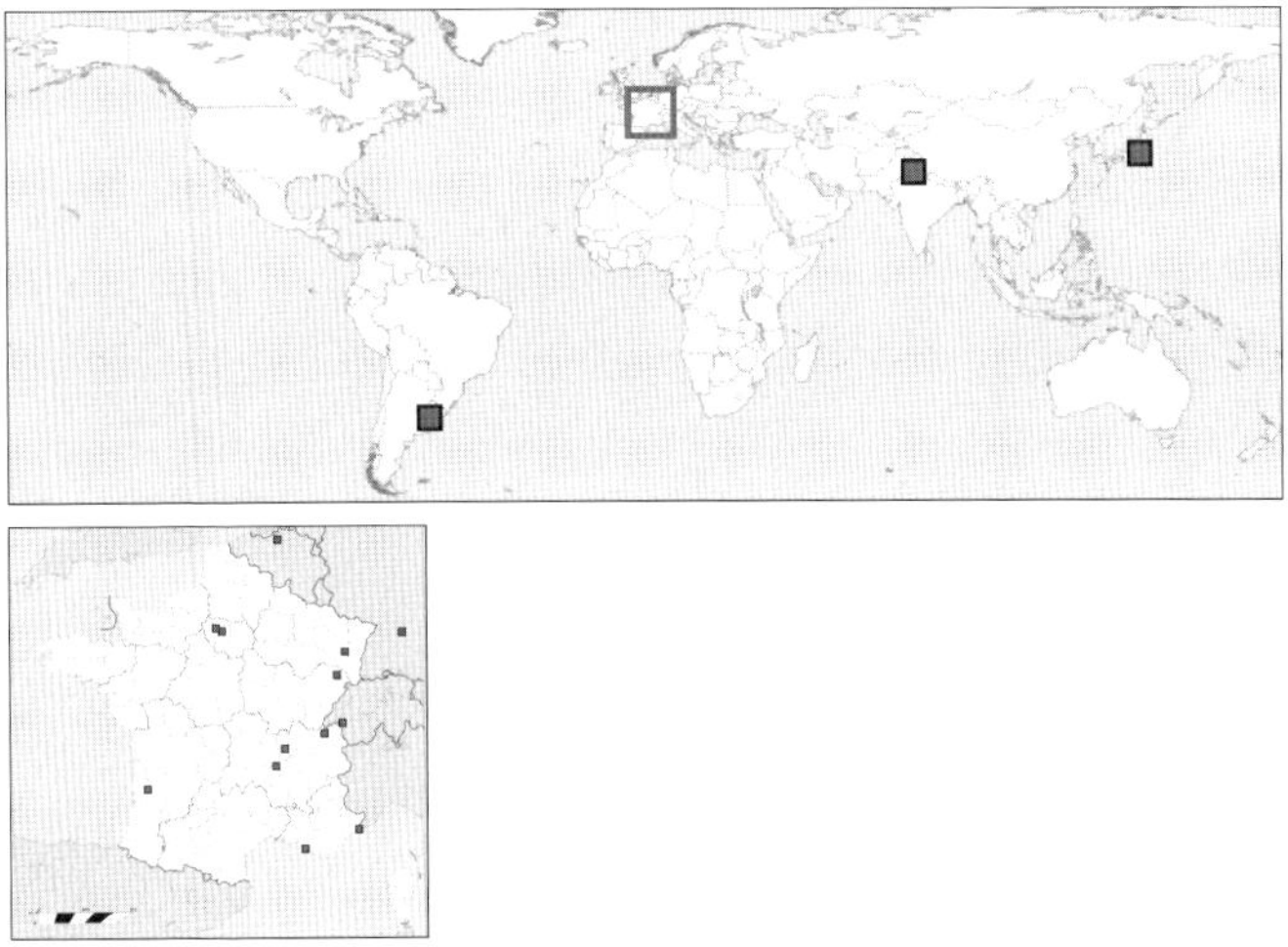

図3-2「世界遺産　ル・コルビュジエの建築作品」所在地

ムといえるであろう。

　この地球上に広がった近代建築運動の文化的様相を、今回登録された17資産の総体として示し得るというのが登録へのOUVの根幹である。特に日本の国立西洋美術館の登録の意義は、その作品性というより、むしろル・コルビュジエが顕著に貢献したモダン・ムーブメントが日本へと広がり、多大な影響を与えたことを示すイコンとしてのニュアンスが強いのである。

　世界遺産「ル・コルビュジエの建築作品」は、パリを拠点に活躍した建築家・都市計画家ル・コルビュジエの作品の中から選ばれた三大陸７か国（フランス・日本・ドイツ・スイス・ベルギー・アルゼンチン・インド）に所在する17資産で構成されているが、この17資産の総体は、建築史上初めて建築の実践が全地球規模のものとなったことを示す物証であり、各構成資産は近代の社会的、人間的ニーズへ対応した建築の新しいコンセプトを反映し、広い地域に重大な影響を与え、未だに少なからず21世紀建築文化の基盤であり続けているものといえる。

2 工業化の美学

ここで、国際的に展開したモダン・ムーブメントを支えた「工業化の美学」とは一体どのようなものであったのかを、再度、確認しておく必要があろう。そして、「工業化の美学」によってつくり出されていった建築作品群の根幹にあった考え方が、ル・コルビュジエが活躍を始める1920年代初頭にどのようにして形成されていったのかを見直すことによって、その後、展開された「モダン・ムーブメント」によって生み出された17作品の総体としての価値を、つまり、クライテリア(ⅰ、ⅱ、ⅵ)によって記述されたOUVを、理解する助けになるであろう。

ハーバード大学での講義をもとに1941年に出版された『空間、時間、建築』において美術史家ジークフリート・ギーディオンは、当時の状況について科学と芸術とが相互に対立しながらそれぞれ異なった水準で進んでいると述べ、建築のあり方について科学と芸術の統一の重要性を挙げる。その第3章「新しい可能性の発展」の「建築と工学の相互関係」においては、1850年以降の建築家と技術者の関係について整理し、最後に「1924年の項」として「機械の世紀は建築家を目覚めさせた。新しい課題と新しい可能性が、こういう建築家を生み出したのである。かかる目覚めた建築家たちの手によって、今やいたるところで仕事が行われているのだ」[注1]としてル・コルビュジエを評価するのである。[注2]ギーディオンがCIAMなどを通して協同することになるル・コルビュジエをこのように位置付けるのは当然のことだが、ギーディオンは「建築はあらゆる種類の要素——社会的、経済的、科学的、技術的、民族的な諸要素——の産物である」とし、人間社会にも自然と同様に客観的な法則が存在しているという唯物史観的な視点から、近代建築史を科学、工学の発展の中での経済史、社会史と同様に捉えようとするのである。

ギーディオンが師事したハインリッヒ・ヴェルフリンは近代的な様式史論を確立したことで知られるが、主著『美術史の基礎概念』(1915)において、ヴェルフリンは西欧の盛期ルネサンスとバロックを対象に、16世紀から17世紀の美術史を単なる個人の志向や時代背景から説明するのではなく、様式の変遷を人間精神の発展と捉えて詳述した。そしてルネサンスにみられる古典様式とバロック様式の対比を5つの形式から紐解き、各部分が独立しながらも全体に秩序付けられ明瞭な輪郭を持つ古典様式に対し、バロック様式は全体のモチーフに各部分が従属しているが変化、運動があることを指摘するのである。ヴェルフリンはバロックを「一斉に輸入された運動」、つまりルネサンス芸術への、あるいは古典様式のアンチテーゼとして定義したのである。このことが美術史の近代的方法論として画期的であった。

ギーディオンはヴェルフリンの下で18世紀末期と19世紀初頭とを比較考証した「後期バロック様式とロマン主義的古典主義（Spätbarocker undromantischer Klassizismus）」を博士論文として1922年にまとめる。ル・コルビュジエは同年、「300万人の現代都市」をサロン・ドートンヌで発表してこれを境に注目され始め、1927年の国際連盟コンペのスキャンダルをきっかけとしてギーディオンを書記長としてCIAMを1928年に結成する。ギーディオンはこの1928年に『フランスの建物——鉄骨建築、鉄筋コンクリート建築』（*Bauen in Frankreich, Bauen in Eisen, Bauen in Eisenbeton*）を出版し、そこで「19世紀の鉄骨建築」、そして「20世紀初頭の鉄筋コンクリート建築」を併置、比較考証しながら工業化によって起こった技術の発展による「新しい建築」のあり方をル・コルビュジエの初期作品を例示しながら提示する。これは後にまとめられることになる『空間・時間・建築』の第3章の基礎となるものであるが、ギーディオンはヴェルフリンが行ったように、近代建築運動を古典様式のアンチテーゼとして設定し、全体のモチーフに各部分が従属しているが変化、運動があり広がりをもち得るものになるように、CIAMの書記長として1928年から1930年代にかけて近代建築運動の方向付けをしたのであろう。

ル・コルビュジエはオザンファンらとともに『エスプリ・ヌーヴォー』を1920年から1925年にかけて出版し、「新しい時代に求められる建築とは何か」「工業化社会における美学とは何か」

図3-3 『建築へ（建築をめざして）』原著（初版）表紙

といった多くの言説を発表する。その1号から28号までの関連する主要な論考を再編集し、「エスプリ・ヌーヴォー叢書」[注3]として8冊出版[注4]するが、その第1冊目がさまざまな言語で読まれることになる『建築へ（建築をめざして）』[注5]である。『建築へ』はル・コルビュジエ＝ソーニエ（Le Corbusier-Saugnier）の名前で1923年に初版が出されるが（図3-3）、ハンス・ヒルデブランド訳によりドイツ語版が1926年に出版されている。ドイツ語圏の美術史家ギーディオンがここで示されているル・コルビュジエの「工業化の美学」に影響されたことは、前述した著書『フランスの建築』（1928）の構成より明らかである。

パリの美術学校であるエコール・デ・ボザールを中心とした「様式教育」が横行する中で、ル・コルビュジエは『建築へ』において「様式」という範疇に収まるようなものは建築の本質ではないということを述べる。そして、エンジニアが行ってきたように新たな課題を設定することによって、「新しい建築」が生まれることを確信すると述べ、思想を示す豊富な図版、詩的表現、レトリック、そしてレイアウト、これらを通して機械時代にふさわしい建築言語を読者に志向させるのである。ここに彼の「工業化の美学」を見出すことができるが、注意しておかなくてはならないのは、ドイツ工作連盟などのモダン・ムーブメントとは違う、機械時代において機能主義にアプローチする姿勢をル・コルビュジエが取ったことである。つまり、盟友オザンファンとともに、フランス近代絵画の系譜としてセザンヌの時代から展開してきたパリにおける近代絵画の流れを発展させた「ピュリスム」の絵画理論を、「新しい建築」の課題の設定にも応用し、機械芸術と古典を連続した系譜に位置付け、建築のあり方自体を変革しようとしたことにル・コルビュジエの「工業化の美学」の特色がある。

象徴的な箇所は、『建築へ』[注6]の中盤「見えない目Ⅲ自動車」の項の見開き(図3-4)である。左頁上段に「パエストゥム、西紀前600-550年」、右頁上段に「パルテノン、西紀前447-434年」を並べ、それらの下に、左頁下段に「アンベール、1907年(自動車生活より)」、右頁下段に「ドゥラージュ、グラン・スポーツ、1921年」の写真を示し、彼の「工業化の美学」を下記のように述べる。

VERS UNE ARCHITECTURE

PAESTUM, de 600 à 550 av. J.-C.

Le Parthénon est un produit de sélection appliquée à un standart établi. Depuis un siècle déjà, le temple grec était organisé dans tous ses éléments.

Lorsqu'un standart est établi, le jeu de la concurrence immédiate et violente s'exerce. C'est le match; pour gagner, il faut

Cliché de *La Vie Automobile*.　HUMBERT, 1907.

DES YEUX QUI NE VOIENT PAS...

Cliché Albert Morancé.　PARTHÉNON, de 447 à 434 av. J.-C.

faire mieux que l'adversaire *dans toutes les parties*, dans la ligne d'ensemble et dans tous les détails. C'est alors l'étude poussée des parties. Progrès.

Le standart est une nécessité d'ordre apporté dans le travail humain.

Le standart s'établit sur des bases certaines, non pas arbi-

DELAGE, Grand-Sport 1921.

図3-4『建築へ（建築を目指して）』原著「見えない目 III 自動車」の見開き

左頁テキスト：

完全さの問題に立ち向かうために、標準の作定に向かわなければならない。

パルテノンは、作定された標準に加えられた選択の産物である。すでに一世紀前から、ギリシャの神殿はそのすべての要素において組織立てられていた。

標準が作定されると、直ちに烈しい競争が起きる。仕合である。勝つために、相手より、すべての部分、全体の線、すべての細部において良くなければならない。そこで、部分の研究が進められる。進歩である。

標準は、人間の仕事にもたらされる秩序の必要である。

右頁テキスト：
標準は、確かな基盤の上に、恣意的でなく、動機付けられた事物の確かさと、分析と実験に導かれる論理とをもって作定される。すべての人間は、同じ人体、同じ生体機能をもつ。すべての人間は、同じ要求をもつ。
社会契約は、時代とともに進展して、標準的な階層、機能、要求を決定し、標準的な使い方をする産物を与える。家は人間に必要な産物である。

続く頁には上段に「イスパノ・スイザ、1911年、車体設計オザンファン」の写真を掲載し、その下にはこのように記してある。

自動車は、単純な機能（走る）と複雑な目的（快適さ、耐久性、外観）をもつものであり、大企業に標準化を絶対に必要とさせた。自動車は本質的なものはまったく同じなのである。疲れを知らない競争によって、自動車をつくる無数の会社は、それぞれ競争を制しなければならないことに気づき、そこで、実現された実用的な標準の上に、実用的な生の事実を超えた完全さと調和の研究が入り、完全さと調和だけでなく美の表現が入り込んだのである。

図版とテキスト、そしてそれらのレイアウトから、読者はル・コルビュジエの「工業化の美学」を自動車と建築を並置してイメージすることになる。神殿においてはモデナテュール、つまり、柱、エンタブラチュア、トリグリュフォス……、車においてはタイヤ、シャーシ（車台）、ライト……といった基本的なエレメントが、標準を目指しシステムとして定義されることによって、「様式」に代わる「標準型としての形態」が立ち現れることになる。

このル・コルビュジエの「工業化の美学」がル・コルビュジエの展開したモダン・ムーブメントの底流にあるのである。新しい時代の捉え方によりル・コルビュジエの建築やユルバニスムを通して国際的に展開したモダン・ムーブメントは、様式としてではなく、まさに工業製品が世界中に流布していくように、美学として浸透していったのである。

3　住宅は住む機械

ル・コルビュジエが「工業化の美学」をもつようになったのは産業革命以来の技術の成熟による生産手段の変化と、産業化によって生み出された新しい社会構造の変化がその背景にある。前近代的な社会体制を変革して近代社会を樹立したフランス革命による共和政は、二院制の一元主義型議院内閣制を制定した1875年憲法による第三共和政が始まったころには安定をみせ始めた。20世紀初頭の議会政治は中道右派の民主共和同盟によって進められていたが、同時に労働組合のゼネストによって社会革命を目指すサンディカリスムが現れたりもしていた。この運動は１９０５年にフランス社会党が成立したことで一応の落ち着きをみせ始めたが、第一次世界大戦後の１９２４年にはエリオ急進社会党内閣が成立するなど、20世紀初頭のフランスにおいてはその時々の政治を背景としてさまざまな社会保障政策の充実が図られたのである。

フランスにおける社会保障としての公共集合住宅の流れは19世紀からあるが、それが本格的に政府レベルで整備され出すのは20世紀に入ってからである。１９０５年に公共住宅建設のための資金がフランス預金供託公庫ＣＤＣ[注7]により整備され、ローラン・ボヌヴェによって１９１２年に公共集合住宅ＨＢＭ建設整備のための法律が通る。第一次世界大戦後の住居不足を解決する目的で１９２０年にはローヌ県に住宅公社[注8]が設立され、１９２１年よりアンリ・セリエのセーヌ県の住宅供給公社[注9]によって大規模な公共集合住宅である田園都市が計画される。この流れは第一次世界大戦下の軍需産業を民需に切り替える目的も付された公共住宅供給法である１９２８年のルイ・ルシュールによるルシュール法へと至る。この状況を受けてル・コルビュジエは『建築へ』の「量産住宅」の章で、「計画は始まった。ルシュール、ボヌヴェ両氏は、低い価格で50万戸の建設を進める法案を議会に提出した。（中略）この膨大な計画を実現するために何も準備されていない。量産住宅を建てる精神状態、量産住宅に住む精神状態、量産住宅を構想する精神状態。すべてをしなくてはならない、何も準備されていない」と嘆くのである。

「エスプリ・ヌーヴォー叢書」の1冊目である『建築へ』は1923年に出版されるが、その2年後の1925年には5冊目である『エスプリ・ヌーヴォー（近代建築年鑑／*Almanach d'architecture moderne*）』が出版される。この時期、低家賃の集合住宅の大量建設が具体化され始め、ル・コルビュジエもこの社会状況に応えて、大量に住宅を供給するための美学を確認することになる。『エスプリ・ヌーヴォー』の「大量生産で建設する」の章を、ル・コルビュジエは「永続的である建築は、ある循環器の精神を象徴する。建築はひとつの原型、ひとつのシステムを確立し、それらは標準型となる。標準型は長い間には完全美にまで達する」と始め、「大量生産は規格を必要とする。規格が完全美に導く」とし、章の最後で「大量生産が完全美と純粋美に通じるのだ」と、標準型を介しての「工業化の美学」を説くのである。

　このように、ル・コルビュジエの描き続けた大量生産のビジョンは、必ずしも工場で自動車を生産するように建築を工業生産することを目指していたわけではない。ル・コルビュジエは単にこの機械時代における「工業化の美学」を追求していたに過ぎない。同時代の建設者で協同者でもあったジャン・プルーヴェ[注10]のように、建築の工業化、つまり建物を部品化し工場生産することにだわっていたようでもない。というのも、例えばル・コルビュジエの量産住宅であった「メゾン・シトロアン」や「メゾン・モノル」の構法も規格化は目指したものの、現場施工によるところが大部分で

あったからである。[注11]

ル・コルビュジエの代表的な言説のひとつ「自動車は走るための機械。飛行機は飛ぶための機械。住宅は住む機械」[注12]（傍線は筆者）は、「機械」に対するル・コルビュジエの考え方を明確に表している。自動車、飛行機のいわゆる「機械」に対しては、その機能的目的の「〜ための：pour＋動詞」を用いているのに対し、住宅に対しては「à＋動詞」を用い、「機械」から派生する「理論的モデル」、「秩序のメタファー」としての表現になっている。[注13] このことは『エスプリ・ヌーヴォー』25号に掲載された「機械の教え」[注14]という以下のテキストにも考えが示されている。

> われわれが機械の出現を見た数千年来初めての世代であることを忘れてはならないし、それゆえ、機械に対するこのような熱狂についても許容しなければならない……。
> しかしながら、われわれはいまだに過去の地平の上に立っている。それゆえ、行き過ぎや放蕩や不調和といった過ちが起こるのだ。芸術は機械をまねること（これが構成主義の過ちである）とは何の関係もないのだ。[注15]

このように「機械」を直接的に模倣している構成主義を批判し、一方で「稼働しているすべての機械はひとつの直接的真理なのである」[注16]とし、ル・コルビュジエが「工業化の美学」を求める「機械」のメタファーを追求していることがここからも分かるのである。

機械である自動車、飛行機がプロトタイプを制作し、それを量産化することから、１９２０年にル・コルビュジエも住宅のプロトタイプ「シトロアン住宅（Maison Citrohan）」を考案し、雑誌『エスプリ・ヌーヴォー』への発表を通して企業家に呼びかける。「シトロアン（Citrohan）」は、ヨーロッパにおける自動車の大衆化を目指し、フランス版フォードとなるべくアンドレ・シトロエンによって１９１９年に設立された自動車「シトロエン（Citroën）」を洒落ている。同時代のグロピウスやタウトが、フォーディズムと言われるフォード社が自動車生産に用いたような大量生産の過程を戦後の住宅不足の課題解消に応用しようと考えたことをル・コルビュジエも当初は考えていたのかもしれない。しかし、ル・コルビュジエ作品集第１巻にあるシトロアン住宅の説明には、「支持壁は、煉瓦、石、ブロックなどその土地で用いられる材料のふたつの壁だけ、同じ寸法の床板、工場の窓サッシュを並べて、必要なところを開閉する。家庭生活に必要な場を中につくり出し、部屋の使い向きによる十分な採光、衛生条件をよく考えて、サービス部分を重視する[注17]」と記している。この説明からも分かるように、シトロアン住宅の建設方法は最新の技術革新をベースにしたフォーディズムの考え方によっているものではない。つまり工場生産によるものは窓サッシュに留まり、それよりも住居という新しい空間とは何かを問うことがル・コルビュジエの考えの中心にあったことがここから読みとれる。このプロトタイプは陸屋根、工業生産による平滑な長方形窓、大きなガラス開口をもつ二層分の天井高の居間、後方部には台所、浴室、寝室がある。中産階級向けの住宅であるが、当時の因習から離れた、モダンな生活、つまり、自然光、緑、空間といったモダン人間の生活を支える「本質的な歓び」を追求したものであった。そして、「この形の家を国土のどこにでもつくることを夢見る」[注18]とし、生産方法による標準型ではなく、新しい生活に対応したプロトタイプの考えをル・コルビュジエは表明するのである。

プロトタイプである「メゾン・シトロアン」は1920年の発表以来、検討が加えられていった。1922年からはペレ兄弟の設計事務所で修行を終えた、ル・コルビュジエの従弟で、その後20年ほど協同者になるピエール・ジャンヌレも加わり改良が加えられ、「メゾン・シトロアン」第2案がサロン・ドートンヌに発表される。改良された点は、「特に骨組、窓、階段などの建設部材の標準化について系統だてた」[注19]とされ、三層から四層（半地下＋1階、中2階、上階）へと大きくなり、地面より半層上がった「1階」に人工地盤面としての大きなテラスが加えられた。半地下には屋内駐車場も加えられ、外部階段が内部化される。

その後、イル・ド・フランスまたはコート・ダジュールのために検討されたこの案は、初めてシュトゥットガルトのワイゼンホフで実現することになる。[注20]ドイツ工作連盟は1927年シュトゥットガルトでヴァイセンホフ・ジードルンクを開催し規格化の成果を内外に示したが、ル・コルビュジエはここに招待を受け、「内部の取扱い、家具の改革を示した、鉄筋コンクリートの明白

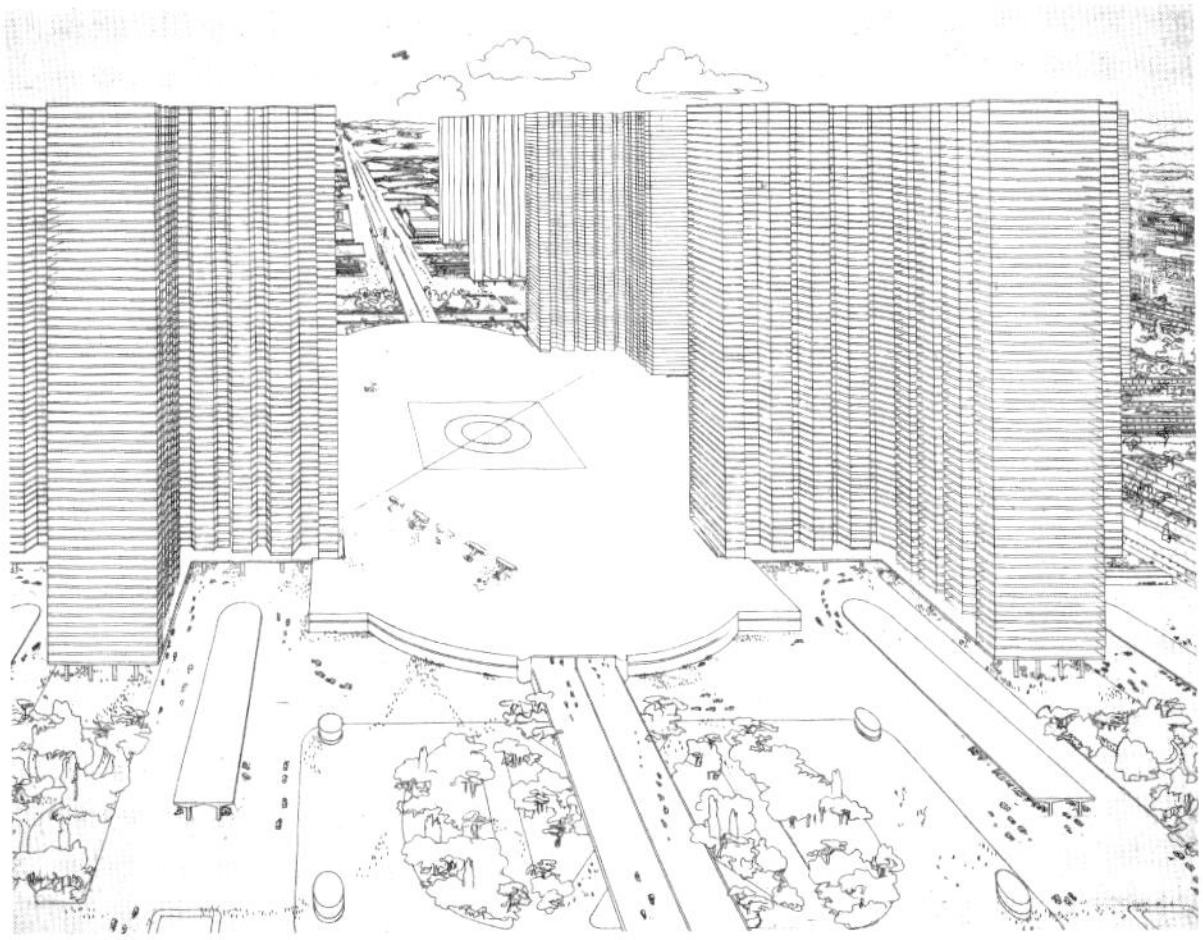

図3-5　300万人の現代都市／1922／敷地未確定／FLC番号：30850A

な造形である率直な美学の規範として」住宅2棟（3住居）を設計し実現する。また、同じ年にプロトタイプ「メゾン・シトロアン」として、ベルギーの画家ギエットのためにアトリエ住居「ギエット邸」を実現させるのである。今回の世界遺産に登録された初期作品のうちのふたつとして、このヴァイセンホフ・ジードルンクに建設された1棟、そして「ギエット邸」がプロトタイプ「メゾン・シトロアン」として登録されている。

4　1922年パリ・サロン・ドートンヌ

プロトタイプ「メゾン・シトロアン」の石膏模型を出品した1922年のパリ・サロン・ドートンヌにおいて、ル・コルビュジエはそのほかに「300万人の現代都市[注21]」（図3-5）を発表する。

それはサロン・ドートンヌの会長であったフランツ・ジュルダンの理解もあり27m幅の大きな展示であり、その中には100㎡のジオラマも含まれた大掛かりなものであった。

基本的原理として①都市の過密緩和、②密度の増加、③交通手段の増加、④植樹帯の増加都市を掲げ、計画の平面は規則的な幾何学に基づき、東西と南北に高速車の幅員40mの軸線道路が設定され、道路網が集まるセンターには空港が配される。そして、このシティ・センターの周りには規則正しく等間隔に高さ180mのガラス状の超高層ビルが24棟建つ。そこには、テクノクラート、経営者、銀行家など社会の頭脳が収容されることが想定されていた。この業務地区の左側には市民文化センターがあり、その向こう側には公園が広がっている。主要道路のネットワークは十字の幹線道路とは別に大スケールのグリッド、そして地区道路に連絡するための対角線パターンという構成である。小さなグリッドはシティ・センターを取り囲む居住スーパー・ブロックを形成している。

この都市計画はル・コルビュジエ自身が著作『ユルバニスム』で「実験室における専門家の仕方にならって、私は個々の場合を避け、あらゆる起伏を遠ざけ、理想的な土地を選んだ。目的は、既存の事態に勝つことではなく、厳密な理論を達成することによって、現代の都市計画の基本原理をつくるにいたることであった[注22]」とあるように、機械時代における理想的都市計画を描いた。「メゾン・シトロアン」においてプロトタイプ研究を行ったように、実際の敷地などを想定せず、ゼロの状態から考えを進め、普遍的に適用し得るような標準的環境を設定したのであった。時間と場所による偶然性をすべて排除した上で課題を設定しデザインしたのである。つまり、「メゾン・シトロアン」同様に、「300万人の現代都市」は、ユルバニスムにおけるプロトタイプの表明であったともいえるであろう。

興味深いのは住居地域のつくり方である。集合住宅には2種類ある。ひとつはセットバックした、1930年代に「輝く都市」の凸凹した平面形状をもつ集合住宅として再び現れるもの、もうひとつが「イムーブル・ヴィラ」である。

「イムーブル・ヴィラ」つまりヴィラ型共同住宅は、その名の通りヴィラつまり邸宅が積み重ねられた共同住宅で、それぞれの住戸は大きな空中テラス庭園をもち、「メゾン・シトロアン」で構想された居住空間と似た二層の吹き抜けのリビングをもつメゾネット形式である。住戸は「ただ、道路からいろいろな高さにあるだけである」。この住居が四層積み重なり、その上にペントハウスがさらに二層、合計10階建ての断面構成である。平面は中庭を囲みこむように住戸が「ロの字型」に配されている。

図3-6には、プロトタイプである「ヴィラ型住戸」が上下左右に繰り返され、無限に広がる様で表現された「イムーブル・ヴィラ」が示されている。また、「ヴィラ型住戸⇅イムーブル・ヴィラ（住棟）⇅ユルバニスム（都市計画）」といった、標準要素が繰り返されることによって、その階層ごとの全体性が示される。このような考え方にこそ「様式（スタイル）」に代わるル・コルビュ

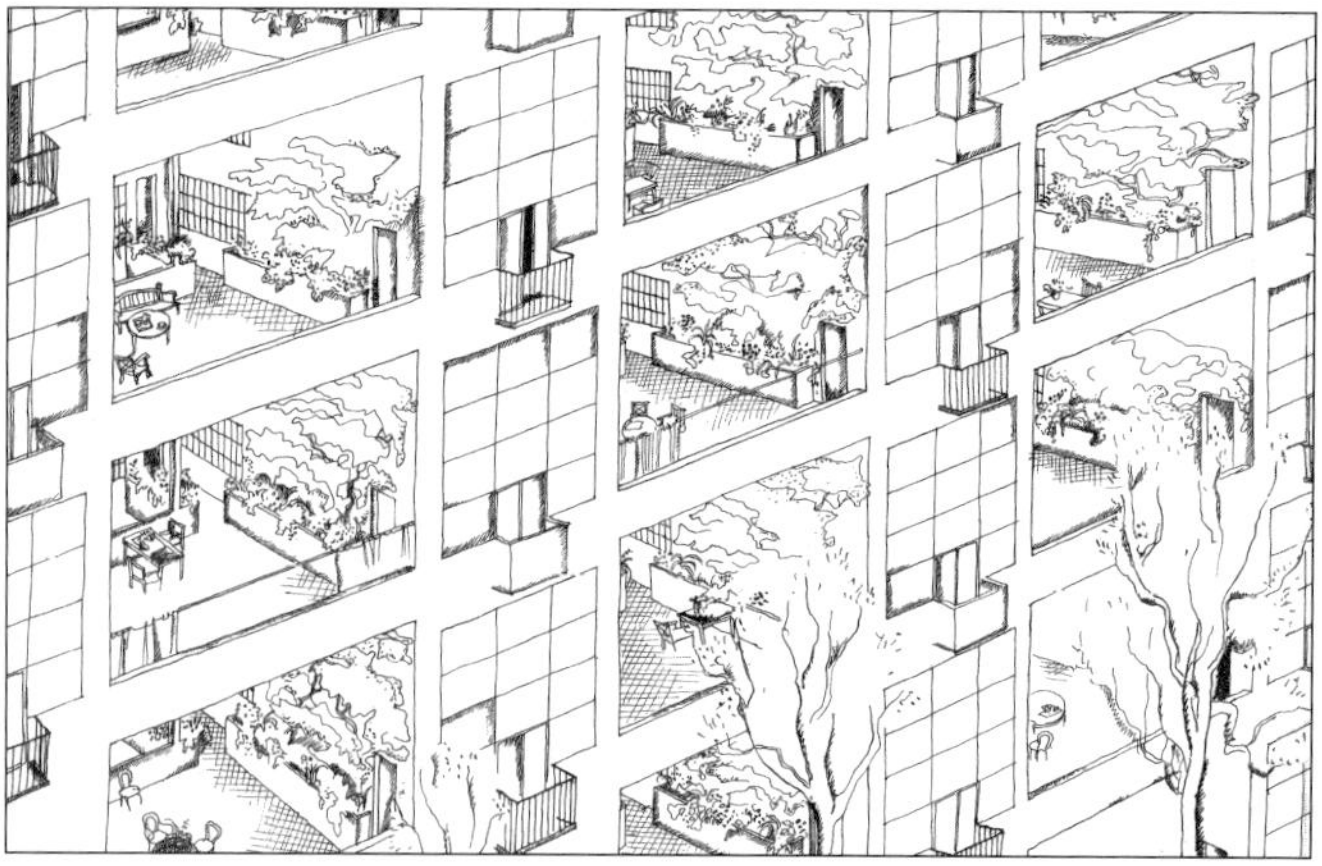

図3-6　ヴィラ型集合住宅／1922／敷地未確定／FLC番号：19069

ジエの「工業化の美学」を読み取ることができる。第1章7節に詳述したとおり、「300万人の現代都市」は1925年の「アール・デコ博」[注23]においてパリの「ヴォワザン計画」として発表されるが、その展示会場となった「エスプリ・ヌーヴォー館」は「イムーブル・ヴィラ」の住戸、「ヴィラ型住戸」1戸を実現させたものである。つまり標準単位である「ヴィラ型住戸」の中に「イムーブル・ヴィラ」によって構成されるパリの「ヴォワザン計画」が展示されたのである。この展示構成自体が、1922年の「パリ・サロン・ドートンヌ」で示された彼の「工業化の美学」をさらに発展させたものといってよいであろう。

このように「工業化の美学」は旧来の様式、装飾芸術の考えを否定し、新たな精神となっていったのである。そして、世界遺産の推薦書類においてはプロトタイプ「イムーブル・ヴィラ」の考え方の実現形としてジュネーブの「イムーブル・クラルテ」が位置付けられ、その発展形としてプロトタイプ「ユニテ・ダビタシオン」が、そして、その実現形として「マルセイユのユニテ・ダビタシオン」がある。また、ユルバニスムの考え方の初期段階のものとして示された「300万人の現代都市」は、その考え方の一部が世界遺産登録された「ペサックの集合住宅」において最初に実現され、そしてル・コルビュジエらが近代建築運動の中「機能的都市」を議題とした1933年のCIAM（近代建築国際会議）で採択された「アテネ憲章」においても展開され、世界遺産登録された「キャピタル・コンプレックス」の周りに展開する「チャンディガールのユルバニスム」へと最終的に結実される。

5　インターナショナル・スタイル

ル・コルビュジエと並ぶモダン・ムーブメントの建築家として位置付けられるヴァルター・グロピウスは、1925年に著書『インターナショナル・アーキテクチャー』[注24]において各国の伝統を否定し、地域性、風土性を超えて人類に共通な20世紀という時代の建築デザインの方向性を示した。1919年からの第三インターナショナルを背景にした国際主義が発想にあったことが推測される「インターナショナル・アーキテクチャー」は、当然歴史性や伝統を背景とした様式（スタイル）

も否定していた。

「インターナショナル（国際）」と「スタイル（様式）」を結びつけたのはヨーロッパではなく皮肉にも新世界のアメリカにおいてであった。1929年に大恐慌の中オープンしたニューヨークの近代美術館MOMAは、1932年に最初の建築展を開催することを決め、館長のアルフレッド・バァと、学芸員であったフィリップ・ジョンソン、そして協力者のヘンリー＝ラッセル・ヒッチコックの3人は「インターナショナル・スタイル」を造語しヨーロッパで起こっている建築の新潮流をスタイルでくくった展覧会を企てた。しかし、3人の目論んでいた「インターナショナル・スタイル」建築展はルイス・マンフォードの介入によって意図が歪められる。ハウジング部門を担当することになったルイス・マンフォードはフランク・ロイド・ライトの作品を加えて展示することになり、左翼的な意図が強く出る「インターナショナル」という言葉のニュアンスは沈められ、展覧会のタイトルは「近代建築：国際建築展[注25]」とされ、当初の意図と違うものとなってしまった。この状況の変化に対抗してか、展覧会の当初の意図を表明した出版物がカタログとは別に、館長のバァが序文を寄せ、ヒッチコックとジョンソンを著者とした『インターナショナル・スタイル：1922年以降の建築[注26]』が展覧会と同時期に出される。建築家で近代建築の研究者としても高名な佐々木宏は著作『「インターナショナル・スタイル」の研究』において「そこで展開されている論理の根幹は、ル・コルビュジエの『建築をめざして』を下敷きにしたものであり、図版はグロピウスの『国際建築』の補巻の役割を果たすようにと選択されたことを推論した」とするが、この『インターナショナル・スタイル：1922年以降の建築』の章構成は、ル・コルビュジエの『建築へ（建築をめざして）』のそれと表面上は似たものであるが、明らかにル・コルビュジエの意図した彼の「工業化の美学」の観点が抜け落ち、『建築へ』の内容にみられる修辞（レトリック）はあまりなくカタログ的な内容に終始したものであった。

「メゾン・ドミノ」、「新しい建築の五つの要点」にみられる建築のタイプ化、そして前述した「メゾン・シトロアン」のほか「無限成長美術館」、「ユニテ・ダビタシオン」などといった建築のプロトタイプ化、そして、「ヴィラ型住戸⇅イムーブル・ヴィラ（住棟）⇅ユルバニスム（都市計画）」といった捉え方の提示。『建築へ』に代表されるような弁証法によるテキストの記述。これらル・コルビュジエの創作の全体を貫く「工業化の美学」は、1922年の「パリ・サロン・ドートンヌ」においてすでに昇華され、その後のル・コルビュジエの一連の作品を決定付けているようにみえる。「インターナショナル・スタイル」として1932年において紹介された「1922年以降の建築作品」あるいはその建築家の中で、「近代（モダン）」と呼ばれる新しい時代を、ル・コルビュジエのように、根底からある美学をもって、その仕組みとともに捉え直した建築家、あるいはそれらを表象する建築作品群があったであろうか。1922年という年代は前述の佐々木宏の著書中の「サブタイトルの「1922年以降の建築」の意味するもの」の節においても、いくつかの記述、建築史的分析を試みながら、「1932年からみて過去10年間、あるいは最近10年間という意味での修辞であったのではなかろうか」とその状況を分析している。しかし、偶然でもないが、ル・コルビュジエの全作品集を概観すると、やはり、「メゾン・シトロアン」「300万人の現代都市計画」を発表したサロン・ドートンヌが開催された1922年という年がまさに、それまでの本名としてのシャルル＝エドゥアール・ジャンヌレではなく、ル・コルビュジエとしての創作がスタートした年のようにみえてくる。佐々木宏も言及するが1922年以降にインターナショナル・スタイルと呼ばれるであろう建築作品が顕著に現れてくることは確かであるが、ル・コルビュジエのそれは、単なるスタイルとしての理解に留まらず、まさに近代社会を根底から捉え直すことに彼の関心があったといえるのである。その意味において、インターナショナル・スタイルの建築家に留まらず、世界的に広がりをもった建築のモダン・ムーブメントをつくりだした主要な建築家としてル・コルビュジエを捉えることができるのである。

6　無限成長美術館とムンダネウム

ル・コルビュジエの建築作品群において特徴的なのはゴシック様式あるいはロマネスク様式、ビザンチン様式などの様式として捉えるのではなく、その時代精神に合う標準型を探しプロトタイプ化し建築を設計、実現していくところである。前述したように独立住宅のプロトタイプとして「メゾン・シトロアン」があり、集合住宅のプロトタイプとして「ユニテ・ダビタシオン」がある。「ユニテ・ダビタシオン」は世界遺産登録された「マルセイユのユニテ・ダビタシオン」（18階建て、全337戸で、最大約1、600人が暮らすことができる）が最初に建設されるが、その後ナント（ルゼ）、ブリエ・アン・フォレ、ベルリン（シャルロッテンブルク）、フィルミニの4か所にユニテ・ダビタシオンが建設される。また実現はしなかったものの、ほかにも多くのユニテ・ダビタシオンが計画された。その中で、規模、構造、都市計画的意義、モデュロールの厳格な適用などの点で、マルセイユのユニテ・ダビタシオンが最も高く評価され、世界遺産登録の推薦対象となったのである。

「国立西洋美術館」はプロトタイプ「無限成長美術館」として実現するが、ほかにも1951年に設計が開始されたアーメダバードの「サンスカル・ケンドラ美術館」（インド）、1958年に設計が開始されたル・コルビュジエの他界後に完成したチャンディガールの「美術ギャラリー」（インド）のふたつが実現している。このほかにも実現していないプロジェクトがユニテ・ダビタシオン同様に多数ある。例えば、1931年設計の「現代芸術美術館」（パリ、フランス）、1936年設計の「現代美学センター」（パリ、フランス）、1939年設計の北アフリカ「フィリップヴィル市の美術館計画案」（フィリップヴィル、アルジェリア）、1963年設計「エアレンバッハの国際美術セ

図3-7　ムンダネウム・計画の
世界美術館（博物館）

ンター」（フランクフルト、ドイツ）、1965年設計の「20世紀美術館」（ナンテール、フランス）などである。また、1933年設計の「バルセロナ計画」（スペイン）、「アントワープ世界都市構想」（ベルギー）、1938年設計の「リオ・デ・ジャネイロの大学都市計画」（ブラジル）などの1930年代の都市計画、1945年設計の「サンディエ都市計画」（フランス）、1958年設計の「ベルリン都市計画国際競技設計」などに「無限成長美術館」の構想と見られるものがありそれぞれの都市計画の文化の核として位置付けられ計画されている。このようにプロトタイプ「無限成長美術館」はル・コルビュジエの活動の中で恒常的に検討が施された数少ないプロトタイプ案といえる。まずこの「無限成長美術館」の考えの元になった「ムンダネウム計画」の「世界美術館（博物館）」（図３-７）がどのようなものであったかを確認しておく必要があるであろう。

ル・コルビュジエが「国際連盟本部コンペ案」（1927）においていったんは当選しかけたものの、ボザールを中心としたアカデミズムの守旧派の建築家らの反対により取り消しとなった苦い経験の翌年に「ムンダネウム計画」は始まる。このプロジェクトはベルギーの法学者にして国際主義者、ドキュメンタリストのポール・オトレからの依頼を受けて、１９２８年にジュネーブの国際連盟の敷地に隣接した土地に計画された。ポール・オトレは、記録された知識であるドキュメントを蒐集・整理・蓄積・検索する活動を続け、図書館学や書誌学と分離し、それを「ドキュメンテーション（documentation）」と命名したことでも有名である。現在のインターネット・システムの父と呼ばれることもある。このポール・オトレこそが、国際知識センターという新奇なプログラム「ムンダネウム計画」を構想、推進した中心人物である。

また、ポール・オトレと協同し国際連盟設立のために活動を行っていたベルギー人国際弁護士、ノーベル平和賞（1913）受賞者、フリーメーソン・メンバーのアンリ＝マリー・ラ・フォンテーヌはブリュッセル自由大学の国際法の教授であったが、ベルギー代表として１９１９年のパリ講和会議や１９２０～１９２１年の国際連盟総会に出席し、国際協調、平和にも貢献した人物である。世界平和実現のため「世界知識人センター」を設立し、世界学校や世界大学、世界議会、国際裁判所などの組織も提案している。

オトレとラ・フォンテーヌの辿ってきた道程は、一方で歴史の表象や知の分類と、統合としての知識の組織化であり、もう一方で普遍的平和のための人類の努力についての学術的な啓蒙活動である。ドキュメンテーション、国際平和、国際連盟といった第一次世界大戦を挟んでの、オトレとラ・フォンテーヌというふたりの活動を鑑みれば、「ムンダネウム」のプログラムが作成されていったことは、自然と理解することができる。この「ムンダネウム計画」は実現しなかったものの、これに関わった人びとの関係者などが、第二次世界大戦後にユネスコの設立に尽力していったのである。

「ムンダネウム計画」は、ⓐ国際アソシエーションのための建物、ⓑ図書館、ⓒ国際大学研究センター、ⓓ大陸、州、都市などのテンポラリー、あるいは常設の文化催事活動機関、ⓔ世界美術館（博物館）という5つの文教施設を建設することがベースとなり、長方形の街区（シテ）を形成している。街区（シテ）の長方形の幅と奥行きとの比例はル・コルビュジエの「黄金分割」で決められていて、ほかもすべての長方形内部の分割は、同じ「黄金分割」のモデュールとなっている。このように釣り合いの取れた比例によって支配されつつ、大きな統一性をもった上に計画されたのが、ピラミッド型をしたⓔの「世界美術館」である。四方位の基点を厳密に示し、敷地の中で一番高い建物となっている。そして建物はすべてピロティの上にもち上げられ、建物の下からでも、地上のどこからでも視界が確保できるようになっている。

国際連盟がそれぞれの国の政治的思惑によって国際協調が難しくなる中で、相互文化理解を中心に、国際協調を高めようとしたことが、ポール・オトレとル・コルビュジエが描いた「ムンダネウム計画」の重要な点である。このプロジェクトの核として構想されたのが、壮大な博物館「世界美術館」であり、これは内部に大きな吹き抜けをもったピラミッド状の断面形をしており、訪問者は前庭（パルヴィ）から「世界美術館」のピロティを抜けて、中央部からエレベーターによって頂点に直接アクセスし、最上階から四角い螺旋状のスロープの展示室を下りるという構成になっている。この「世界美術館」こそが、その後、ル・コルビュジエの美術館プロトタイプである「無限成長美術館」へと展開し、それに基づいて「国立西洋美術館」などのプランが立てられていく源泉となるのである。

7　プロトタイプ「無限成長美術館」

「ムンダネウム計画」を発表するや否や、中心施設である「世界美術館」のピラミッド（ジグラッド）という形に対する批判が起こった。ピラミッドはモダン・ムーブメントの建築家たちが否定すべき歴史的モチーフだ、と受け止められたためであろう。「国際連盟コンペ」以後、モダン・ムーブメントの建築家らを国際的に組織するＣＩＡＭまで設立し、エコール・デ・ボザールの権威に対し果敢に対抗していたル・コルビュジエが、退行的で形式主義者に陥ったと、アヴァンギャルド運動の仲間からの非難が浴びせられることになったのである。チェコのアヴァンギャルド運動の中心人物であり、ル・コルビュジエの理解者でもあった美学者・芸術評論家カレル・タイゲでさえ、それまでは国際連盟コンペにおけるル・コルビュジエ案を擁護する発言を続けていたが、「ムンダネウム」に対しては、雑誌『スタヴバ』(*Stavba*)1929年4月号で、「世界美術館」の段状ピラミッドの形態がもつ記念碑性を考古学的かつ懐古的なものと受け止め、その根本原理の不在を指摘していた。

ピラミッドに対する批判を受けて、ル・コルビュジエはパリのセーブル街のアトリエにおいて、「世界美術館」の構成を抽象幾何学として捉え直し、1929～1930年にかけて、「無限成長美術館」(図3-8)に結びつく「四角い螺旋型美術館」の計画を練る。この時期は1931年竣工の「サヴォア邸」の設計時期と重なっている。「サヴォア邸」の空間構成も、シンメトリーのピラミッド型立面からピロティの上に展開する正方形平面へと、設計過程において変化を遂げている。縦動線であるスロープや階段の配置など、「国立西洋美術館」をはじめとする「無限成長美術館」と「サヴォア邸」の空間構成の共通は、まったくの偶然とはいえないであろう。

ル・コルビュジエの「四角い螺旋型美術館」の考えは、1930年2月19日付の『美術手帳(カイエ・ダール)』(パリ、フランス)、編集長ゼルヴォス氏への書簡において、初めて具体的に次のように示される。

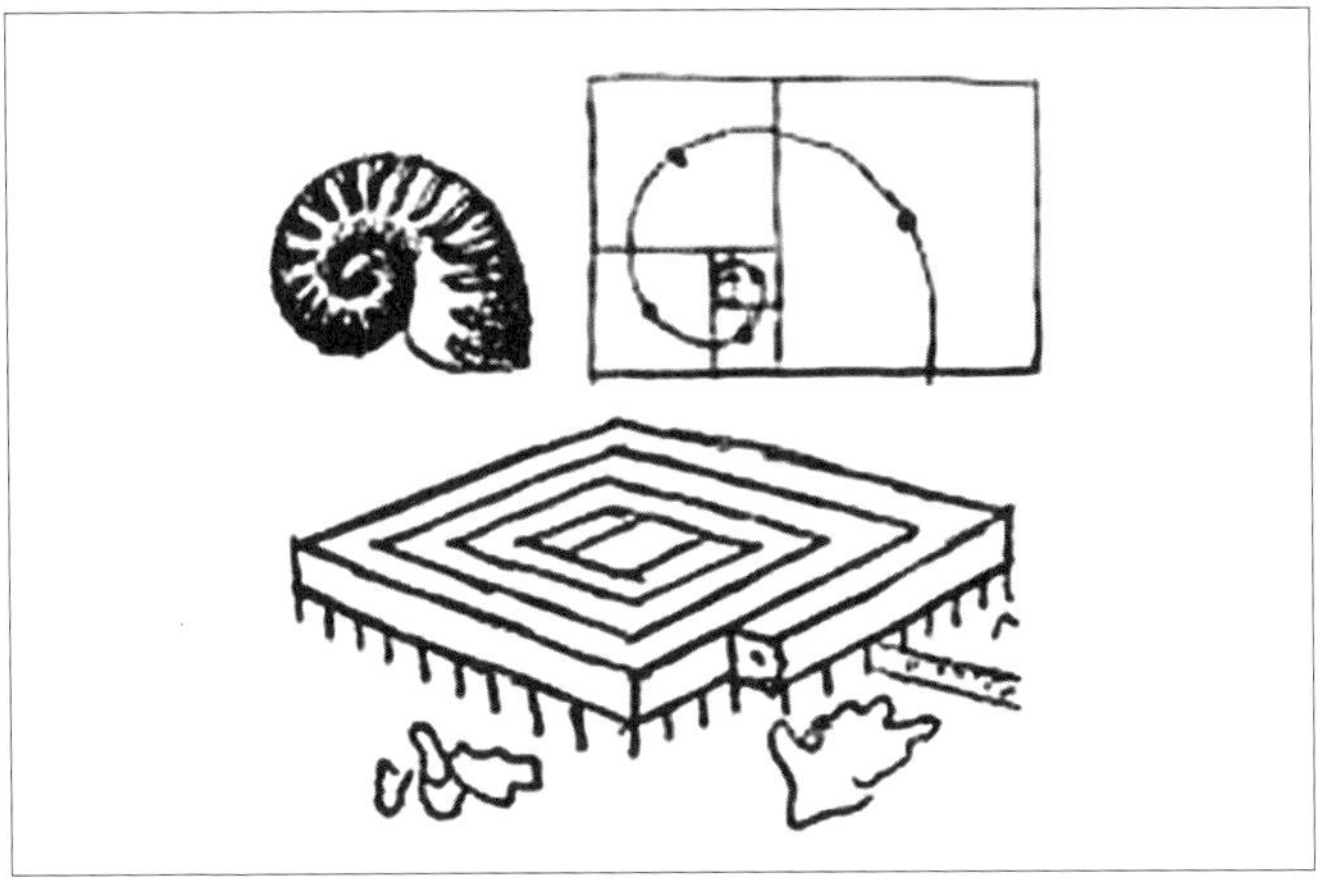

図3-8　無限成長美術館

パリにモダン・アート美術館を創設しようという試案を提案することをお許しください。ここに示すのは単なる美術館の「プロジェクト」というわけでは、まったくありません。権威的な条件によるものではなく、まったくその反対で、有機的生物に現れる秩序における、成長の自然法則に従いながら美術館を、パリに建設するに至るための「手段」です。調和（ハーモニー）を保ちながら付け加えることのできるエレメントをという考えで、全体のアイデアが、部分のアイデアに先行しています。この考えは、私の頭の中で、すでに何年もの間、あたためられてきたものです。

時間をかけて湧き上がってきた構想のイ

メージを、取り急ぎのスケッチで、ここにお示し致します。この美術館の原理はこの「アイデア」にあります。これは特許になり得るものです。……もし、『カイエ・ダール』誌が特許をとるつもりであるのであれば！

美術館は資金なしでも始められる。正直申し上げれば、100,000フラン必要であるが、それで、最初の部屋をつくる。

それに続けて、1部屋、2部屋、4部屋というように新しい部屋を、翌月、あるいは2年後、4年後に、増築したいときに加えることができる。

この美術館は「ファサードをもたない」。訪問者がファサードを見ることはなく、インテリアのみを見ることになる。なぜなら地下道を通って美術館の中心部に至るからで、その玄関入口は外側の塀にある。そして、いつか美術館が立派に成長した時には、9、000mの展示壁面を提供することになる。

標準化された柱、膜状（メンブレン）の可動、あるいは固定パーテーション、標準化された天井。最大限の経済的合理性。美術館は要望に応じて増築可能で、その平面はスパイラル状に展開する。調和、規律の取れた成長の正確な形態である。絵画の寄付者は、その絵画が展示されるであろう壁（パーテーション）、柱2本、まぐさ2本、それに5〜6本の梁、そして数平米のパーテーションを寄付する。このわずかな寄付で、彼の提供した絵画を展示する部屋に寄付者の名が付けられる。……

ル・コルビュジエ、1930年12月8日

ル・コルビュジエから『美術手帳』（パリ、フランス）編集長ゼルヴォス氏への書簡

その後、多くのプロジェクトを生み出し多くの影響を与える「無限成長美術館」の最初のアイデアはこのようなかたちで発表される。つまり「無限成長」するというアイデアは、当時の美術館で問題となっていた増え続けるコレクションに対応するだけでなく、美術館を建設するための寄付集めのようなものを想定し考えられたのである。ちょうど、この時期に前川國男が1928〜1930年までパリのル・コルビュジエのアトリエに在籍していた。前川はル・コルビュジエのアトリエに在籍しながら、「国際連盟コンペ」の一連のスキャンダル、「ムンダネウム計画」の設計、そしてパリの「現代芸術美術館」へと至る過程を見ていたことになる。

『美術手帳』に美術館のアイデアが掲載された後、ル・コルビュジエは、1931年6月からパリ東郊外のネッスル＝ラ＝ヴァレを敷地として、具体的な検討を行う。この計画において、単位空間が一辺7m、高さが8mという形で示され、中央ホールの大きさは単位空間4つ分の14m角であるというように、具体的なモデュール寸法が検討される。この計画の後、ル・コルビュジエが進めていた都市計画の中で、「無限成長美術館」が都市における文化の核として提案されるが、1933

年設計の「バルセロナ計画」(スペイン)、「アントワープ世界都市構想」(ベルギー)はともに、「ムンダネウム」の「世界美術館」と同様のピラミッド状のものであった。

それに対し、パリの「現代芸術美術館」(1931)の提案に即した増築可能な美術館として、1937年の国際博覧会の際の「現代美学センター」がある。この計画においては、「ムンダネウム」から続けられていた計画においては理念的なもののみに留まっていたが、「現代美学センター」においては具体的に、どのように組み立てるのかまでの検討がなされたのである。例えば外壁にアスベスト・パネル、亜鉛メッキ仕上薄鋼パネル、銅板パネルなどの取り外し可能な工業化乾式材料が多用され、ピロティの地上階部分に、煉瓦やガラス・ブロックという材料が採用された。この考えは1937年パリ国際博覧会の多くのパヴィリオン建設の方法にも共通性が見られる。当時のフランスの建設業界が乾式構法へ関心を寄せていたことも影響しているであろう。

このように、ル・コルビュジエは「ムンダネウム計画」(1929)以来、「四角い螺旋型美術館」の計画を重ねる。そして北アフリカの「フィリップヴィル市の美術館計画」の際、10年間の研究成果として、この美術館のプロトタイプ化を行い、それを「無限成長美術館」[注27]と名付けるのである。

プロトタイプとしての「無限成長美術館」はル・コルビュジエによって説明されるが、そこからは、増築することを前提に、すべての梁や柱などの建築部材を黄金比に基づいた調和の取れた構成にすることを目指して考えられたことが読み取れる。パリの「現代芸術美術館」(1931)においては、真ん中の中央大ホールのみの状態から建設を始めることが提案されていたが、この時点でのプロトタイプにおいては美術館本体の当初の姿として、正方形平面をスパン寸法７mとした７×７スパンと定め、約50m四方の正方形平面を基準としていた。

このプロトタイプ成立までの時期、１９３１～１９３６年の間にル・コルビュジエのアトリエに坂倉準三が在籍していた。「国立西洋美術館」のプロジェクトにおいて、設計補助として中心的な役割をした坂倉は、まさに「無限成長美術館」の研究時期にル・コルビュジエのアトリエに在籍し、プロトタイプ成立の過程を見ていたことになる。上記の「現代美学センター」の材料を含む建築の構成は、坂倉の代表作である「パリ国際博覧会１９３７年・日本館」、「神奈川県立近代美術館 鎌倉」(1951)との共通性もうかがえる。そして、この「神奈川県立近代美術館」が、ル・コルビュジエのどの「無限成長美術館」よりも先に完成しており、１９５５年にル・コルビュジエが「国立西洋美術館」の敷地見学のため訪日した際、鎌倉まで足をのばし、この美術館に立ち寄ったのである。この時に、ル・コルビュジエは１９５６年に完成するアーメダバードの美術館と比較して見たことは当然であろう。これらふたつの美術館は、中心ホール部分が中庭として外部空間である点で共通している。

8 モデュロール

ル・コルビュジエが「無限成長美術館」をプロトタイプ化したのと同じ1939年の9月1日、ナチス・ドイツ軍がポーランドへ侵攻、翌40年6月14日ドイツ軍がパリを占領し、フランスは戦争体制下に入っていた。ナチスによってパリが占領されるころ、ル・コルビュジエは疎開生活をしながら復興の時期を探っていた。1943年、フランス政府復興省は建設標準化委員会を設け、戦後復興を想定して、大量生産体制の計画を練り始める。この建材業者や建設会社などの生産者を主体にして進められる国の政策に抵抗するかのように、この時期からル・コルビュジエは独自の人体の寸法を基準とした黄金比に基づく寸法体系であるモデュロール研究を開始する。「モデュロール(Modulor)」はフランス語で基準寸法を意味する「モデュール(module)」と黄金比の「ノンブル・ドール(Nombre d'Or)」を繋ぎ合わせた造語である。

その成果として『モデュロールI』は1948年に出版され、その第一部においてモデュロールの研究の端緒について触れている。その「数的計算」の中で、第3の例として、「無限成長美術館」を挙げ、規格柱、規格梁、規格採光天井(昼夜間の)の規格化された3つの要素が黄金比に基づくものとし、モデュロールの尺度群の利用により有機的統一の感を与えるとした。

結果、大戦後の各国の復興において、多くの建築でモデュロールが試されることとなった。そして、モデュロールの国際的な使用事例を収集しまとめ『モデュロールII』（1955）が出版される。ここで、ル・コルビュジエは再び、「無限成長美術館」について触れる。

ひとつの社会的な集団、都市、地方はこの道具を獲得するためにまず中央の柱で始めて、その周囲に幅7mの四角い螺旋を巻きつけていくようにする。そのときどきの必要、あるいは余裕に応じて建ててゆくのである。またその日限りの伸ばし方もできる。入口はその真中の下にあり、そこへはピロティ（既存の、または将来の）を通じて到達する。ピロティはたいへん有効に、仮の物置になる。こうして窓なしの美術館ができる。

そして、成長する美術館の最初の実現例となるアーメダバードの「サンスカル・ケンドラ美術館」（インド）についても言及する。

1951年に、アーメダバッド市は、インドの綿織物の中心地であるが、そのアーメダバッド市が「知識の美術館」と名付けられた建物の注文を私にしてきた。そこでは、住人たちに彼らが今までどのようなことをしてきたか、今日、何を行っているのか、明日どのようなことが可能であるかを提示することが提案されていた。アーメダバッドの気候はひどいものである。

そのためにはいろいろな予防が必要である。

アーメダバッドの美術館も、またいろいろの構成要素を取り上げている。算術的には、7m×7mの正方形をもとにした螺旋。

生物的に（建築的に）この螺旋の発展として表現される。しかしそれはコーナーごとに切れ目があり、いわば人間の行動が連続性というよりは交錯に従うことが多く、それに応じるかのごとくなっている。

図形的には正方形が支配する。

組成的にはモデュロールにより規格化された要素によって、内部の可動性と無限の成長をもたらすことを可能にする。

そしてできたものは、次々に移りかわる無数の建築的な姿になる。調和。建築、規格、単位

『モデュロールⅡ』より

ル・コルビュジエの建築理論の中でも重要な、モデュロールの考えをまとめるに当たって、この「無限成長美術館」構想が重要であったことが分かる。『モデュロールⅠ』が出版される前後から、ル・コルビュジエの建物はこの寸法体系により設計され始める。その中で、「無限成長美術館」においても、寸法がモデュロールによって、試行錯誤が繰り返されていたのかもしれない。上記の記

述においては、実際、アーメダバードの美術館はスパン寸法が7m×7mと記述され、作品集にもその記述を踏襲している。しかし、実際、実現した美術館は6m35cm×6m35cmであり、「国立西洋美術館」のスパン寸法と同一なのである。この「無限成長美術館」のスパン寸法は、ル・コルビュジエの死後に完成したチャンディガールの美術館のみ7m×7mとなっている（チャンディガールの美術館は、どことなく間延びした印象を与える）。

このモデュロールを研究している時期に、吉阪隆正が1950年から1952年までル・コルビュジエのパリのアトリエに所属し、モデュロールを用いたマルセイユやナントの「ユニテ・ダビタシオン」などを担当している。そして帰国後の1953年に『モデュロールI』を翻訳出版し、その後、「国立西洋美術館」の実施設計に早稲田大学で教鞭を執りながら加わっている。

9　ル・コルビュジエと日本

ル・コルビュジエは1920年、会員制雑誌『エスプリ・ヌーヴォー（新しい精神）』をオザンファンらと共同創刊した。この雑誌を通して新しい芸術と建築・都市のあり方を国際的に問い、その名声は1920年代後半には西欧中心に広まり、遠く日本にも届くようになる。日本人によるル・コルビュジエの発見は早い。最初期の発見者とされているのは『エスプリ・ヌーヴォー』（図3-9、

図3-10)を第13号(1921年12月)から購読していた洋画家の児島虎次郎と建築家の薬師寺主計《かずえ》とされる。薬師寺はル・コルビュジエがパリの社交界に認知されるきっかけとなった、パリのグランパレで1922年に行われた「パリ・サロン・ドートンヌ」を訪れ、帰国後、その様子をル・コルビュジエの会見記とともに『建築世界』(1922年8月号)に寄稿している。もうひとりはエコール・デ・ボザールに留学していた中村順平である。1922年のサロンで展示されたル・コルビュジエの新しい建築・ユルバニスム(都市計画)に感銘を受けた中村は、翌年に起きた関東大震災(1923)のために帰国し東京の復興計画に取り掛かる。帰国してから半年余りで『東京の都市計画を如何にすべき乎』(1924年6月)をまとめ、『建築新潮』(1924年9月~10月号)に「仏蘭西現代都市研究」を執筆する。それらではサロンで展示されたル・コルビュジエの「300万人の現代都市」計画案を紹介するとともに、ル・コルビュジエによって提唱された新しい都市計画の考えを反映した「大都市東京復興計画」が提案される。

このように1920年代初頭よりル・コルビュジエの建築・ユルバニスム(都市計画)の考えは、さまざまなかたちで受容される。東京帝国大学、早稲田大学で教鞭を執っていた教授たちがル・コルビュジエに関心を寄せたことも、その後の日本におけるル・コルビュジエの影響を決定付けたともいえる。

例えば早稲田大学の今井兼次助教授(当時)はル・コルビュジエに1926年12月30日に最初に

図3-9『エスプリ・ヌーヴォー』第1巻、第4巻表紙

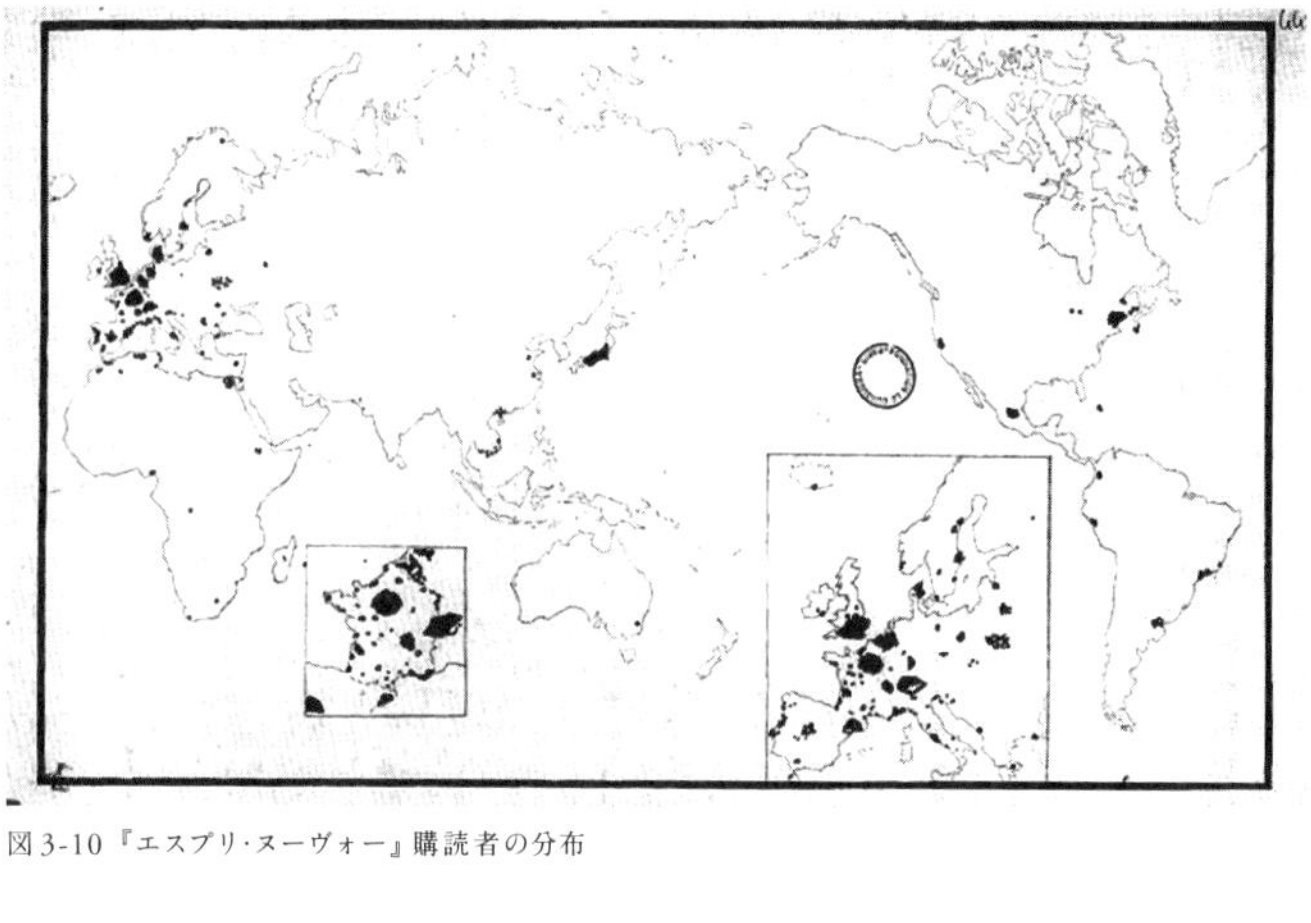

図3-10『エスプリ・ヌーヴォー』購読者の分布

会っている。今井は『建築へ』(1923)、『今日の装飾芸術』(1925)を出版直後に手に入れル・コルビュジエの新しい建築の考えに傾倒したひとりであるが、1926年から1927年にかけて東京地下鉄道の駅舎の設計に当たりヨーロッパの地下鉄駅を研究するため外遊する機会を得て、ソビエトから北欧、ヨーロッパ諸国を回り、バウハウスなどモダニズムの作品のほか、アントニ・ガウディやエストベリ、シュタイナーらの視察を行った。その際、ベルリンのグロピウスからの紹介を受けてル・コルビュジエに会うことになる。この訪問は今井の帰国後に「僕とル・コルビュジエ――訪問の印象とその前後」(『国際建築』1929年5月号)に記されているが、ル・コルビュジエと今井は書簡によって家族の様子を報告し合うほどの仲で、それは生涯続いたようである。[注28]

もうひとりは、前川國男や丹下健三をはじめ多くの建築家を育てた東京帝国大学の岸田日出刀助教授(当時、1899年~1966年)である。岸田も今井とほぼ同時期の1926年ころに渡欧しているが、フランス滞在中にル・コルビュジエを訪問した記録は特にない。しかし、岸田は滞在中にル・コルビュジエの著作を5冊購入し帰国後、フランス語のできる学生であった前川國男に精読することを勧める。また、日本建築学会のパンフレット(1927)や雑誌記事を通して海外における最新事情としてル・コルビュジエの提唱する建築理論とその実践を紹介したのであった。また、ル・コルビュジエの理論、特に『建築へ』で提示された理論の影響を強く受けた講義となっていることが、講義ノートから読み取れる。[注29] 岸田が帰国後の1927年に『建築年鑑』(建築世界社)に発表した「欧米建築界の趨勢」の中でル・コルビュジエについて「……それは極めて理論的であるが、彼等の個の建築精神の発展も、要するに現代生活を正視したことの結果、現代のもつ機械といふものの真の意義と価値を正しく理解したことによって、順次理論化されたものに外ならない。建築の秩序化と経済的化である……」としており、ロシア構成主義、バウハウス（グロピウス）などの近代建築運動のそれぞれと相対化させながら、ル・コルビュジエの考えを的確に把握し紹介している。

このように、ル・コルビュジエを中心としたモダン・ムーブメントがフランスを中心としたヨーロッパで理解され始める1926年に、日本の主要な大学の建築学科の若手助教授がル・コルビュジエの建築やユルバニスムの理論に興味をもったことは、その後の半世紀近くにもおよぶ日本におけるル・コルビュジエの影響を方向付ける上で非常に重要なことであった。彼らの影響もあって、若い日本人建築家がル・コルビュジエを目指してパリに向かう。ル・コルビュジエのパリの設計アトリエに入門した日本人建築家は、1928年4月の前川國男から始まり1950年代末までに7人ほどいた。中でも、「国立西洋美術館」の建設を日本側からサポートした坂倉準三、前川國男、吉阪隆正が、その後の日本近現代建築史におよぼした影響は大きい。

前川國男は卒業と同時にパリへ発ち、1930年までアトリエで修行する。1920年代後半はＣＩＡＭの設立時期と重なり、アトリエには欧州各地から若手の建築家が集まり始めた時期に当たる。また、ル・コルビュジエの建築やユルバニスムに関する純粋な理論がまとめあげられる時期でもあり、前川はこの1920年代までの理論的な側面を吸収し、「サヴォア邸」の竣工前の1930年に帰国した。帰国後、前川は「木村産業研究所」(1932)を完成させるなど、モダン・ムーブメントを日本に根付かせる活動を開始し、また、CIAMに参加した建築家らと国際的ネットワークを構築し始める。戦中の「上海華興商業銀行総合住宅」(1942)はイムーブル・ヴィラの影響を、戦後の「晴海高層アパート」(1958)はユニテ・ダビタシオンの直接的な影響を読み取ることができる。前川の下で設計の研鑽を積んだ丹下健三や大高正人なども、ル・コルビュジエからの影響を受けた建築家といえよう。

坂倉準三がル・コルビュジエのアトリエに在籍した1930年代は「輝く都市」の考えに基づく「建築—都市」のプロジェクトが多く試みられ、乾式構法など工業化を目指した建築が試された。また、「無限成長美術館」のプロトタイプの研究も続けられており、坂倉が設計しグランプリを勝ち取った1937年パリ国際博覧会の「日本館」や戦後間もない1951年に鎌倉の鶴岡八幡宮境内に完成させた「神奈川県立美術館」にその影響が強く出ている。戦後の坂倉作品には鉄道をはじめとする交通と関係をもった施設が多いが、これはル・コルビュジエの1930年代の都市プロジェクトを反映しているものである。坂倉準三建築研究所は戦後の建築界をリードする多数の建築家を輩出し、彼らは高度成長を迎えた日本の都市部に時代を体現する先進的な建築作品の数々をつくりあげていった。

吉阪隆正は1950年に渡仏し、1952年までアトリエに勤務する。ル・コルビュジエの下、公共集合住宅「ユニテ・ダビタシオン」建設に従事した吉阪は、その寸法体系である「モデュロール」を翻訳し日本へ紹介した。吉阪の作品は、ル・コルビュジエ後期のブルータリズムと鉄筋コンクリートのもつ可塑的造形、彫刻的造形の可能性に魅了され、原始的な形態や土着的な表現へと関心を広げていった。早稲田大学教授として育てた多くの後進たちは同様の表現を発展させ地域性を強く表出する建築へと活動の幅を広げ、都市と文明、芸術と自然といったテーマの議論と活動を建築界に巻き起こし、合目主義、国際主義といった工業化によって引き起こされた近代のある諸相を批判的に相対化させていった。

このように、アトリエに在籍した時期により、ル・コルビュジエ自身の建築に対する考えが変遷していったことに対応して、ル・コルビュジエからの影響も三者三様である。国立西洋美術館の建設においては、この3人の弟子の建築家としての特性に対応して設計体制がつくられた。ル・コルビュジエは基本設計までをパリのアトリエで行い、その基本設計に基づいて、日本の現状に対応するように坂倉準三が意匠設計を、前川國男が構造設計と設備設計をまとめ、彼等よりひとまわり若い吉阪隆正がそれらをサポートする体制で東京に国立西洋美術館設計事務所を組織し進められた。もちろん実施設計や現場においてさまざまな課題や疑問点が浮かび上がるが、その都度、パリのアトリエにその考えを確認しながら進められていったのである。

10　松方コレクション

国立西洋美術館はフランス政府から日本に寄贈返還された松方コレクションを展示・収蔵する美術館として構想された。そのため、別名を「フランス美術松方コレクション」という。松方コレクションを築いた松方幸次郎(図3-11)は明治の元勲で総理大臣も務めた松方正義の三男で、旧制一高の前身である大学予備門からアメリカに留学して、イエール大学で法律の博士号を取得している。ヨーロッパ遊学を経て帰国後、父親の秘書官などを務めた後、神戸の川崎造船所の創業者である川崎正蔵に見込まれ、1896年、同社の初

図3-11　株式会社川崎造船所（現川崎重工業株式会社）初代社長　松方幸次郎

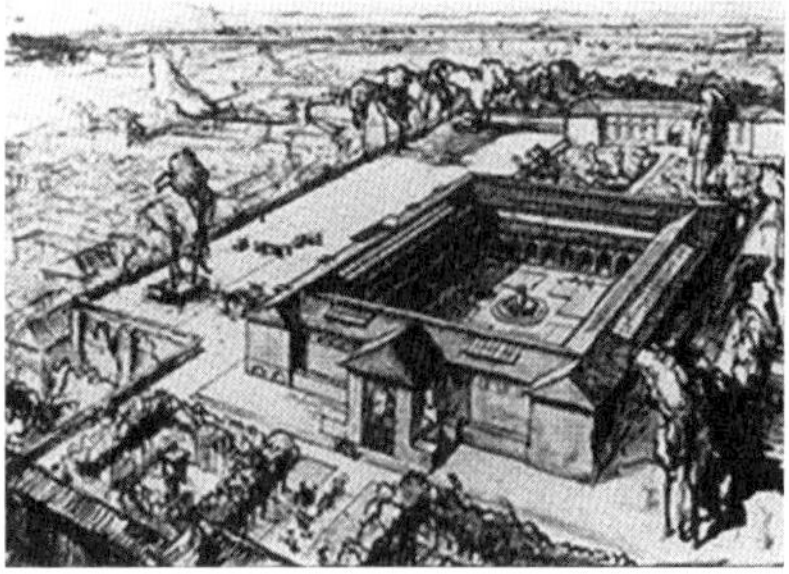

図3-12　共楽美術館（予定地：東京都麻布仙台坂）設計：フランク・ブラングィン

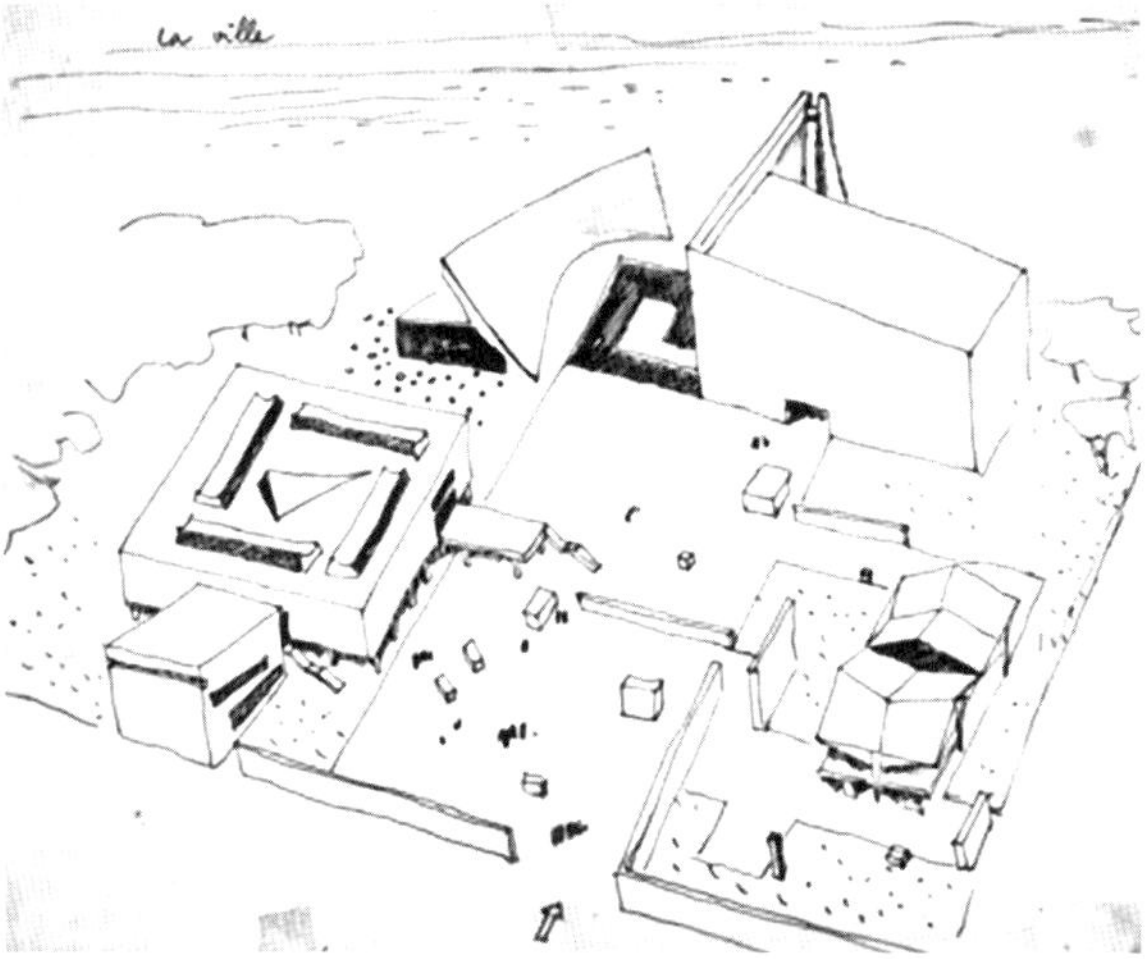

図3-13 「国立西洋美術館」初期案スケッチ／1955／東京（日本）／FLC番号：29936B

代社長に就任し、一時は神戸新聞、神戸瓦斯《がす》などの社長も兼ね、神戸商業会議所の会頭や衆議院議員にもなった。

第一次世界大戦中、日本は参戦国ではなかったため、松方は経営する川崎造船所にて、大戦下の世界的な船舶不足を背景に、同一船型の船舶を見込み生産したストックボートによって莫大な利益を得た。この利益をもとに1916年から約10年の間にたびたびヨーロッパを訪れては画廊に足を運び、絵画、彫刻から家具やタペストリーまで、松方コレクションとなる膨大な数の美術品を買い集めた。松方は当初、若い画家たちに本物の西洋美術を見せてやろうという気概をもって作品の収集に当たっており、「共楽美術館」（図3-12）という美術館を設立する構想をもっていた。しかし1927年の金融恐慌によって状況が一変する。川崎造船所は経営危機に陥り、川崎造船所に巨額の融資を行っていた兄の松方巌《いわお》が頭取を務める十五銀行も破綻、川崎正蔵が築いた川崎財閥も崩壊することとなった。松方は社長の座を降りて自らの財産を会社の財務整理にあて、日本に運ばれていた美術品コレクションは数度にわたる展示会で売り立てられ、散逸してしまった。

松方が収集した美術品のうち、かなりの数がヨーロッパに残されたが、ロンドンの倉庫にあった作品群は1939年の火災で焼失、一方、パリに残された約400点の作品は、「リュクサンブール美術館」（当時のフランス現代美術館）の館長レオンス・ベネディットに預けられ、彼が館長を兼任した「ロダン美術館」の一角に保管された。第二次世界大戦中、日本を含む枢軸国側の財産は連合国側の国においては敵国資産として個人財産も含め、管理、処理されたが、松方コレクションのうちフランスにあった作品群は、ナチスの押収を免れたものの、第二次世界大戦の末期に敵国人財産としてフランス政府の管理下に置かれた。敗戦により、連合国の戦勝国であったフランスにあった日本人所有の財産も、敵国資産として多くのものが連合国の管理下に置かれた。その中のひとつが松方コレクションである。

敗戦後の連合国による占領から、サンフランシスコ平和条約により日本国は主権を回復した。その際、連合国の管理下にある日本国民の財産として、松方コレクションはフランス政府の所有となるのが原則であったが、条約調印の際、日本国全権吉田首相はフランス国全権シューマン外相に対し同コレクションの返還を考慮されたい旨を申し入れ、以後この交渉は日仏両国政府間の交渉に移される。

フランスと日本の両国政府間で交渉が行われ、1953年に結ばれた「日仏文化協定」に基づき、日仏間の国交回復および関係改善の象徴として寄贈返還というかたちで日本に引き渡すことが決定された。その条件のひとつとしてフランス政府から示されたのが、当該美術品受け入れのための美術館の新設であり、これを満たすために建設されたのが「国立西洋美術館」(図3-13)である。

1953年5月には日仏文化協定が結ばれ、その中でフランス政府は日仏友好のためにその大部分を「松方コレクション」として日本に寄贈返還することを、①返還される松方コレクションはフランス文化財を展覧するための特別な美術館に展示されること、②ロダンの「カレーの市民」の鋳造費を日本側が負担すること、③作品の輸送費を日本側が負担することを条件に決定する。同年7月には東京藝術大学より同大学に付属してフランス美術館を設置する要望があり、また、9月には兵庫県などから美術館を神戸市内に設置するように要望があった。

そして、国立西洋美術館の建設準備に当たり、1953年12月に「仮称『フランス美術館』設置準備協議会」が文部省(当時)に発足する。翌月の1954年1月に協議会は新美術館を東京都内に新築するよう決議し、2月に来日したルーブル美術館館長ジョルジュ・サール氏と文部大臣との懇談の際、サール氏より「敷地は上野にすべきこと」などの意見が出され、翌月3月の協議会において、建築設計の委嘱に関してル・コルビュジエの起用が提案されるのである。5月には文部大臣の協力要請に基づき返還の重要性を認識した多くの民間人が「松方氏旧蔵コレクション国立美術館建設連盟」を組織し、財界などから募金を募り、美術家に協力を求めるなどの活動を行った。それまで、日本における西洋美術に関する美術館は、大原孫三郎による大原美術館など私設のものに限られていたが、初めての西洋美術を専門とする国立美術館の誕生を願って多くの人が協力したのであった。

翌年の1955年の3月には東京都より建設予定地（寛永寺凌雲院跡）を東京都の財産として編入し、国に対して無償貸与する旨の回答があり、また建築設計者としてル・コルビュジエを、彼の弟子である坂倉準三、前川國男、吉阪隆正が「国立西洋美術館設計事務所」を組織して設計補助を行うことが決定される。

このように、ル・コルビュジエによって設計された「国立西洋美術館」は、多くの関係者が協力してつくり上げた美術館であるとともに、戦後の日仏文化交流の起点となるものであったということができる。

11　プロトタイプ「無限成長美術館」としての「国立西洋美術館」

プロトタイプ「無限成長美術館」に基づいて戦後に実現した3つの美術館は、ピロティ、卍（スパスチカ）状の中3階、螺旋状の増築など、プロトタイプのアイデアをどの程度まで実現できたのであろうか。

まず、ピロティについては、いずれの美術館においても、その特徴として「ピロティよりアクスし、建物全体の中心部にあるメインホールに直接入り、吹き抜けのメインホールに配されたスロープを上り、2階にある展示スペースに達する」構成になっている。一方、卍状について見ると、「正方形平面をした2階はメインホールを中心に渦巻き状に展示回廊が四周に配される。展示回廊は二層吹き抜けで、中3階（メザニン）が全体 の正方形平面に卍状に配される」という基本的空間構成が実現されているが、「中3階部分の一部に、卍状に沿って照明（自然光、人工光）設備階が配される」というル・コルビュジエ自身が最も重視した卍状に沿った上からの光が実現しているのは「国立西洋美術館」のみである。

では、螺旋状の増築の可能性についてはどうだろうか。「展示回廊は収蔵品が増えるごとに渦巻き状に増築でき、無限に発展する。標準化、工業化された建築構成要素によって建設され、建築の際も、同じ工業化の美学が保たれるように設計建築される」という構想は、3つの美術館とも、空間構成のアイデア段階においては考慮されていたものの、敷地条件などがネックとなり、プロトタイプのアイデア通り増築が実現したものは、いまだひとつもない。

しかしながら、ル・コルビュジエが追求していた「工業化の美学」は、いずれの美術館においてもモデュロールの寸法体系の適用などというかたちで表れている。このモデュロール寸法の「国立西洋美術館」における適用については、展示室の天井高、1階の外周部の律動ルーバー、外壁パネル、前庭の石割などさまざまな場所に見られる。これについては、創建時に『新建築』に発表された設計および監理担当者であった藤木忠善（東京藝術大学名誉教授）による記事に詳しい。

3つの実現した美術館のうち、アーメダバードとチャンディガールのインドにおけるふたつの美術館は、美術館本体の正方形平面の柱間が7×7スパンであるのに対し、日本に実現した「国立西洋美術館」は6×6スパンとなっている。「無限成長美術館」のプロトタイプの説明に示された増築前の当初の姿は、美術館本体の正方形平面の柱間が東西7スパン、南北7スパン四方の正方形平面を必要とする。つまりアーメダバードの美術館のように柱間3×3スパンの中庭を中央に配し、その周りに2スパンの展示室をめぐらせると、3+2×2=7スパン、つまり7×7スパンになるのである。

十分に敷地が確保されているインドのふたつの美術館と比較すると、「国立西洋美術館」は前庭は広いが本館の両側は狭過ぎる。従って「無限成長美術館」における増築計画は敷地条件からして難しい。スパン数はひとつずつ少ない6×6スパンで、7mではなくアーメダバードの美術館同様の6m35㎝になっており、全体として小ぶりである。またスパン数が1スパン少ないことにより、中央ホールにおいて1階から2階へのスロープが、卍型に配されたトップライトの下部となり、また北側展示回廊の幅が1スパンになるというほかの美術館とは異なる構成となっている。

美術館本体についてのみでなく、「国立西洋美術館」が街の中に置かれている状況について、ル・コルビュジエは以下のようなテキストを自身の作品集（『ル・コルビュジエ 全作品集 1957−1965 Vol. 7』、ウィリ・ボジガー編、吉阪隆正訳）に残している。

日本政府はこの美術館の建設に際し、ル・コルビュジエに声をかけた。すでに科学博物館、美術館、博物館などのある公園の中の一部が提供された。この敷地は立派な樹木が生えていて、東京を望む台地の端に位置し、街の無限なパノラマを享受することができる。……美術館はそれだけでなく、企画展示のためのパヴィリオンと、演劇のための劇場として、長く構想された新しい演出研究が可能な『不思議の箱（ボワット・ミラクル）』がある。これら一群は、日本政府の要求する複合文化施設となる。美術館、企画展示パヴィリオン、不思議の箱の前の石敷きの3つのフォーラムが前に広がる。全体構成は一体をなしながらも、それぞれの建物の根本的な差から、それぞれの建物の性格を守るようにつくられている。

図3-14 「国立西洋美術館計画」初期案模型

アーメダバードの美術館に続いて、ふたつ目の「無限成長美術館」として、「国立西洋美術館」が1959年に竣工する。アーメダバードの美術館は、計画案において、美術館を中心に、野外劇場などの文化施設を伴った複合文化施設群を形成していた。前述のル・コルビュジエによる「国立西洋美術館」の初期計画案の記述に見られるように、アーメダバードの美術館と同様に、複合文化施設群を形成することを目指していたことが分かる。また、この初期案についてル・コルビュジエは、パリのアトリエにおいて、全体模型まで作成し、プロジェクト・アルバムにコンセプトをまとめている。そこに示されている全体の俯瞰スケッチ(図3-13)には、美術館と同じ大きさの正方形ふたつによって形成される広場を囲むように、螺旋状に配置された3つの建物が配置されている。さらにその3つの建物の遠景に描かれる水平線には「La ville」つまり「街」と記されており、文化施設であるこの3つの建物を中心として、ひとつの街が形成されるかのようにも見える。

実際、「国立西洋美術館」においては、美術館本館と前庭のみがル・コルビュジエ設計によって完成し、アーメダバードの美術館においても同様である。しかし、劇場は「国立西洋美術館」においては弟子の前川國男の設計により「東京文化会館」が、アーメダバードの美術館においては、弟子のバルクリシュナ・ドーシの設計による「タゴール・ホール」が隣接して建てられ、今日ではそれぞれ文化ゾーンが形成され始めている。また、ル・コルビュジエの死後に完成したチャンディガールの美術館も同様に隣接して美術学校、科学博物館があり、街の文教センター・ゾーンとなっている。

このように「無限成長美術館」を核として文化ゾーンを形成し、街、世界が広がってゆくという考えは、その発想を、「世界美術館」を中心とした文教複合施設である「ムンダネウム計画」（本章6項）に遡ることができる。「ムンダネウム」のテキストも、冒頭部分にユルバニスム（都市計画）が示されており、「世界美術館」、「ムンダネウム」を核とし展開する都市がイメージされていたことがうかがえる。

12　成長する「国立西洋美術館」

建物の中心の吹き抜けの部屋に入り、スロープを上って2階へと達する。そこから外側へと螺旋を描きながら延びる順路が設定され、収蔵すべき作品が増えると順路の延長上の外周に展示室が増築され、展示スペースを広げることができる。この無限成長美術館いついてル・コルビュジエは「有機的生活なら、そうするであろうことに従って自然に成長する法則にのったもの……釣り合いがとれながら追加拡大のできる要素、全体の構想が部分において先行した考え」と述べ、時代ごとの要求性能に従って増築を続けながら変化し続ける建築の考えを提案する。しかし、国立西洋美術館やインドの無限成長美術館の考えによってつくられたふたつの美術館も竣工後、ル・コルビュジエが構想したような増築が行われたことはない。

1959年の竣工以来、国立西洋美術館の社会におけるあり方は大きく変わってきた。西洋美術を対象とした国立の美術館としての基本的用途は変わっていないが、国立西洋美術館への期待を背景に、美術品の収蔵点数、美術館への来館者数、美術館で働く職員数などすべてが増加し続けた。竣工5年後の1964年には坂倉準三建築研究所の設計により本館の西側に、当初のル・コルビュジエの基本設計図に描かれていた講堂（現存せず）が完成し、北側には事務機能の補完のために事務棟（現存せず）が建設される。これは「国立西洋美術館」の建設当初の職員が12名であったものが、開館時には19名に、そして1959年には40名にと大幅に増加したことにより執務スペースが不足したことに対応するためのものである。これらの増築工事は1959年時に達成できなかった機能を補完するものと位置付けられる。

日本における西洋美術への関心は開館当初より高く、また、「国立西洋美術館」におけるさまざまな展覧会を通して、その関心はますます高まっていった。中でも1964年に開催された展覧会「ミロのビーナス特別公開」は話題を呼び、38日間の会期中に83万人が来場した。入場のための行列は上野公園内を縦断して西郷隆盛像の下の公園入口まで続いたと言われている。そして1968年には来館者数の増大に応えるためにチケット売場が増設される。この頃に新館の建設用地として本館北側の土地が購入されている。

西洋美術への関心を背景に、「国立西洋美術館」に対する要求性能は、来館者数の観点からも、収蔵品の点数の観点からも見直しが求められた。竣工20年目を目指して検討がなされ、1979年には前川國男の設計により本館の背後に地上2階、地下2階の新館が開館し、展示面積は2倍に増え、版画・素描専用の展示室も設けられた。従前は特別展開催のたびに平常展示の松方コレクションを撤去していたが、展示室の増大により、松方コレクションの恒常的な常設展示が可能になったのである。1997年には前川建築設計事務所の設計・監理により、事務棟と講堂を除去し、本館の前庭地下も利用して企画展示スペース、修復室、事務スペースが拡充された。そして、1995

年1月に発生した阪神・淡路大震災によって多くの美術品や建築が被害を受けたことによって「国立西洋美術館」も耐震性能を増すことが必須となり、1998年に本館部分を免振レトロフィットによってル・コルビュジエの空間特性を変えることなく耐震改修がなされた。

現在（2017）の「国立西洋美術館」では本館と新館において常設展示を行っている。ここでは松方コレクションの作品、創立以来購入してきたルネサンス以降20世紀初頭までの作品および寄贈・寄託作品が展示されている。また企画展示室においては自主企画展を年に1回、さらに共催企画展を年に2回程度開催し、西洋美術の紹介を行っている。

「国立西洋美術館」は美術館として使われる中で、建物の健全性を保持するための定期的な修繕や設備更新、また、美術館としてのサービスの維持や向上が求められてきた。例えば美術館建築としての必要な展示機能、収蔵機能向上のためには、展示スペースや収蔵庫の増床だけでなく、展示室の照明や温湿度環境の向上、観賞しやすい動線、収蔵庫の温湿度管理、搬出搬入のしやすさなどのほか、来館者、職員の安全性や利便性といった、建物を取り巻く規準の変化など対応しなくてはならない課題が多い。

建築当初と比べ、面積や平面計画の変更が大きいのが1階部分である。施設の拡張、来館者の増加に伴い、エントランスホールの機能拡充を図るために受付カウンターを撤去し創建時のピロティの一部を室内化している。また、当初なかったレストランを本館北側部分に設け、これを中庭に開いた空間にするためにコンクリート製の律動ルーバーの過半を撤去している。本館の東側部分と西側部分では、収蔵庫、学芸員室、事務室を撤去して新館へとつながるロビーとしたり、ミュージアムショップを設置したりしている。また、室内化されたピロティは地下に増設された企画展示室への車椅子利用者のためのエレベーターが設置されている。このように来館者へのサービス向上のための改修によって「国立西洋美術館」は、新館が増築されただけでなく本館自体も1959年当時の姿からは大きく変化している。

また、3回にわたる世界遺産登録推薦の審査の過程で、何度かICOMOS勧告によっても注意喚起された展示室の採光の改修についても、ル・コルビュジエによる基本設計当初からの課題としてあった。ル・コルビュジエは『建築へ』の中で「建築とは、光の下に集められたヴォリュームの、知的で正確で壮大な遊びである。私たちの目は光の下で形を見るようにできている。明暗が形を浮かびあがらせる」と述べるが、このあまりに有名な「建築と光」に関する表明は、すべての建築作品において太陽の光、とりわけ建築空間への採光をル・コルビュジエが重視していたことを確認できるものとして読まれている。そして「無限成長美術館」においては「美術館の屋根裏（天井）には昼と夜の制御された光が配される」と説明されるように、「無限成長美術館」は外壁外側の外周部に増築されることを前提としていたために、外壁部の開口からの採光は当初から期待していない。そのため、「国立西洋美術館」においても展示室、19世紀ホールへの採光は屋上からの天窓（トップライト）から入る上からの光に期待していたのである。屋上に卍型に配された天窓からの光が、その下に吊り下げられた照明ギャラリーを経て展示室に達するという考えで、国立西洋美術館の展示室の照明環境は、直接光も含めて変化に富んだ空間をつくり出すことを目的としていたようにみえる。ル・コルビュジエによる断面図には照明ギャラリー内の技師が観賞に併せて投光器を操作する姿も描かれている。しかし、この考えは太陽や雲の動きで展示室の明るさがその都度変化すること、観賞絵画面に反射グレアが生じる問題があるなど、さまざまな問題を内包していた。開館当初の1960年には照明工学が専門の小木曽定彰博士により「早く競売に付して児童遊園にでも転用せよ」という趣旨の記事が発表され、このグレア問題を取り上げ批判したのであった。それ以来、何度も試行錯誤が加えられたが、1990年代には照明ギャラリーのトップライトを遮光塗料でふさぎ、代わりに美術館照明用の蛍光灯を並べることで、全体のアンビエント照明を確保する方式に切り替えられたのである。

ル・コルビュジエの当初の設計にも美術館として使用するためにすでに課題があったことを文化財となった現在においても忘れることなく、今後も重要な課題として議論を続ける必要がある。このように美術館としてのあり方を考えるのと同時に「国立西洋美術館」は2007年に国の重要文化財（建造物）、さらに2016年には世界遺産として登録されたこともあり、指定された範囲内つまり本館部分は文化財建造物として文化財保護法に基づいた改修工事を行わなくてはならなくなってきた。日本に建設されたル・コルビュジエの唯一の建築作品として、その文化財としての価値を損なわないように機能維持、向上を図ることが今後とも課題となっている。また、竣工以来変化を続けてきた「国立西洋美術館」はリビング・ヘリテージとしての文化財の保存管理計画の策定の考え方に具体的な課題を投げかけるものとなった。「国立西洋美術館」の竣工後の変化は、前述したICOMOS ISC20cにおける近現代建築のリビング・ヘリテージの議論の厚みを増すこともでき、マドリッド・ドキュメントの策定に当たって寄与するものとなった。

13　世界遺産登録までの経緯

世界遺産「ル・コルビュジエの建築作品——近代建築運動への顕著な貢献」は三大陸を跨ぐ7か国の共同推薦であることに、まずは意義がある。国際的な広がりをみせた近代建築運動によってなされた協調的文化が20世紀のひとつの大きな特徴であったが、この近代建築運動を表象する文化遺産として「ル・コルビュジエの建築作品」がシリアル・ノミネーション、つまり、地球上に広がるル・コルビュジエの作品群として世界遺産に登録されたのである。

このシリアル・ノミネーションは推薦作業の下話が進んでいた2001年当時、現存するル・コルビュジエの作品をすべて、つまり4章の表4-1に示すように、フランス×37、インド×12、スイス×10、ドイツ×2、ベルギー×1、ロシア×1、チュニジア×1、アルゼンチン×1、日本×1、アメリカ×1、イラク×1、(ブラジル×1)の計69(70)作品を世界遺産に登録したいという話もあり、いわゆる、「建築家の作品集」として登録するような雰囲気が推薦関係者の間にあった。2008年に最初に提出した推薦書類は、「ル・コルビュジエの建築とユルバニスムの作品」として、各国に現存する建築物から主要なもの23件を「アトリエ」(La résidence atelier)、「個人邸宅」(La maison individuelle)、「規格住宅」(L'habitat standardisé)、「集合住宅」(L'habitat collectif)、「宗教建築」(L'Architecture sacrée)、「標準大型建築」(Les grands programmes standards types)、「ユルバニスム(都市計画)」(L'urbanisme)、「公共建築」(L'equipement public)に分類し推薦された。

しかし、推薦書の正式提出直前にインドが辞退を表明したため、「ユルバニスム」カテゴリーに属していたチャンディガールはフィリミニの建築群に変更され、結果として「公共建築」のカテゴリー自体が消えることとなった。辞退理由についてはインド政府からの公式な発表はないが、インド中央政府内で調整がついていなかったのではないかとか、チャンディガールの南北を縦断するかたちで高架モノレール建設の話もあり人びとが住み、生き続け発展する街において世界遺産として何を保護するかという議論が収束しなかったのではないかという話とか、インドの文化財保護の対象は竣工後百年以上経過しているものとしているため20世紀後半の新都市であるチャンディガールを保護対象とするのに抵抗があったのではないかなど、さまざまな憶測が飛び交った。いずれにして

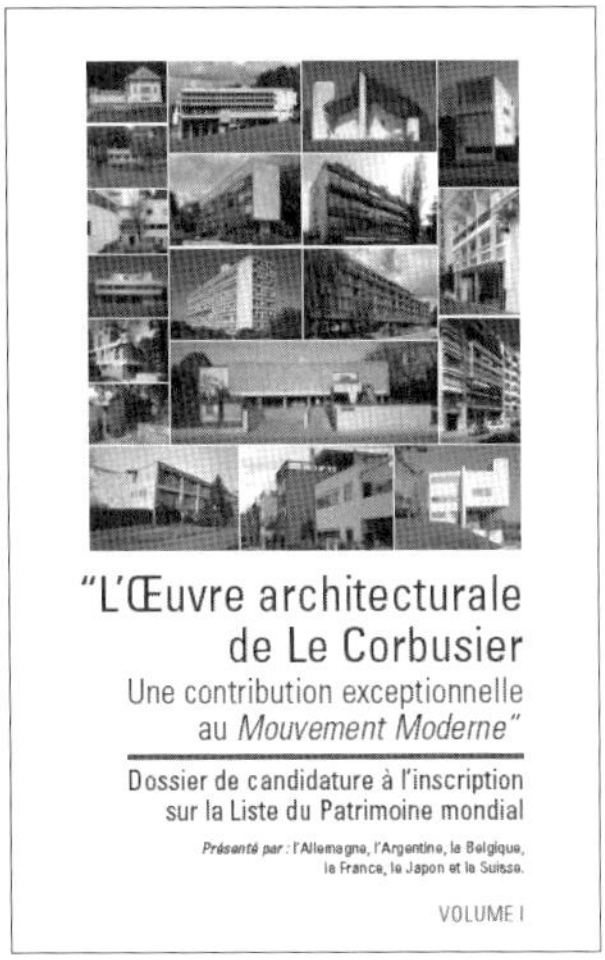

図3-15　最初の世界遺産推薦書類表紙（左）と２回目の世界遺産推薦書類表紙（右）

も各国のユネスコ代表部大使が集まり調印を行う直前の離脱は関係者を驚かせた。結果、タイトルである「ル・コルビュジエの建築とユルバニスムの作品」のうちユルバニスムが、実質的にひとつも含まれない書類となっての提出であった。

２００８年夏から秋にかけてＩＣＯＭＯＳの審査委員が各国の資産を現地審査し[注30]、書類内容に対して各国の専門家によりデスク・レビューがなされ、それらを踏まえたＩＣＯＭＯＳでの審議の結果、シリアル・ノミネーションとしてのＯＵＶの証明が不十分と判断され、翌年５月に「登録延期（記載延期）」が勧告された。ＩＣＯＭＯＳ勧告の中では、それぞれの推薦構成資産の課題が指摘されるのと同時に、シリアル・ノミネーションとしての価値の記述においてそれぞれの構成資産を結びつけているのは「建築家ル・コルビュジエ」のみであるとされた。例えば「サヴォア邸」「ロンシャン礼拝堂」「マルセイユのユニテ・ダビタシオン」などをひとつずつ推薦すれば、それぞれのＯＵＶが認められ、また、「国立西洋美術館」も場合によっては認められるであろうとも記述されたのであった。

２００９年６月22日から６月30日にスペインのセビリア会議・展示センターで開催された第33回世界遺産委員会において、ル・コルビュジエの作品を世界遺産に登録すること自体には異論が出なかったものの、前述したように街道沿いなどの地理的な連続性の伴うもの、あるいはカタルーニャ地方のガウディ、ヴェネト地方のパッラーディオのようなある地域に限られているものと違い、国境を超えるどころか大陸を跨いだ地球規模のシリアル・ノミネーションの事例は初めてで、その「連続性」をどう捉え、構成資産の総体にどのようなＯＵＶを認めるかという点で議論になった。長時間におよぶ議論の末、世界遺産が特定の芸術家／建築家の人生を顕彰する場としてふさわしくないというICOMOSの見解がほぼ認められるかたちとなったが、ICOMOS勧告の「登録延期」に対し、推薦関係者による説明の成果によってか「情報照会」となった。この時の世界遺産委員会においてはル・コルビュジエの生まれ故郷であるラ・ショー＝ド＝フォンを含む「ラ・ショー＝ド＝フォンとル・ロックル、時計製造業の都市計画」が世界遺産登録となり世界遺産の登録総数は８９０件となり、世界遺産登録総数が1、０００件に近づいていることも、世界遺産登録に対して、より慎重になる雰囲気をつくり出していた。

しかし、この「情報照会」の決議が、その後の議論を複雑化させる。世界遺産の運用規定に従いながらICOMOSが専門的見地からICOMOS勧告を策定し、それをベースに世界遺産委員会の審議がなされるが、当時、世界遺産委員会の議論の場が政治化しており、ICOMOS勧告が「情報照会」「登録延期」であっても「登録」と世界遺産委員会の場で覆されることがしばしばであった。その都度、推薦関係者の地元では「世界遺産委員会の場で逆転」などとの報道がなされICOMOS批判が行われたりもしていた。「ル・コルビュジエの建築作品」に対して、当初、ICOMOSによって勧告された「登録延期」は、OUVの証明などが不十分と見なされ、より踏み込んだ再検討が必要な場合によるものである。これに対し、世界遺産委員会によって決議された「情報照会」は顕著な普遍的価値の証明ができているものの、保存計画などの不備が指摘されている事例に決議されるものである。「『登録延期』から『情報照会』へ、『登録』に向けて一歩進む」などとのニュアンスの報道が日本においても当時なされたが、この「情報照会」の決議と、審議中に指摘された「ル・コルビュジエの建築作品」のシリアル・ノミネーションとしてのOUVの課題とは、そもそも矛盾するものであった。

「登録延期」は必要な書類の再提出を行った上で、諮問機関による再度の現地調査を受ける必要があるため、世界遺産委員会での再審査は、早くとも翌々年以降になるのに対し、「情報照会」は期日までに該当する追加書類の提出を行えば、翌年の世界遺産委員会で再審査を受けることもできる

（ただし、3年以内の再推薦がない場合は、以降の推薦は新規推薦と同じ手続きが必要になる）。つまり「情報照会」とした方が、登録が早くなるのではという焦りが推薦関係者の間にあったこともあり、「情報照会」を望む声があったのである。

世界遺産委員会後には推薦書類起草を行った関係者が集まり構成資産の再検討と推薦理由つまりOUVの見直しを行った。そして、ICOMOS勧告で強調されたクライテリア（ⅰ）の削除を受け入れ、「ル・コルビュジエの」建築作品としての視点から、OUVを「近代建築運動への顕著な貢献としての」文化遺産の視点へと評価の主軸を移し、さらに構成資産を減らした方が有利であるという暗黙の圧力の中で、構成資産を「チャンディガールのユルバニスム」を除いた当初の22件から、「シュオッブ邸」、「クック邸」、「救世軍本部」を推薦枠から外し、19件に絞り込んでいったのである。

情報照会決議を受けた推薦書類は、要求された追加情報を提出すれば再審議されるのだが、この世界遺産委員会の矛盾を孕んだ決議によって、近代建築運動を軸に推薦理由の練り直しなども行われたため、実質的に推薦書類は全面改稿となったのである。推薦書では登録名自体も変更して「近代建築運動」との関わりを強調し、また、チャンディガールが含まれていないこともありユルバニスムをタイトルから外し「ル・コルビュジエの建築作品――近代建築運動における顕著な貢献」とした。前述したように「情報照会」の場合は3年以内の再推薦がない場合は、以降の推薦は新規推薦と同じ手続きが必要になる。そのこともあり、2009年の世界遺産委員会から1年半が経過した2011年2月1日に、修正された推薦書が再提出された。「情報照会」であったため現地審査は行われず、同年5月にICOMOSによる勧告が行われたが、勧告は「不登録」というものであった。推薦書類の内容に関しては1回目のものよりもICOMOSの勧告内容を反映して修正が施されたものになっていたために、この勧告は推薦関係者もまったく予想していなかったものである。このことから、むしろ問題は、その推薦書自体の内容というよりは1回目のICOMOS勧告から世界遺産委員会の決議へと至る「情報照会」の追加情報として推薦書類が提出されたというプロセスの矛盾に対して、ICOMOSは「不登録」という勧告を行ったというニュアンスもあったと推察できる。ICOMOS勧告によって指摘されたことを、あまり尊重もせず世界遺産委員会が「情報照会」の決議を行ったことにより、課題の本質がねじ曲げられたことに対するICOMOS側のメッセージも込められていたのであろう。

この情報照会として提出された推薦書類はバーレーンの首都マナーマで開催が予定されていた第35回世界遺産委員会で審議されるはずであったが、2011年バーレーン騒乱による政情不安などを考慮してパリのユネスコ本部に会場が変更された。2011年6月19日～29日開催に開催されたこの世界遺産委員会においては自然遺産として日本から「小笠原諸島の自然」が登録され、世界遺産リスト登録資産の総数は、この時点で936件となった。「ル・コルビュジエの建築作品」

に対するICOMOS勧告には、大陸を跨ぐシリアル・ノミネーションに対する懐疑的な視点が記述されていた。しかし、世界遺産委員会においては大陸の枠を超えるシリアル・ノミネーションについては肯定的な意見が複数出され、シリアル・ノミネーションのあり方そのものに議論を提起する推薦案件と見なされたことで、「不登録」が回避され「登録延期」の決議がされることになった。これにより、当初より問題となっていたシリアル・ノミネーションのあり方の課題は世界遺産委員会において認められたこととなり、解決をみせたかのようにも見えた。しかし、結果として推薦書類起草委員会の関係者とICOMOSの勧告書策定者らの間の不信感はますます深まる結果となってしまったが、同時に世界遺産委員会による決議文中に、「ICOMOS関係者と推薦書類起草委員会のメンバーが意見交換を行い、再度、書類を提出すように」とする内容が決議文に付されたのである。

この矛盾を抱えたまま推薦書類起草委員会における専門家間の議論は継続される。起草委員会に属する専門家の多くはICOMOSの会員でもあり、専門家間の見解の違いによるものだとして一時は批判の応酬も繰り広げられたが、そこからは何も建設的な流れは生まれなかった。大きく流れを変えたのは2011年12月3日に行われた第17回ICOMOS総会(パリ)に併せてスイス学生会館で開催されたISC20cによる意見交換会「20世紀の建築作品のシリアル・ノミネーション」である。当時、筆者はISC20cの副委員長の立場でこれをオーガナイズしたが、この場に同行した「国立西洋美術館」の秋葉副館長より「この課題を東京の国立西洋美術館で継続的に具体的に議論できないか」との提案があり翌年3月に「ル・コルビュジエ、フランク・ロイド・ライト、アルヴァ・アアルトの建築作品のシリアル・ノミネーションとしてのOUV」と題されたシンポジウムがICOMOSグスタボ・アローズ会長、スーザン・デニアら幹部も参加して開催された。この場で初めてICOMOSの中枢メンバーと「ル・コルビュジエの建築作品」の起草委員会メンバーとの間でどこに課題があるかなどの議論がされたのである。

2012年より年に数回（多い時は毎月）推薦書起草委員会のメンバーが集まり議論を重ね、世界遺産委員会の決議文に従いスーザン・デニエ、シェリダン・バークなどのICOMOS関係者との意見交換会を繰り返した。そして、2014年4月にはインドが再び推薦国に加わり、2016年の審議を目指して3度目の推薦が行われることになったのである。最終的にはインドのチャンディガールはユルバニスムとして都市全体を保存の対象とすることは難しいという判断となり、中心部つまり「キャピトル」の施設群が推薦案件に加わった一方、フランスの「スイス学生会館」と「ジャウル邸」、スイスの「ジャンヌレ邸」が除外されたことから、2回目の推薦資産数であった19資産よりも2件少ない17資産の推薦となった。20世紀を代表する建築運動であるモダン・ムーブメントにおける、ル・コルビュジエ作品群の顕著な貢献という側面だけに絞り、この観点からさらなる価値の証明が練られたのである。これに対するICOMOSの勧告は「登録」で、また、第40回世界遺産委員会における審議を受けてクライテリア(ⅰ)も含めてOUVを記述すべきだということになり推薦構成資産すべてが登録されることとなった。

14　第40回世界遺産委員会

「ル・コルビュジエの建築作品」世界遺産登録の可否について3度目の審議がなされた第40回世界遺産委員会は、当初、2016年7月10日より7月20日までトルコのイスタンブールのコングレス・センターでの開催が予定されていた。開催直前の6月28日にはアタチュルク国際空港でテロ(犯人を含む48人死亡、238人負傷)があったばかりで、イスタンブールでの開催も直前まで安全上の理由から延期あるいは開催地変更の噂が飛び交った。領事館からは注意喚起のいくつかの事項が出されていたものの、予定通り世界遺産委員会は開始された。緊張感に包まれながらもオープニングから審議は順調に進み出し、「ル・コルビュジエの建築作品」のひとつ前の議題である「フランク・ロイド・ライトの近代建築の主要作品(Key Works of Modern Architecture by Frank Lloyd Wright)」の審議が6日目の7月15日金曜日の夕方前から開始された。建築家フランク・ロイド・ライトの作品のうち10作品をシリアル・ノミネーションとして世界遺産登録を目指すというもので、「ル・コルビュジエの建築作品」が以前抱えていたシリアル・ノミネーションとしての建築

図3-16　第40回世界遺産委員会における「ル・コルビュジエの建築作品」審議風景

家の作品群といった課題を解決しないままの登録推薦書が提出されたのである。委員会においてアメリカ政府側から、10作品ではなく登録資産数を絞って3〜4作品のみでも世界遺産に登録したいという提案もあり、数の問題ではなくシリアル・ノミネーションとしてのOUVが課題であるなどと議論は複雑化し長引いた。夕方6時半にも近づき、議論が長引くと判断した議長は審議を中断し、翌日に審議を再開することを告げた。

長年、「ル・コルビュジエの建築作品」の世界遺産推薦活動に関わってきたものは皆、今日こそ世界遺産登録が叶うと信じ、シャンパンを冷やし栓を抜くのを待っているような状態であったが、「次の日に審議持ち越し」の報は、またもや焦らされるのかという感をぬぐい切れなかったであろう。これはイスタンブールに集まった関係者ばかりでなく、推薦国7か国、17の構成資産をもつ各自治体関係者も同じような心境であったに違いない。これまでにル・コルビュジエの世界遺産登録の推薦書類は、さまざまな課題が指摘され2度も登録を見送られてきた。そして、世界遺産委員会が開かれているコングレス・センターを後にしたが、その帰路、初夏の金曜日の夕暮れを楽しむイスタンブールの人たちを眺めながら、出発前に東京のフランス大使館のティエリー・ダナ大使に「『三度目の正直』、あるいは『二度あることは三度ある』……フランスにも似た諺があるが……今回の登録を願っています……」と声をかけられたことを思い出しながら悪夢が再来するのではとまた少し不安になったりもした。

不安は的中した。その夜、トルコ軍の一部反乱勢力がクーデターを試みたのである。ボスポラス海峡に架かるボスポラス大橋とファーティフ・スルタン・メフメト橋を部分的に封鎖し、上空では軍用機で低空飛行を行い、路上には兵士が展開し銃声が響き渡ったのである。金曜日であり気候も良く路上の爆竹の音の騒がしさは、巴里祭にも似た雰囲気だなとホテルの寝室で明日の審議の様子を思い浮かべながら雑用をこなしていたが、その騒がしさが銃声だと聞いた時には、まず、ダナ大使の一言が脳裏をかすめた。テレビをつけるとアタチュルク国際空港の周辺には戦車が展開され、橋が閉鎖され……さまざまな情報が錯綜していた。国軍の一部が画策し民間人を含め、死者は290人を出す惨事となったが、幸い16日正午前、参謀総長代行がクーデタの失敗を宣言し、反乱は12時間足らずで鎮圧された。

翌7月17日に会議が再開されることになり、フランク・ロイド・ライトの建築作品に関し議論が再開されたが、残念ながら登録は果たされず、書類の修正が求められることになった。ル・コルビュジエのチームがこれまでに2回経験してきた状況と同様である。ライトの審議後、ル・コルビュジエの推薦書類の説明が開始され、今までの審議内容、3回目の審議であること、今回のICOMOS勧告の内容が説明され議論が始まる。2007年に「ル・コルビュジエの建築作品と都市計画」推薦書類を送付した時に、クライテリア〈i 人類の創造的才能を表す傑作〉の適用がICOMOS勧告において問題とされた。これに関しては、ICOMOSとの見解の違いを過度に争っていると登録が遅くなるであろうとの判断から、提出された推薦書類においてこのクライテリアの適用を避けていた。しかし、レバノンのユネスコ代表部大使から、推薦書類に提示されていないクライテリア〈i〉の適用を追加する必要があるのではないかとの意見が出され、審議の末、推薦書類で提案していた〈ii ある期間、あるいは世界のある文化圏において、建築物、技術、記念碑、都市計画、景観設計の発展における人類の価値の重要な交流を示していること〉、〈vi 顕著で普遍的な価値をもつ出来事、生きた伝統、思想、信仰、芸術的作品、あるいは文学的作品と直接または明白な関連があること〉とともにこれらのクライテリアによるOUVが認められることになった。しかし、今後の保存管理における実務的課題などに対して2年後までに検討することを前提に、条件付きではあるが世界遺産登録が委員国全体の一致で決まった。

15 世界遺産「ル・コルビュジエの建築作品」登録決議文

7月17日17時14分（現地時間同日11時14分）、日本政府外務省のウェブサイトに「『ル・コルビュジエの建築作品――近代建築運動への顕著な貢献』のユネスコ世界遺産一覧表への記載決定（第40回ユネスコ世界遺産委員会における審議結果）[注31]」が掲載され、世界遺産リストへの記載決定の報が伝えられた。記者会見した服部征夫台東区長は「登録勧告の内容を見ると、地元の盛り上がりも評価されてうれしい。区を挙げて取り組んできた努力が実った」と満面の笑みで語り、地元の商店会や町会の代表ら約50人で構成する「西洋美術館世界遺産登録たいとう推進協議会」の石山和幸会長は「活動を始めて約10年間走り続け、ようやく報われた。今後は、新たな街づくりにまい進したい」と抱負を語った。地元の東京都台東区を中心に祝賀ムードに湧き、記載決定の報を受け推薦国である7か国の関係者が各地で喜び合った。首相官邸は左記のように「ル・コルビュジエの建築作品」「国立西洋美術館」世界遺産登録に当たっての総理メッセージ[注32]を発表し、続いて文部科学大臣による談話[注33]、外務大臣談話[注34]などが発表された。

我が国の「国立西洋美術館」を含む「ル・コルビュジエの建築作品」が世界遺産に登録されたことを心から嬉しく思います。「国立西洋美術館」は、近代建築の巨匠であるル・コルビュジエの設計による東アジアで唯一の建築作品。我が国やフランスなど7か国の国際的な協力により、世界で初めての三大陸にまたがる世界遺産となりました。現役の美術館として活用しながら保全に取り組んできた関係者の方々、これを支援してこられた地元の皆様に深い敬意を表します。世界の宝となった「国立西洋美術館」を、これからもしっかりと守って次世代へ引き継いでいくとともに、このような世界的な文化や価値観の共有の視点から、日本の文化芸術を強く世界に向けて発信していきたいと思います。（平成28年7月17日　内閣総理大臣　安倍晋三）

文化庁の発表した世界遺産委員会の主な審議内容のポイントは、

1.「世界遺産一覧表へ記載されることが適当」との決議案について、すべての委員国が支持した。

2.特に「国立西洋美術館」については、ル・コルビュジエが提唱した近代建築の五原則を具体的に表現していること、「無限発展美術館」の思想を体現していること、日本における近代建築運動に大きく貢献したこと、が評価された。

3.レバノンより、クライテリア〈ⅰ 人間の創造的才能を表す傑作〉の適用が主張され、それに伴う決議文の修正がなされた。

として発表され、「ル・コルビュジエの建築作品」にかかる決議概要として、ル・コルビュジエの建築作品を左記に示すクライテリア（i、ii、vi）の下に世界遺産一覧表に記載することと、追加的勧告[注35]が行われたことが報告された。また、インテグリティにおいてはほぼ良好とされたものの、いくつかの構成資産の周辺環境においてインテグリティが損なわれているとの指摘があった。

表3-1に、やや専門的ではあるが参考までに、ユネスコ世界遺産センターのウェブサイトに（英文）掲載された「ル・コルビュジエの建築作品――近代建築運動への顕著な貢献」の評価基準に照らし合わせたOUV、インテグリティ、オーセンティシティ、保存管理要件を記載しておく。（拙訳）

		内容
評価基準とOUV	(i)	ル・コルビュジエの建築作品は、人類の創造的才能を表す傑作であり、建築および社会における20世紀の根源的な諸課題に対して顕著な回答を与えるものである。
	(ii)	ル・コルビュジエの建築作品は、近代建築運動の誕生と発展に関して、全世界規模で半世紀にわたって起こった、前例のない人類の価値の交流を示している。ル・コルビュジエの建築作品は、他に例を見ない先駆的なやり方で、過去と決別した新しい建築的言語を開発してみせることによって、建築に革命を引き起こした。ル・コルビュジエの建築作品は、ピュリスム、ブルータリズム、彫刻的建築という近代建築の3つの大きな潮流の誕生の印である。ル・コルビュジエの建築作品が四大陸で与えた地球規模の影響は、建築史上新しい現象であり、前例のない影響を示すものである。
	(vi)	ル・コルビュジエの建築作品は、その理論と作品において20世紀における顕著な普遍的意義をもつ近代建築運動の思想と、直接的かつ物質的に関連している。一連の資産は、建築、絵画そして彫刻が統合した「エスプリ・ヌーヴォー」を表している。ル・コルビュジエの建築作品は、1928年以降CIAM(近代建築国際会議)により強力に広められた、ル・コルビュジエの思想を具現化している。ル・コルビュジエの建築作品は、新しい建築言語の発明、建築技術の近代化、近代人の社会的・人間的ニーズへの対応のために、近代建築運動が20世紀の主要課題に対応しようとした解決策の顕著な表れである。20世紀の主要課題に対するル・コルビュジエの建築作品の貢献は、単に、ある時点での模範的な偉業にとどまらず、半世紀を通じて全世界に着実に広められていった建築および文字による提案の顕著な総体である。
インテグリティ		一連[つまり、構成資産である17の建築作品]は全体としてル・コルビュジエの建物が近代建築運動の展開と影響の過程を、そしてそれだけでなく近代建築運動を世界中に伝播させた一役を担ったことを証明するのに適切である。構成資産のほとんどのインテグリティは良好である。「ペサックの集合住宅」は資産の内側であるサイトの3区画に新しい建物があり、—そのうちのひとつは戦争中に破壊されたル・コルビュジエによる標準化住宅を含んでいる—建築家のコンセプトとは調和していない。「サヴォア邸と庭師小屋」では、インテグリティは部分的に1950年代に別荘を囲んで元の草原の3つの側面に建てられた高校と運動場によって損なわれている。またサイトの《セッティング(setting)》は虚弱(fragile)である。ヴァイセンホフ・ジードルングの[2棟の]住宅においては戦時中の破壊と戦後の再建によって21棟のうち10棟が滅失していることによって、住宅地全体の安定的規範に影響を与えており、インテグリティが損なわれている。 何世紀も前からの巡礼地にル・コルビュジエによって建てられた建造物(structure)であるロンシャン礼拝堂(Chapelle Notre-Dame-du-Haut)では、新しいビジター・センターとチャペルの近くにある女子修道院によって、ル・コルビュジエの構成(structure)を瞑想の丘の中腹のセッティングから切り離されてしまったことによりサイトのインテグリティは部分的に損なわれてしまっている。 ナンジェセール・エ・コリ通りのアパート(ポルト・モリトーの集合住宅/Immeuble locatif à La Porte Molitor)においても、アパート棟のガラス・ファサードの真正面に新たなラグビー・スタジアムが建設されてしまっている。

表3-1 ユネスコ世界遺産センター http://whc.unesco.org/en/decisions/6809より(拙訳)

オーセンティシティ	一連［の構成資産の総体として価値］は、各々の構成資産［の価値］を足し合わせたものよりも、それ以上（の価値あるもの）になっていることを明らかに証明している。 ほとんどの各々の構成資産のサイトにおいて、一連の顕著な総体として普遍的価値（OUV）を反映しているといい得るサイトの属性が適正であるといった観点からオーセンティシティは良好である。「ペサックの集合住宅」はル・コルビュジエの建造物に代わって伝統的住宅が3棟建ってしまい、アーバン・ランドスケープの観点からも、また、放置とインテリアの変化の観点からオーセンティシティは部分的に消失している。2012年の火災でユニテ・ダビタシオンは建物の小規模な部分が破壊された。現在ではオリジナルのデザインに再建されたが、オーセンティシティは一定の低減をした。今まで議論が明らかにされてきた不測［の事態である］「総督官邸」或いは「知識博物館（Museum of Knowledge）」のどちらか、或いは両方が建設されたら（チャンディガールの）現況の「キャピトル・コンプレックス」のオーセンティシティは嵌入されることになろう。「国立西洋美術館」の美術館の前庭においては、広いオープンスペースを表出させることに本来の意図がある。1999年に行われた前庭の植栽は、建物とその主要な眺望そしてセッティングのプレゼンテーションを損なう傾向にある。 ロンシャン礼拝堂（Chapelle Notre-Dame-du-Haut）の最近の開発は、ル・コルビュジエのアイデアを伝え得るという点において、サイトのオーセンティシティを部分的に侵害している。ポルト・モリトーの集合住宅（Immeuble locatif à La Porte Molitor）においては新しい競技場がそのサイトの価値を引き立たせているガラス・ウォールの可能性を低減させており、建物自体のオーセンティシティを低減していないとはいえない。 材料の観点からいうと、幾つかのサイトは放置されていたり美観が損なわれていたりしたが、その後、修復されたり、部分的に再建されたりしている。総体として、改変は合理的なものであり、見合ったものである。
保存管理要件	ル・コルビュジエの死後20年以内にというように、構成資産の多くは早くに保護措置を受けている。ヴァイセンホフ・ジードルングやマルセイユのユニテ・ダビタシオンのように、そのうちのいくつかはル・コルビュジエの生前に保護されているものもある。それぞれの構成資産は法的保護措置の適切な形式を推薦書類は整えている。すべての構成資産は国／連邦政府によって保護されており、それらのバッファー・ゾーンは同様に法的に或いは計画のメカニズムにより適切に保護されている。20世紀建造物の詳細とセッティングの重要性を鑑みると、それらの保護措置は十分に包括的であり、インテリアと外観、コンテキストとセッティングの保護を可能にするようにセンシティブなものとなっている。 ほとんどのサイトにおいて保全措置が長年の保全の経験と方法をベースにしており適切である。保全作業は高度なスキルと専門知識をもつ専門家にプログラムされ、委託されている。保護処置は、住民、地域社会、公共団体の関与を含む定期メンテナンスと組み合わされている。ロンシャンの礼拝堂（Chapelle Notre-Dame-du-Haut）には保全の問題がある。今や合意された保全計画を実施することが緊急に必要とされている。（チャンディガールの）キャピトル・コンプレックスのための保存管理計画を準備することも急務である。

保存管理要件	資産のプロモーションと充実のための締約国に助言し実行するために、財産の管理を調整し、資産のマネージメントをコーディネートする一連の(構成資産)全体のために常設会議が設立された。コーディネーション、一般の意識向上、保全経験の共有、シリーズ全体の調整と管理、各構成資産の保存管理計画の実施を主な目的とする、それぞれの構成資産の一連(の構成資産)を推薦されたサイトの所在する全地方自治体が一堂に会するル・コルビュジエ建築遺産自治体協議会(Association des sites LE CORBUSIER)が設立された。 ル・コルビュジエの作品の著作者人格権をもつル・コルビュジエ財団の専門的な関与は、特に資産が財団に代わって私有の場合はシリアル〔一連〕としての適切な保存とマネージメントは重要である。フランス国内では、スイスとアルゼンチンの調整委員会が設置され、これらの国の現地管理を監督している。 注意を払うべき開発プロジェクトに関して各国同士がどのように話し合い、取り扱っていくのかに関しては不明のままである。開発計画シリアル(一連)の総体の価値を損なうような可能性のある開発提案に対して締約国同士で情報を共有し、コメントを出す機会を得ることが必要である。 それぞれの構成資産のためにローカルな保存管理計画〔保存管理計画〕が作成されてきた。それぞれの敷地の地方自治体の文化、遺産、計画部局と所有者との間のパートナーシップによってこれらは策定されてきた。ロンシャンの礼拝堂(Chapelle Notre-Dame-du-Haut)においてはサイトの保護をより確実なものにするように強化するためのマネージメントのシステムが必要とされる。クルチェット邸においてはバッファー・ゾーンの拡張と周囲の積極的保護が市レベルにおいて批准された。 20世紀建築の保護において特別に課題となってきたことに関して、モダン建築のヘリテージにおける専門家たちが国際的に国内的にも継続的に取組むことが重要である。スイスにおいて、連邦行政は地方の保存関係者へのサポートのアドバイスをするために専門家を召喚することになろう(これまで、そのようにしてきたように)。このようなアプローチを他の国もとるように強く勧める。現在のスタッフ編成レベルと、専門的見識とトレーニングのレベルは、すべてのサイトにおいて高いといえる。そのことによりサイト間の連携を可能にするメカニズムが整っている。それにもかかわらず、インパクト・アセスメントのプロセスの構築をさらに強化するように、また、サイト間共通の保存のアプローチと手順を明確に決定し正式なものにする必要性があるように見受けられる。 スイスの2資産において策定されたモニタリング指標をモデルとして、構成資産の他のサイトにおいても、2016年末までに策定すること。

1 Le Corbusier, in *L'Esprit Nouveau*, Paris, 1924, No.25.

2 『空間、時間、建築』はN・ペヴスナーやL・ヴェネヴォロの近代建築史に関する初期のものと並んで定番教科書であるが、ル・コルビュジエとCIAMなどを通して協同していたため、全体の論調がル・コルビュジエなどの協同者のプロモーション的な色調が強い。

3 *Collection de l'Esprit Nouveau*, Les Editions G. Cres &. Cie., Paris.

4 ①原著は、Le Corbusier-Saugnier, *Vers une architecture*, Paris: Editions G. Crès., 1923／邦訳は、ル・コルビュジェ-ソーニエ著『建築へ』、樋口清訳、中央公論美術出版（2003）。ル・コルビュジエ著、『建築をめざして』（SD選書21）、吉阪隆正訳、鹿島出版会（1967）。ル・コルビュジェ著、『建築芸術へ』、宮崎謙三訳、構成社書房（1929）

②原著は、Le Corbusier, *L'Art décoratif d'aujoud'hui*, Paris: Editions G. Crès., 1925／邦訳は、『今日の装飾芸術』、前川國男訳、構成社書房(1930)。鹿島出版会（1966）

③原著は、Le Corbusier, *Urbanisme*, Paris: Editions G. Crès., 1925／邦訳は、『ユルバニスム』、樋口清訳、鹿島出版会（1967）

④原著は、Ozenfant et Jeanneret, *Peinture modern*, Paris: Editions G. Crès., 1925／邦訳は、『近代絵画』、吉川逸治訳、鹿島出版会（1968）

⑤原著は、Le Corbusier, *Alemanach d'architecture modern*, Paris: Editions G. Crès.,1926／邦訳は、『エスプリ・ヌーヴォー 近代建築年鑑』、山口知之訳、鹿島出版会（1980）

⑥原著は、Le Corbusier, *Une maison- un palais*, Paris: Editions G. Crès., 1928／邦訳は、『住宅と宮殿』、井田安弘訳、鹿島出版会（1979）

⑦原著は、Le Corbusier, *Précision sur un état présent de l'architecture et de l'urbanisme*, 1930／邦訳は、『闡明』、古川達雄訳、二見書房（1942）。『プレシジョン 新世界を拓く建築と都市計画（上・下）』（SD選書185、186）、井田安弘、芝優子共訳、鹿島出版会（1984）

⑧原著は、Le Corbusier, *Croisade ou le crépuscule des academies*, 1933／邦訳は、『建築十字軍――アカデミーの黄昏』（SD選書255）、井田安弘訳、鹿島出版会（2011）

5 伊從勉「ル・コルビュジエ・ソニエ著『建築をめざして』初版本の謎について」（Tsutomu Iyori, "An Enigma of the first Edition of Ver uneArchitecture by Le Corbusier-Saugniere."）、『10＋1』No.11（新しい地理学）pp.199-220 に詳しい。（Le Corbusier-Saugnier, *Vers une architecture*, Paris: Editions G. Crès., 1923 /Le Corbusier, *Vers une architecture*, 2ed., Paris: Editions G. Crès., 1925/Le Corbusier, Kommende Baukunst, Translated by Hans Hildebrandt, Berlin: Deutsche Verlags-Anstalt Stuttgart, 1926/Le Corbusier, Toward A New Architecture, Translated by Frederick Etchells, London: e Architectural Press, 1927 / 原著は、Le Corbusier, *Vers une architecture*. 3ed., Paris: Editions G. Crès., 1928／邦訳は『建築芸術へ』、宮崎謙三訳、構成社書房（1929）/ 原著は、Le Corbusier, *Vers une architecture*. 4ed., Paris: Editions Vincent, Fréal., 1958／邦訳は、

『建築をめざして』、吉阪隆正訳、鹿島出版会（1967））

6 ル・コルビュジェ‐ソーニエ著『建築へ』、樋口清訳、中央公論美術出版（2003）

7 Caisse des dépôts et consignations

8 Office public d'HBM (habitations à bon marché) du département du Rhône

9 Office départemental des Habitations à bon marché de la Seine

10 山名善之（日本語版監修）、ブルーノ・ライシュリン、カトリーヌ・デュモン・ダヨ（監修）、『ジャン・プルーヴェ』、TOTO出版（2004）に詳しい。

11 山名善之「シャルル・エドゥアール・ジャンヌレと田園都市――規格化と量産化の夢」展覧会カタログ、『ル・コルビュジエ ペサックの住居群：標準／反復／量産』ギャルリータイセイ編（2000）参照。

12 "Une auto est une machine pour rouler. Un avion est une machine pour voler. Une maison est une machine à habiter." (Le Corbusier, *Architectures d'aujourd'hui*, 1931).

13 『エスプリ・ヌーヴォー』誌の第８号（E.N.n.8）の Des yeux qui ne voient pas...Les paquebots, の項において（p.848）、Une maison est une nmachine à demeurer. と表現され、同 E.N.n.9, Des yeux qui ne voient pas...Les Avions（見えない目 II 飛行機）において（p.978）、飛行機を une machine à voler と表現している。そして、『建築へ』初版においては Une maison est une nmachine à demeurer. と記されたが第二版から Une maison est une nmachine à habiter. となった。しかし、これが１９２６年にドイツ語訳１９２７年に英語版が出版され、英訳においては"A house is a machine for living in."と訳され、英語の for が仏語の pour に近いニュアンスのためにメタファーとしての機械のイメージよりも、機能的な即物的な意味へのニュアンスがより強くなった。このイメージを払しょくさせるためにル・コルビュジエは自動車、飛行機と対比させるために *Architectures d'aujourd'hui*（1931）において、Une auto est une machine pour rouler. Un avion est une machine pour voler. Une maison est une machine à habiter. との表現とし、住宅を自動車や飛行機などとの機械と差別化を図った。このメタファーとしての機械のイメージの住宅は、メゾン・ドミノにおいて萌芽が見られ、maison à habiter として記された住宅の定義が、道具的住宅 la maison outil と読み替えられ、『住宅と宮殿』では la maison est un type となり、それがシトロアン住宅、イムーブル・ヴィラ、ユニテ・ダビタシオンと展開するプロトタイプへと発展することとなる。

14 Le Corbusier, «La leçon de la machine», in *L'Esprit Nouveau*, Paris, 1924, No.25.

15 原著は、Jacques Lucan (dir.), Le Corbusier, *une encyclopedie*, Centre Georges Pompidou, 1987／邦訳は、ジャック・リュカン監修『ル・コルビュジエ事典』、加藤邦男訳、中央公論美術出版（2007）

16 Toute machine qui tourney est une vérité instantanée in L'*Esprit Nouveau*, Paris, 1924, No.25.

17 原著は、*Le Corbusier Œuvre complete*, Volume 1: 1910-29, (*Ihr Gesamtwerk von 1910 bis 1929*, O. Storonov, W. Boesiger ed., Zurich)／邦訳は、ウィリ・ボジガー、オスカル・ストノロフ、マックス・ビル、『ル・コルビュジエ全作品集』〈第1巻〉1910-29、吉阪隆正訳、ADA Edita Tokyo（1979）

18 前掲書に同じ

19 前掲書に同じ

20 前掲書に同じ

21 Ville contemporaine de trois millions d'habitants, présenté au salon d'Automne à Paris en 1922

22 原著は、Le Corbusier, *Urbanisme*, Paris: Editions G. Crès., 1925／邦訳は、『ユルバニスム』、樋口清訳、鹿島出版会（1967）

23 1925年4月28日から11月8日までフランスのパリで開催された現代産業装飾芸術国際博覧会
Exposition Internationale des Arts Décoratifs et Industriels Modernes（現代装飾美術産業美術国際博覧会）

24 『国際建築』貞包博幸訳、中央公論美術出版〈バウハウス叢書1〉（1991）

25 MODERN ARCHITECTURE: INTERNATIONAL EXHIBITION

26 Henry-Russell Hitchcock & Philip Johnson, *The International Style: Architecture since 1922*, New York 1932
佐々木宏著『「インターナショナル・スタイル」の研究』相模書房（1995）に詳しい。

27 その内容については、ル・コルビュジエ自身が以下のように説明を付している。「これまで、真の解決を受け入れることなしに、現代は、建物の成長（増築）の問題に直面している。10年間の研究を経て、ある評価し得る結論に達した。すなわち、建設エレメントすべてを標準化することである。柱、梁、天井エレメント、昼間採光エレメント、夜間照明エレメント、それらすべてが黄金比によって定められ、容易で、調和のとれた、無限の組み合せを可能にする。

この美術館の基本的原理はピロティの上に建てることによって、建物全体の真ん中の地上を通って、主ホールへと辿り着く。真の栄誉あるホール。そこは、主要作品のためのものである。そこから始まる四角い螺旋によって、動線が折れ曲がるので、来館者の注意を促すのに誠に都合が良い。美術館の中で居場所を知るのに、卍型（スバスチカ）に配された中2階によって、来館者は巡回している間に低い天井のところに辿り着く度に、一方は庭への出口、他方は主ホールへの抜けを見つけることになる。このようにして美術館は四角い螺旋が迷路になることにならずに、大いに発展してゆくことができる。

約7ｍの幅と約4ｍ50㎝を天井高とするモデュールが、四角い螺旋を共有する間仕切り（パロワ）の上に、完璧な光の照射の正確さを保障し得る。この間仕切壁（パロワ）の長手が中断することで、建物各部屋をつなぎ、見通しを与え、さまざまな構成群を可能にする。ここでは規格化によって経済性が確保できるだけでなく、美術館の運営に応え得る組合せの豊かさが提供されるのである」

28　原著は、Le Corbusier, *L'Art décoratif d'aujourd'hui*, Paris: Editions G. Crès., 1925／邦訳は、『今日の装飾芸術』、前川國男訳、構成社書房（1930）、鹿島出版会（1966）

29　勝原基貴「岸田日出刀の建築教育に現れたル・コルビュジエ」『ル・コルビュジエ×日本――国立西洋美術館を建てた3人の弟子たちを中心に』文化庁国立近現代建築資料館（2015）

30　「国立西洋美術館」の現地審査には、当時のICOMOS ISC20c委員長、シェリダン・バークがシドニーより来日した。

31　http://www.mofa.go.jp/mofaj/press/release/press12_000003.html

32　http://www.kantei.go.jp/jp/97_abe/discource/20160717message.html

33　「我が国の国立西洋美術館を含む《ル・コルビュジエの建築作品》が、20世紀において世界中に近代建築運動を広めた重要な建築資産として高く評価され、世界遺産一覧表に記載されることが決定されたことは大変喜ばしく思います。国立西洋美術館は我が国における唯一のル・コルビュジエ作品であり、建築の歴史における地球規模での国際的な取組みを示すこの文化財を今日まで大切に守り伝えてこられた関係者の方々の御努力に心からの敬意と祝意を表します。また、ここに至るまでに文部科学省と連携し、御尽力をいただいた東京都・台東区・国立西洋美術館等の関係機関の皆様方に厚く御礼申し上げます。文部科学省としては、引き続きフランスをはじめとする関係国や国内の関係各位と連携しながら、人類の共通の宝である貴重な世界遺産の保護に万全を期し、後世に確実に引き継ぐとともに、積極的に活用してまいります。」http://www.bunka.go.jp/koho_hodo_oshirase/hodohappyo/pdf/2016071701_danwa.pdf

34　「1．本17日（現地時間同日）、トルコのイスタンブールで開催されている第40回ユネスコ世界遺産委員会において、我が国政府が、フランスを含む6か国と共同で世界遺産に推薦していた「ル・コルビュジエの建築作品――近代建築運動への顕著な貢献――」が、世界遺産一覧表に記載されることが決定され、我が国の国立西洋美術館が世界遺産に登録されたことを誠に喜ばしく思います。2．国立西洋美術館は、日仏間の外交交渉により、いわゆる松方コレクションが仏から寄贈返還されるにあたり建設された美術館であり、また、コルビュジエにこの美術館の設計を行うよう説得したのは当時の外務省員であったとも言われています。このように外務省とも大変縁の深い国立西洋美術館が世界遺産に登録されたことを外務大臣として大いに歓迎したいと思います。3．今後とも、同遺産を含めた日本の世界遺産について、世界中の方々に価値を御理解いただけるよう、対外発信を含め関係省庁と連携して取り組んでまいります。」

35　追加的勧告

○要請があればICOMOSの支援のもと、締約国が以下について検討するよう勧告する。
(a)全ての構成資産における開発計画を対象として、遺産影響評価を導入すること
(b)全ての構成資産についてモニタリング指標を改定すること
(c)一連の資産について、関係者の合意による全体的な保全手法および手順を整備すること
(d)資産全体への潜在的影響という観点から、全ての関係国が全ての構成資産における主要な開発計画について十分に把握するために、「常設会議」がどのような役割を果たすことができるかについて検討すること
(e)チャンディガールのキャピトル・コンプレックスの管理計画を提出すること
(f)チャンディガールのキャピトル・コンプレックスの保全計画を進めること
(g)ギエット邸の緩衝地帯の保護について明らかにすること
(h)フランスの新「遺産法」がどのような効果をもたらすか（implication）について明らかにすること
(i)今後の拡張に向けたあり方、最終的な範囲について、「常設会議」からの案を提出すること
○締約国に対して、上記の勧告に関する報告を、２０１８年に開催される第42回会合において世界遺産委員会で審議できるよう、２０１７年12月1日までに、世界遺産センターに提出するよう要請する。

第４章　世界に広がるル・コルビュジエ遺産

1　世界遺産「ル・コルビュジエの建築作品——近代建築運動における顕著な貢献」の構成資産の選定過程

ル・コルビュジエの作品群を世界遺産にしようとする話は、2000年にドコモモ・インターナショナルのパリ大会を行ったときに、すでに関係者の間で話題になっていた。長年、ル・コルビュジエ財団事務局長を務めたトレアン女史からミッシェル・リシャール氏に交代したころから、世界遺産へ推薦していこうという動きが活発になり、2004年にはル・コルビュジエ財団を中心とする世界遺産登録に向けた委員会も正式に発足した。当初はフランスに現存するル・コルビュジエの作品の所有者にコンタクトするところから始められたが、その輪は次第にフランス国外にも広げられていった。フランスに次いでル・コルビュジエの作品の現存数が10件と多いスイスや、チャンディガールやアーメダバードに7件の作品（チャンディガールを1件と数える）のあるインド、2件のドイツ、そして1件のアルゼンチン、ベルギー、アメリカ、イラク、日本、ロシア、チュニジアといった11か国の関係者に世界遺産登録推薦の運動を始めることが次第に伝えられていったのであった（ブラジルにはオスカー・ニーマイヤー、ルシオ・コスタとの共同設計による「ブラジル教育省」があるが、共同設計者の著作性が高いと判断されているために当初よりコンタクトを取らなかった）。

フランス、スイス、ドイツ、ベルギーといった欧州にあるル・コルビュジエ作品のほぼすべてと、アルゼンチンの「クルチェット邸」は、文化財として何かしらの保護を受けていた。しかし、日本、アメリカ、イラク、ロシア、インド、チュニジアにあるル・コルビュジエ作品は文化財として保護されておらず、世界遺産登録に推薦するための前提が整っていなかった。チュニジアの首都チュニスのカルタゴにある「ベゾー邸」は、当時、軍人出身のベン・アリー大統領の官邸の領地内にあり、当初より世界遺産の構成資産のひとつとすることは難しいとされた。また、アメリカの「ハーバード大学カーペンター視覚芸術センター」は、所有者であるハーバード大学がアメリカの文化遺産として指定することを問題視し、世界遺産に登録されることに対して積極的ではなかったために会議には参加してこなかった。同様にモスクワにある「ツェントロ・ソユーズ」はソビエトの象徴的近代的建物としてル・コルビュジエがニコライ・コリィと協働し設計され、3、500人を収容するオフィス棟と、レストラン、講堂、劇場、その他の機能を有するユニバーサル・ホール棟による旧ソ連消費者協同組合中央同盟の大規模複合施設として建てられたものであるが、ロシア政府は建物の保存に関しては消極的で世界遺産登録推薦の話にはまったく耳を貸さなかった。この建物はソ連崩壊後もロシア連邦政府国家統計委員会（Goskomstat）として使われていたが、老朽化による劣化も激しく取り壊して開発される話が何度も出ているものである。イラクの「バグダッドの競技場」はル・コルビュジエの死後、長年が経過した後、日本の建設会社によって建設されたものであるが、イラクの政情が不安定であったため話を進めるのが難しい状況であった。インドにはル・コルビュジエ作品がアーメダバードとチャンディガールにある。特にアーメダバードにはル・コルビュジエ作品の後期の代表作ともいわれる「サラバイ邸」、「繊維業会館」があるが、インドの文化財保護は建設から100年以上経過したものに限られていたために前提が整わなかった。チャンディガールに関しては文化財としての保護ではなく都市計画法によって都市全体の骨格は保護されているが、都市全体を世界遺産として保護すべきか否かに関しては多くの関係者が確信をもてないでいた。日本に関しては前述したが、文化財保護法の運用の関係で竣工後から50年を経過していない「国立西洋美術館」(1959年竣工)に対しては、文化庁をはじめとする関係者は、一部を除いて世界遺産登録推薦に対して消極的であった。

このような状況の中、2006年末までにフランス文化省とル・コルビュジエ財団関係者が中心となり、フランス、スイス、ドイツ、ベルギー、アルゼンチン、インドの6か国にあるル・コルビュジエ作品の中から保存状況、国レベルでの文化財としての保護措置、シリアル・ノミネーションの構成資産としてのOUV(顕著な普遍的価値)に対するオーセンティシティとインテグリティといった観点から選定したル・コルビュジエの22作品を構成資産として推薦書類が作成された。

世界遺産に推薦できる推薦数は文化遺産として各国1件と限られており、当時、フランス政府の世界遺産登録の推薦に関しては行政、つまり文化省の委員会が2件を推薦して大統領府に送り大統領が最終的に1件を選んで推薦するという形式がとられていた。この方式に従って2006年末には「ル・コルビュジエの都市と建築作品（L'œuvre architecturale et urbaine de Le Corbusier）」と並んで、「ヴォーバンの防衛施設群（Fortifications de Vauban）」が推薦されていた。それに対して、2007年1月初旬のシラク大統領の決定は、「ヴォーバンの防衛施設群」の推薦書類を2007年1月末に世界遺産センターに送ることであった。同時に、翌2008年の1月末に「ル・コルビュジエの都市と建築作品」を推薦することを付帯事項で決定したのであった。

この決定の後、9月には在日本フランス大使館を通して日本政府へ共同推薦の依頼があり、日本も推薦作業に公式に参加するようになった。7か国での推薦作業起草委員会により「国立西洋美術館」が新たに加わったことで、構成資産は23件になり、2008年末には厚さ10センチほどの推薦書類「ル・コルビュジエの都市と建築作品」が完成したのである。しかし、この完成した書類を印刷している最中にインド政府から突然の辞退表明が出された。2008年1月30日にパレ・ロワイヤルのフランス文化省にて関係者出席のもと各国ユネスコ代表部大使による推薦書類の調印式が行われたが、その書類にはインド政府のサインはなかったのである。

最終的に22件となったこの最初の推薦書類は「アトリエ」、「個人邸宅」、「規格住宅」、「集合住宅」、「宗教建築」、「標準大型建築」、「都市計画」、「公共建築」という8つの分類で構成資産が示された。同年夏から秋にかけて国際記念物遺跡会議（ICOMOS）の現地審査員が各国の資産を視察したが、

ICOMOSにおいてOUVの証明が不十分と判断され、翌年5月に「登録延期」が勧告された。最終的に「第33回世界遺産委員会（セビリア）」において「情報照会」の決議がされ、起草委員会においてさらなる検討を要することになった。

構成資産をさらに厳選し、シリアル・ノミネーションのOUVを構成資産の総体としての価値として示すことがその後の作業の前提であった。そして2回目の推薦書類では「シュウォッブ邸」、「クック邸」、「救世軍難民院本部」の3件を除外し、構成資産を22件から19件に整理し、2016年の3回目の推薦では「大学学生都市のスイス学生会館」、「ジャウル邸」、「ジャンヌレ＝ペレ邸」の3件を除外し、逆にチャンディガールをキャピトル部分に限って復活させて最終的に構成資産を17件とする推薦書類となったのである。

2 ル・コルビュジエ実現作品の文化遺産としての価値の検討

末尾に示す筆者による「シリアル・ノミネーションとしてのル・コルビュジエ実現作品の文化遺産としての価値検討表」（表4-1）にあるとおり、ル・コルビュジエ財団のウェブサイトに公開されている実現作品のリストをもとに、その中で博覧会のために仮設で建てられたものや、「チャーチ邸」のようにすでに取り壊されているものを除いた現存するル・コルビュジエ作品とされるすべてのものを対象に、〈資産としての重要性〉、〈オーセンティシティ〉、〈保存状態〉、〈国レベルでの保護措置〉に検討を行った。ここでいうところの〈資産としての重要性〉とは単純にル・コルビュジエ作品としての重要性をもとに検討を加えていったものである。2、3回目の世界遺産推薦書類作成時においては、「近代建築運動における顕著な貢献」といった本章3項で示すOUVとの絡みの中での検討がさらに加えられ、最終的に推薦資産が絞られていった。

1回目の世界遺産推薦書類の起草に当たってはICOMOS勧告の指摘にもあるように、ル・コルビュジエという建築家の作品群の中からの代表的なものというニュアンスが強いものであった。シャルル＝エドゥアール・ジャンヌレという青年がル・コルビュジエになり、多くの建築作品とユルバニスムを創作する。20世紀の最も重要な潮流である近代建築運動の建築家として、代表的な作品をシリアル・ノミネーションとして登録するということで起草委員会の議論は進んでいた。その結果、その作品群を世界遺産リストに掲載することにより巨匠建築家を顕彰するようにも受け取れる推薦書類となっていたのであった。この時点においても、「ル・コルビュジエの建築作品」という観点から、故郷スイスのラ・ショー＝ド＝フォンにおけるシャルル＝エドゥアール・ジャンヌレ時代の建築は〈資産としての重要性〉として評価の高いものではなかった。その中で「ジャンヌレ＝ペレ邸」はル・コルビュジエの建築作品としての萌芽作品として位置付けられていた。しかし、3回目の世界遺産推薦書類の作成時にル・コルビュジエの「工業化の美学」が芽生えたのは雑誌『エスプリ・ヌーヴォー』が発刊され、ル・コルビュジエの考えが具体化され始め、1922年の「パリ・サロン・ドートンヌ」で作品が発表され、著作『建築へ』が出版された1923年以降のものの作品群を推薦構成資産とするのが妥当であろうとの議論になっていった。両親のために生まれ故郷に建てられた「ジャンヌレ＝ペレ邸」は、世界遺産の話が始まり具体化する中で建物を保存するアソシエーションを設立し改修を行うなど、世界遺産推薦に対して最も積極的なグループであったにもかかわらず、最終的に推薦資産から外れたことは残念なことであった。

また、「救世軍難民院本部」は2回目の世界遺産推薦書類の起草委員会における議論の際、外されることになった。この建物は創建時、ル・コルビュジエが完全空調とカーテンウォールを実験的に試したが、竣工当初から多くの問題を抱えることになり、ル・コルビュジエの生前中に大改修工事がなされ現在のカラフルなブリーズ・ソレイユをもったファサードとなった。また、ル・コルビュジエの他界後も増築がされ、変化も多い建築であった。生活困難者の保護施設のための人権の基準向上によって内部空間なども大きく変更され、また、推薦書類作成中にさらに増築、改修の話が具体化していたために、ル・コルビュジエ作品としても近代建築史においても重要であるが、世界遺産レベルでの保存の観点、オーセンティシティの観点から推薦資産から除外することになった。同様に、「ガルシュの家（スタイン＝ド・モンジィー邸）」もル・コルビュジエの最も重要な代表作のひとつであり、ル・コルビュジエのコンセプトが反映された外観が保たれているが、内部空間の変化が激しく、当初の流動的な空間が失われていることで推薦構成資産から外されることになった。「サヴォア邸と庭師小屋」については推薦書類の作成を進める中で、オリジナルと現況調査と修復が進んだことで推薦構成資産のひとつとなった。このほか、推薦書類作成の作業中に推薦構成資産ではない「プラネクス邸」の修復のための調査が進み、１９２０年代のル・コルビュジエ作品の外壁が純白ではなくライム・ストーン系の黄色がかった色ではないかということも分かってきた。これに対応して「ラ・ロッシュ＝ジャンヌレ邸」も外壁の修復工事が進められ、３回目の世界遺産推薦書類の完成前に完了している。今後は「サヴォア邸」の外壁も同様に修復されると聞いている。

表４－１から分かるとおり、〈保存状態〉、〈国レベルでの保護措置〉が×とされ、推薦構成資産から外されたものも多い。特にインドのアーメダバードの作品群は極めて重要であるにもかかわらず、インドの文化遺産の考え方の違いから保護の対象になっていない。ロシア・モスクワの「ツェントロ・ソユーズ」も同様と考えることができる。これらに関しては文化遺産としてのそれぞれの価値がさらに醸成され民意が高まれば、将来的に世界遺産の拡張登録（エクステンション）の可能性もある。今回登録された17の構成資産のみでなく、このような潜在的可能性をもった資産群を継続的に注視していくことも重要であろう。

作品名 作品名太字は推薦構成資産 ※は現存せず	所在地、年代	資産としての重要性	オーセンティシティ	保存状態	国レベルでの保護措置
ファレ邸 Villa Fallet	ラ・ショー＝ド＝フォン（スイス） 1905-1907	×	×	○	○
ストッツァー邸 Villa Stotzer	ラ・ショー＝ド＝フォン（スイス） 1908-1909	×	×	○外装のみ	○外装のみ
ジャコメ邸 Villa Jaquemet	ラ・ショー＝ド＝フォン（スイス） 1908-1909	×	×	○外装のみ	○外装のみ
ファーヴル・ジャコ邸改修計画 Villa Favre-Jacot	ラ・ロクル（スイス） 1912	×	○	○	○外装のみ
ジャンヌレ＝ペレ邸 Villa Jeanneret-Perret	ラ・ショー＝ド＝フォン（スイス） 1912	×	○	○	○
シュウォッブ邸 Villa Schwob	ラ・ショー＝ド＝フォン（スイス） 1916	×	○外装のみ	×	○
シネマ・ラ・スカラ Cinéma “La Scala”	ラ・ショー＝ド＝フォン（スイス） 1916	×	×	×	○裏立面のみ
ポデンサックの給水塔 Château d’eau	ポデンサック（フランス） 1917	×	×	×	○
サン＝ニコラ・ダリエモンの労働者集合住宅 Cité ouvrière	サン＝ニコラ・ダリニモン（フランス） 1917	×	○	○	○
ベルク邸の改修計画 (Aménagement de la villa Berque)	パリ（フランス） 1921	×	—	—	—
ベスヌス邸 Villa Besnus, “Ker-Ka-Ré”	ヴォークルソン（フランス） 1922-1923	×	×	×	×
ラ・ロッシュ＝ジャンヌレ邸 Maisons La Roche-Jeanneret	パリ（フランス） 1923-1925	○	○	○	○
レマン湖畔の小さな家 Petite maison au bord du lac Léman	コルソー（スイス） 1923	○	○	○	○
住宅＝アトリエ・オザンファン Maison-atelier du peintre Amédée Ozenfan	パリ（フランス） 1923-1924	×	×	×	○

表4-1 シリアル・ノミネーションとしてのル・コルビュジエ実現作品の文化遺産としての価値検討表（筆者による）

作品名 作品名太字は推薦構成資産 ※は現存せず	所在地、年代	資産としての重要性	オーセンティシティ	保存状態	国レベルでの保護措置
リプシッツ＝ミエスチャニノフ邸 Villas Lipchitz-Miestchaninoff	ブローニュ＝シュル＝セーヌ（フランス） 1923-1925, 1926	×	○	○	○
レージュの集合住宅 Maison et cantine	レージュ（フランス） 1923-1925	×	○	○	○
ペサックの集合住宅 Cité Frugès	ペサック（フランス） 1924	○	○	○	○
メゾン・トンキン※ Maison du Tonkin	ボルドー（フランス） 1924	×	—	—	—
プラネクス邸 Maison Planeix	パリ（フランス） 1924-1928	×	○	○	○
エスプリ・ヌーヴォー館※ Pavillon de l'Esprit Nouveau	パリ（フランス） 1924（仮設） 再建（ボローニャ（イタリア）1977	×	—	—	—
ギエット邸 Maison Guiette	アントワープ（ベルギー） 1926	○	○	○	○
クック邸 Maison Cook	ブローニュ＝シュル＝セーヌ（フランス） 1926	×	×	○	○
テルニジアン邸※ Maison Ternisien	ブローニュ＝シュル＝セーヌ（フランス） 1926 （現存するが増築のため、ほぼ原形留めず）	×	—	—	—
ガルシュの家（スタイン＝ド・モンジィー邸） Villa Stein-de-Monzie, "Les Terrasses"	ヴォークルソン（フランス） 1926-1928	○	○	× （外装○ 内装×）	○
ネスレ館※ Pavillon Nestlé	パリ（フランス） 1927（仮設）	×	—	—	—
チャーチ邸※ Villa Church	ヴィル＝ダヴレ（フランス） 1927-1930 （1965年破壊）	○	—	—	—
ヴァイセンホフ・ジードルングの住宅 Maisons de la Weissenhof-Siedlung	シュトゥットガルト（ドイツ） 1927	○	○	○	○
サヴォア邸と庭師小屋 Villa Savoye et loge du jardinier	ポワシー（フランス） 1928-1931	○	○	○	○

作品名 作品名太字は推薦構成資産 ※は現存せず	所在地、年代	資産としての重要性	オーセンティシティ	保存状態	国レベルでの保護措置
救世軍パレスのアネックス Annexe du Palais du Peuple de l'Armée du Salut	パリ（フランス） 1926-1927 （改修のため原形を留めず）	×	—	—	—
ベゾー邸 Villa Baizeau	カルダゴ（チュニジア） 1928-1931	○	?	?	×
ツェントロ・ソユーズ Centrosoyus	モスクワ（ロシア） 1929-1935	○	○	×	×
ベステギ氏のアパート※ Appartement de M. Charles de Beistegui	パリ（フランス） 1929	×	—	—	—
救世軍アジール・フロッタン艀（改修） Armée du Salut, Asile flottant (Péniche Louise Catherine)	パリ（フランス） 1929	×	×	×	○
救世軍難民院本部 Armée du Salut, Cité de Refuge	パリ（フランス） 1929-1933 （1952 ル・コルビュジエによって改修）	○	×	×	○
マンドロ邸 Villa de Madame H. de Mandrot	プラデ（フランス） 1929-1931	×	○	○	○
大学学生都市のスイス学生会館 Pavillon Suisse, Cité Internationale Universitaire	パリ（フランス） 1930	×	○	○	○
イムーブル・クラルテ Immeuble Clarté	ジュネーヴ（スイス） 1930	○	○	○	○
S.T.A.R. 航空館※ Pavillon d'aviation S.T.A.R.	ル・ブルジェ（フランス） 1930（仮設）	×	—	—	—
ポルト・モリトーの集合住宅 Immeuble locatif à la porte Molitor	ブローニュ＝ビャンクール（フランス） 1931-1934	○	○	○	○
ウィーク・エンド・ハウス Maison de week-end, Villa Henfel	ラ・セル＝サン＝クルー（フランス） 1934-1935	×	×	×	×
マテの家（ヴィラ・セクスタン） Villa "Le Sextant"	レ・マテ（フランス） 1935	×	○	○	×

<table>
<tr><th colspan="2">作品名
作品名太字は推薦構成資産
※は現存せず</th><th>所在地、年代</th><th>資産としての重要性</th><th>オーセンティシティ</th><th>保存状態</th><th>国レベルでの保護措置</th></tr>
<tr><td colspan="2">新時代館※
Pavillon des Temps Nouveaux</td><td>リオデジャネイロ（ブラジル）
1936（仮設）</td><td>×</td><td>—</td><td>—</td><td>—</td></tr>
<tr><td colspan="2">ブラジル教育省
Ministère de l'Éducation nationale</td><td>リオデジャネイロ（ブラジル）
1936-1943
（オスカー・ニーマイヤー、ルシオ・コスタとの共同設計）</td><td>×</td><td>○</td><td>○</td><td>○</td></tr>
<tr><td colspan="2">若年失業者再生センター※
Centre de réadaptation des jeunes chômeurs</td><td>パリ（フランス）
1938</td><td>×</td><td>—</td><td>—</td><td>—</td></tr>
<tr><td colspan="2">労働力科学センター※
Centre scientifique de la Main-d'œuvre</td><td>パリ（フランス）
1938</td><td>×</td><td>—</td><td>—</td><td>—</td></tr>
<tr><td colspan="2">マルセイユのユニテ・ダビタシオン
Unité d'habitation Marseille</td><td>マルセイユ（フランス）
1945</td><td>○</td><td>○</td><td>○</td><td>○</td></tr>
<tr><td colspan="2">サン・ディエの工場
La Manufacture à Saint-Dié</td><td>サン＝ディエ＝デ＝ヴォージュ（フランス）1946</td><td>○</td><td>○</td><td>○</td><td>○</td></tr>
<tr><td colspan="2">クルチェット邸
Maison du Docteur Curutchet</td><td>ラ・プラタ（アルゼンチン）
1949</td><td>○</td><td>○</td><td>○</td><td>○</td></tr>
<tr><td colspan="2">ロンシャンの礼拝堂
Chapelle Notre Dame du Haut</td><td>ロンシャン（フランス）
1950-1955</td><td>○</td><td>○</td><td>○</td><td>○</td></tr>
<tr><td rowspan="4">チャンディガールのキャピトル・コンプレックス
Complexe du Capitole</td><td>開かれた手の碑
Main Ouverte</td><td>チャンディガール（インド）
1950-1965</td><td rowspan="4">○</td><td rowspan="4">○</td><td rowspan="4">○</td><td rowspan="4">○</td></tr>
<tr><td>高等裁判所
Haute Cour</td><td>チャンディガール（インド）
1952</td></tr>
<tr><td>合同庁舎
Secrétariat</td><td>チャンディガール（インド）
1953</td></tr>
<tr><td>州議事堂
Palais de l'Assemblée</td><td>チャンディガール（インド）
1955</td></tr>
<tr><td colspan="2">チャンディガールの都市計画
Plan d'urbanisme de Chandigarh</td><td>チャンディガール（インド）
1952-1968</td><td>○</td><td>○</td><td>○</td><td>—</td></tr>
</table>

作品名 作品名太字は推薦構成資産 ※は現存せず	所在地、年代	資産としての重要性	オーセンティシティ	保存状態	国レベルでの保護措置
チャンディガール美術学校 École d'Art et d'Architecture	チャンディガール(インド) 1950-1965	×	○	○	×
チャンディガール博物館 Government Museum and Art Gallery	チャンディガール(インド) 1952	×	○	○	×
繊維業会館 Palais des Filateurs	アーメダバード（インド） 1951	○	○	○	×
ジャウル邸 Maisons Jaoul	ヌイィ＝シュル＝セーヌ（フランス）	×	○	○	○
カップ・マルタンの休暇小屋 Cabanon de Le Corbusier	ロクブリュヌ＝カップ＝マルタン（フランス） 1951	○	○	○	○
サラバイ邸 Villa de Madame Manorama Sarabhai	アーメダバード（インド） 1951-1956	○	○	○	×
サンスカル・ケンドラ美術館 Sanskar Kendra Museum	アーメダバード（インド） 1951	○	○	×	×
ショーダン邸 Villa Shodhan	アーメダバード（インド） 1951-1956	○	○	○	×
ナント・ルゼのユニテ・ダビタシオン Unité d'Habitation	ルゼ（フランス） 1952	×	○	○	○
国際学生都市のブラジル学生会館 Maison du Brésil, cité internationale Universitaire	パリ（フランス） 1953-1959	×	×	○	○
ラ・トゥーレットの修道院 Couvent Sainte-Marie de la Tourette	エヴー＝シュル＝ラルブレル（フランス） 1953	○	○	○	○
フィルミニの文化の家 Maison de la Culture	フィルミニ（フランス） 1953	○	○	○	○
フィルミニの競技場 Stade	フィルミニ（フランス） 1953-1969				
ル・コルビュジエの墓地 Tombe de Le CorbusieR	ロクブリュヌ＝カップ＝マルタン（フランス） 1955	×	○	○	○
ブックラのダム Barrage	ブックラ（インド） 1955-1965	×	×	○	×

作品名 作品名太字は推薦構成資産 ※は現存せず	所在地、年代	資産としての重要性	オーセンティシティ	保存状態	国レベルでの保護措置
国立西洋美術館 Musée National des Beaux-Arts de l'Occident	東京（日本） 1955-1959	○	○	○	○
カップ・マルタンのユニテ・ド・キャンピング Unités de camping	ロクブリュヌ＝カップ＝マルタン（フランス） 1956	○	○	○	○
ブリエ・オン・フォレのユニテ・ダビタシオン Unité d'Habitation	ブリエ＝オン＝フォレ（フランス）1956-1963	×	○	○	○
バグダッドの競技場 Stade Bagdad	バグダット（イラク） 1953-1973	×	×	○	×
ベルリンのユニテ・ダビタシオン Unité d'Habitation	ベルリン（ドイツ） 1956-1958	×	○	○	○
1958年ブリュッセル国際博覧会のフィリップス館※ Pavillon Philips, exposition internationale de 1958	ブリュッセル（ベルギー） 1958（仮設）	×	—	—	—
フィルミニのユニテ・ダビタシオン Unité d'habitation	フィルミニ（フランス） 1956-1963	×	○	○	○
ローヌ・ライン運河の閘門 Bâtiments de l'écluse	カン＝ニフェール（フランス） 1960-1962	×	○	○	○
フィルミニのサン・ピエール教会 Eglise Saint Pierre	フィルミニ（フランス） 1960-2006	×	—	○	○
ハーバード大学カーペンター視覚芸術センター Carpenter Center for Visual Arts	ケンブリッジ（アメリカ） 1960-1963	○	○	○	×
チューリッヒ・ル・コルビュジエ・センター Pavillon d'exposition ZHLC (Maison de l'Homme)	チューリッヒ（スイス） 1963-1967	×	×	○	○

3 シリアル・ノミネーションとしての各推薦構成資産のOUVへの貢献の検討

シリアル・ノミネーションについては第2章において記述した通り、世界遺産作業指針第137項②に、〈各構成資産は、容易に定義・識別される実質的かつ科学的な方法によって、全体として「資産の顕著な普遍的価値（OUV）」に寄与するものとし、無形の属性を含むものもある。この結果として生じるOUVは、容易に理解され伝達されるものであること〉と示されているように、推薦に当たっては各構成資産のOUVにいかに寄与するかを示さなくてはならない。「ル・コルビュジエの建築作品――近代建築運動における顕著な貢献」推薦の段階においては、OUVをクライテリア〈ii ある期間、あるいは世界のある文化圏において、建築物、技術、記念碑、都市計画、景観設計の発展における人類の価値の重要な交流を示していること〉、〈vi 顕著で普遍的な価値をもつ出来事、生きた伝統、思想、信仰、芸術的作品、あるいは文学的作品と直接または明白な関連があること〉に照合させた。（ii）に関しては推薦書類のほぼ原案通り、OUVには〈ル・コルビュジエの建築作品は、近代建築運動の誕生と発展に関して、全世界規模で半世紀にわたって起こった、前例のない人類の価値の交流を示している。ル・コルビュジエの建築作品は、他に例を見ない先駆的なやり方で、過去と決別した新しい建築的言語を開発してみせることによって、建築に革命を引き起こした。ル・コルビュジエの建築作品は、ピュリスム、ブルータリズム、彫刻的建築という近代建築の3つの大きな潮流の誕生の印である。ル・コルビュジエの建築作品が四大陸で与えた地球規模の影響は、建築史上新しい現象であり、前例のない影響を示すものである〉と記述され、(ⅵ)に関しても同様に〈ル・コルビュジエの建築作品は、その理論と作品において20世紀における顕著な普遍的意義をもつ近代建築運動の思想と、直接的かつ物質的に関連している。一連の資産は、建築、絵画そして彫刻が統合した「エスプリ・ヌーヴォー」を表している。ル・コルビュジエの建築作品は、1928年以降近代建築国際会議(CIAM)により強力に広められた、ル・コルビュジエの思想を具現化している。ル・コルビュジエの建築作品は、新しい建築言語の発明、建築技術の近代化、近代人の社会的・人間的ニーズへの対応のために、近代建築運動が20世紀の主要課題に対応しようとした解決策の顕著な表れである。20世紀の主要課題に対するル・コルビュジエの建築作品の貢献は、単に、ある時点での模範的な偉業にとどまらず、半世紀を通じて全世界に着実に広められていった建築および文字による提案の顕著な総体である〉との記述が決定した。そして、推薦書類にはOUVのそれぞれの属性(attribute)を表4-2にあるようにクライテリア(ⅱ)を属性〈A〉、(ⅳ)を〈B〉、〈C〉、〈D〉として構成資産の紐付き方を示している。

属性〈A〉はシャルル=エドゥアール・ジャンヌレがル・コルビュジエを名乗りだした1920年頃から半世紀ほどの期間のル・コルビュジエ17作品において示される建築とプランニング、それらの社会コンセプトの発展により、地球規模の影響関係、つまり人類の価値の重要な交流によって地球上に広がりをもった文化圏が築かれたことを示した。この人類の価値の重要な交流を、〈顕著なグローバルな影響——オブジェクトとして（マスターピース）〉、〈世界地域における強い受容〉といった、影響関係の双方向を示した。そしてル・コルビュジエ作品群の中で特徴的な〈並外れたグローバルな影響をもつアイデアの結晶化：プロトタイプ〉を近代建築運動のダイナミズムの典型例として示した。

〈顕著なグローバルな影響——オブジェクト（マスターピース）〉としての重要な構成要素としては、最初のICOMOS勧告での指摘通り「サヴォア邸」、「マルセイユのユニテ・ダビタシオン」、「ロンシャンの礼拝堂」が最も重要である。「サヴォア邸」は〈近代建築運動の絶対的イコン〉として、「マルセイユのユニテ・ダビタシオン」は〈個とコレクティブの均衡を実現した新しい住居方式の重要な試み〉として、「ロンシャンの礼拝堂」は〈キリスト教建築のイコン〉として位置付けられ、続いて〈完全なる芸術作品と最小限セルのアーキ・タイプ〉として「カップ・マルタンの休暇小屋」、〈独立を称える記念碑的、彫刻的建築群の傑作〉として「チャンディガールのキャピトル・コンプレックス」が位置付けられる。続いて、〈新しいハウジングのアイコン的イメージ〉として「ヴァイセンホフ・ジードルングの住宅」、〈モダン・ムーブメントの総合芸術〉として「ラ・トゥーレットの修道院」が主なものとして位置付けられている。

〈世界地域における強い受容〉を示す重要な事象としては〈エスプリ・ヌーヴォー館において提案

〈シトロアン住宅〉、フランス国外における最初の依頼、ヨーロッパにおける認知〉として「ギエット邸」、〈モダン建築の国際化の証言例〉として「クルチェット邸」、〈ル・コルビュジエ作品の長年の受容とモダン・ムーブメントの地球規模の浸透の証言〉として「国立西洋美術館」が重要なものとして位置付けられている。

〈並外れたグローバルな影響をもつアイディアの結晶化：プロトタイプ〉を示す重要な事象としては〈建築における最初のピュリスム表現〉として「ラ・ロッシュ＝ジャンヌレ邸」、〈最小限住宅のアーキタイプ〉として「レマン湖畔の小さな家」、〈イムーブル・ヴィラの実現形、分譲集合住宅のプレファブリケーションのプロトタイプ〉として「イムーブル・クラルテ」、〈緑の工場のプロトタイプ〉として「サン・ディエの工場」、〈住居の個とコレクティブの均衡のコンセプトの結晶化〉として「ラ・トゥーレットの修道院」が位置付けられ、続いて〈最小限セルのアイディアの結晶化〉として「カップ・マルタンの休暇小屋」、〈プロトタイプ無限成長美術館〉として「国立西洋美術館」が主なものとされている。このほか、表４‐２に示すようにすべての構成資産が何かしらの属性〈A〉に紐付いている。

属性〈B〉の「光の扱い、彩色、空間を含む新しい建築言語と新しい美学的アプローチの発明」は、〈造形的革新性〉、〈新しい建築の５つの要点〉、〈空間的革新性〉の３点から示されている。〈造形的革新性〉の主な事例として具体的には「ペサックの集合住宅」が〈アーバン規模におけるピュリスト・ポリクロミーの採用〉として、「マルセイユのユニテ・ダビタシオン」が〈フランスにおけるブルータリスム作品の最初期例のひとつ〉として、「ロンシャンの礼拝堂」が〈建築／彫刻モデル〉として、「フィルミニの文化の家」が〈建築における近代的彫刻形態の予見〉として示されている。〈新しい建築の五つの要点〉に関しては「ラ・ロッシュ＝ジャンヌレ邸」が〈最初の5つの要点の採用〉、「ヴァイセンホフ・ジードルングの住宅」が〈5つの要点の最初の出版〉、「サヴォア邸」が〈高いレベルでのプリンシプルの実現〉等とされている。

属性〈C〉「汎用性の挑戦の提示：標準化、モデル化、工業化」も〈テクノロジーとプレファブの試み〉、〈タイポロジカル・スタンダート（標準型）の探求〉、〈モデュロール〉の3点から示されている。〈テクノロジーとプレファブの試み〉としては「ポルト・モリトーの集合住宅」が〈全面ガラス・ファサードによる集合住宅の世界的先駆例〉として示されているほか、〈ヨーロッパにおけるブルーズソレイユ採用の最初期例〉として「サン・ディエの工場」、〈遮日と通風のシステムの革新性〉として「クルチェット邸」、〈気候的解決の先駆的試み〉として「チャンディガールのキャピトル・コンプレックス」が主なものとして示されている。〈タイポロジカル・スタンダート（標準型）の探求〉としては「イムーブル・クラルテ」が〈異種住戸タイポロジーによる構成「イムーブル・ヴィラ」〉が主なものとして挙げられた。

属性〈D〉「より良い社会共同生活を目指した、より良い空間を目的のための個とコミュニティのバランスを保証する現代（モダン）人のための住居の課題に対する答え」は〈新しい生活コンセプト〉、〈最小限住宅〉、〈大規模住居〉、〈アテネ憲章〉の4点から示されている。〈新しい生活コンセプト〉は、「ペサックの集合住宅」が〈1920年代における標準集合住宅のプロトタイプ〉として示され、続いて〈空間の人間工学的、機能的コンセプト〉として「レマン湖畔の小さな家」が主なものとして提示された。〈最小限住宅〉では「サヴォァア邸と庭師小屋」を〈第2回CIAMにおける小家屋の事例〉として、〈アテネ憲章〉では「ポルト・モリトーの集合住宅」を〈輝く都市とアテネ憲章の住居ビルディングの標準タイプ〉として、主なものに位置付けた。

これらは世界遺産推薦のためにシリアル・ノミネーションとしての17の構成資産の総体としてのOUVを記述するために縦軸に沿って主なものを紋切り型に示したものであるが、もちろん、表4-2を構成資産ごとに水平方向に読んでいけば、17資産の総体の価値の中での個々の価値付けが分かるようになっているのである。例えば「国立西洋美術館」の価値において最も重視された点は、属性〈A〉の〈世界地域における強い受容〉として〈ル・コルビュジエ作品の長年の受容とモダン・ムーブメントの地球規模の浸透の証言〉が、続いて〈並外れたグローバルな影響をもつアイデアの結晶化：プロトタイプ〉として〈プロトタイプ無限成長美術館〉である。「国立西洋美術館」はこのほかに属性〈B〉の〈空間的革新性〉において〈美術館空間としての新しいコンセプト〉、属性〈C〉の〈タイポロジカル・スタンダート（標準型）の探求〉において〈美術館の新しいタイポロジーの標準〉、同様に属性〈C〉の〈モデュロール〉においては、その採用例との評価がされ、属性〈D〉の〈アテネ憲章〉においては、その標準タイプとしての評価が提案された。

シリアル・ノミネーションについて規定した世界遺産作業指針第137項の①に〈構成資産は長時間にわたる文化的、社会的、機能的結びつきを反映し、生態上、進化上または生息上の繋がりを反映しなければならない〉とあり、そのために表4-2で示したように、各構成資産の価値を〈A〉から〈D〉の属性に紐付けることで、クライテリアに沿ったシリアル・ノミネーションのOUVを説明していくのである。また、ここで示されたOUVと近傍の文化遺産との比較研究（例えば、近代建築運動へ貢献したとされるヴァルター・グロピウス、ミース・ファン・デル・ローエ、フランク・ロイド・ライトらの建築作品群との比較）を行い、「ル・コルビュジエの建築作品」がいかなる「近代建築運動における顕著な貢献」であったかを具体的かつ精緻に記述していったのである。

同様に世界遺産作業指針第137項③においては〈資産の登録推薦の過程（構成要素の選定を含む）において、一貫性を保つため、かつ、構成要素の過度な断片化を避けるため、全体的な管理の可能性および統一性を十分に考慮しなければならない〉とあり、同第114項には、個々の構成資産の管理を連携して行うための体制・制度を明記することが求められている。この点に関しては、資産のプロモーションと充実について締約国に助言し、それを実行するために「常設会議」が設立された。活動目的として、一連の（構成資産）全体のコーディネーション、一般の意識向上、保全経験の共有、シリーズ全体の調整と管理、各構成資産の保存管理計画を行っており、年1回、推薦国7か国が主催をもちまわりして開催することになっている。また2010年1月27日には、世界遺産登録を目指すために、ICOMOS勧告の指摘も受けてル・コルビュジエの建築作品が所在する自治体が相互に連携することを目的に、「ル・コルビュジエ建築遺産自治体協議会」が設立されている。世界遺産に登録されたル・コルビュジエ作品の多くは早くから関係自治体等によって文化遺産を守る仕組みが構築されているが、「国立西洋美術館」を擁する地元台東区でも、関係者による「台東区国立西洋美術館世界遺産登録推進会」が2008年3月に発足し、ほぼ同時期の同年6月には地元の民間応援団である「国立西洋美術館世界遺産登録上野地区推進委員会」（2015年8月に「国立西洋美術館世界遺産登録たいとう推進協議会」に名称変更）が、同年9月には「台東区議会国立西洋美術館本館世界遺産登録推進議員連盟」が発足している。彼らのさまざまな活動はフランスをはじめ海外にも知られ、世界遺産登録の審査においても高く評価され、「国立西洋美術館」の世界遺産登録の大きな後押しとなった。しかし、世界遺産に登録された「ル・コルビュジエの建築作品」の全体的な管理の可能性および統一性は未だ十分とはいえず、今後の課題のひとつにもなっている。

属性 attribute〈C〉			属性 attribute〈D〉			
テクノロジーとプレファブの試み	タイポロジカル・スタンダート(標準型)の探求	モデュロール	新しい生活コンセプト	最小限住宅	大規模住居	アテネ憲章
柱・梁のシステム	家具		コレクターの住宅：オープン・スペース			
長い水平窓—水平連億窓	ワン・ベイ断面によるシングル・ファミリー・ハウス		空間の人間工学的、機能的コンセプト	最小限の面積／最小限の空間		
自由なファサード、二次部品の標準化、〈セメント・ガン〉の使用			1920年代における標準集合住宅のプロトタイプ	標準化セルを基礎としたヴァリエーション	大規模の集合住宅の挑戦の探求	
			エスプリ・ヌヴォー館で示された原則によるアトリエ住宅			
ドミノ住宅の発展	実験住宅展の一部として(Werkbund)		変換可能住宅(昼&夜)	標準シトロアン住宅モデル	量産住居の優れたモデル	
			オープン・プラン	第2回CIAMにおける小家屋の事例		

		クライテリア（ii）			クライテリア（vi）		
	構成資産名称	属性 attribute 〈A〉			属性 attribute 〈B〉		
		顕著なグローバルな影響——オブジェクト（マスターピース）として	世界・地域における強い受容	並外れたグローバルな影響を持つアイデアの結晶化：プロトタイプ	造形的革新性	新しい建築の5つの要点	空間的革新性
①	ラ・ロッシュ＝ジャンヌレ邸		出版による世界的影響	建築における最初のピュリスム表現	ピュリスム：外観・内観のポリクロミー表現	最初の５つの要点の採用	建築的プロムナード
②	レマン湖畔の小さな家			最小限住宅のアーキタイプ			周辺環境とのリンクを介しての限定
③	ペサックの集合住宅			テイラーリズム＆工業化	アーバン規模におけるピュリスト・ポリクロミーの採用		最小限空間における空間的解決の革新性
④	ギエット邸		エスプリ・ヌーヴォー館において提案（シトロアン住宅）、外国における最初の依頼、ヨーロッパにおける認知		ピュリスム：空間の彫刻的アプローチ		建築的プロムナード
⑤	ヴァイセンホフ・ジードルングの住宅	新しいハウジングのアイコン的イメージ	モダニスムと伝統の相克の機会	シトロアン住宅モデルをベースにした住宅		５つの要点の最初の出版	フレキシビリティ、モデュラリティ
⑥	サヴォア邸と庭師小屋	近代建築運動の絶対的イコン		５つの要点のマニフェスト	ピュリスムのマスターピース：彫刻としてデザインされた屋上庭園	高いレベルでのプリンシプルの実現	スロープ、ソラリウムとしての屋上庭園

表 4-2　各推薦構成資産の OUV

属性 attribute 〈C〉			属性 attribute 〈D〉			
テクノロジーとプレファブの試み	タイポロジカル・スタンダート（標準型）の探求	モデュロール	新しい生活コンセプト	最小限住宅	大規模住居	アテネ憲章
電気アーク溶接による鉄骨構造	異種住戸タイポロジーによる構成「イムーブル・ヴィラ」		メゾネット住戸による住棟		共有サービス部分付きの中級クラス向けのフラット・ブロックのモデル	
全面ガラス・ファサードによる集合住宅の世界的先駆例				生活の根本的歓びを享受するガラス嵌め込み住居の新しいコンセプト		輝く都市とアテネ憲章の住居ビルディングの標準タイプ
コンクリートと鉄骨によるダブル・フレーム	標準として供給されるユニテ・ダビタシオンの実例	モデュロールをベースとしたデザインと建設	家具とサービスの統合		コレクティブ・サービス	アテネ憲章の標準ユニットタイプ
ヨーロッパにおけるブルーズソレイユ採用の最初期例	緑の工場モデル		緑の工場：労働環境の改善			アテネ憲章の標準形
遮日と通風のシステムの革新性		建築エレメントと住宅のプロポーションにおけるモデュロール				
ルーフ：コンクリート・ダブル・シェル			身体と聖の新たな関係			

		クライテリア（ii）			クライテリア（vi）		
	構成資産名称	属性 attribute〈A〉			属性 attribute〈B〉		
		顕著なグローバルな影響──オブジェクト（マスターピース）として	世界・地域における強い受容	並外れたグローバルな影響を持つアイデアの結晶化：プロトタイプ	造形的革新性	新しい建築の5つの要点	空間的革新性
⑦	イムーブル・クラルテ			イムーブル・ヴィラの実現形、分譲集合住宅のプレファブリケーションのプロトタイプ			両面採光によるメゾネット形式
⑧	ポルト・モリトーの集合住宅			ガラス嵌め込みアパート・ビルディングの結晶化			フラット・ブロックのコンテキストにおけるオープン・プラン
⑨	マルセイユのユニテ・ダビタシオン	個とコレクティブの均衡を実現した新しい住居方式の重要な試み		個とコレクティブのバランスのためのモデル	フランスにおけるブルータリスム作品の最初期例のひとつ		屋内通路周りに積層された二面採光住戸
⑩	サン・ディエの工場			緑の工場のプロトタイプ	ブルータリスムの初期例		
⑪	クルチェット邸		モダン建築の国際化の証言例			5つの要点の再定義と成熟化	建築的プロムナードによる視覚的パースペクティブの多様性と空間的状況のダイナミズムの実現
⑫	ロンシャンの礼拝堂	キリスト教建築のイコン			建築／彫刻モデル		

属性 attribute〈C〉			属性 attribute〈D〉			
テクノロジーとプレファブの試み	タイポロジカル・スタンダート（標準型）の探求	モデュロール	新しい生活コンセプト	最小限住宅	大規模住居	アテネ憲章
	家具	モデュロールの完全なる適応	《ホリデイ・ユニット》のための標準の探求	最小限空間の探求		
気候的解決の先駆的試み		モデュロールの都市構成と建物構成への適応				アテネ憲章と輝く都市の原則の最適な表現
建物におけるプレ・ストレ・コンクリートの使用		モデュロールの適応				
	美術館の新しいタイポロジーの標準	モデュロールの採用				アテネ憲章の標準タイプ
ケーブルによる屋根構造の革新性			文化へのアクセスの民主化			文化施設のためのアテネ憲章の標準タイプ

		クライテリア（ii）			クライテリア（vi）		
	構成資産名称	属性 attribute〈A〉			属性 attribute〈B〉		
		顕著なグローバルな影響——オブジェクト（マスターピース）として	世界・地域における強い受容	並外れたグローバルな影響を持つアイデアの結晶化：プロトタイプ	造形的革新性	新しい建築の5つの要点	空間的革新性
⑬	カップ・マルタンの休暇小屋	完全なる芸術作品と最小限セルのアーキ・タイプ		最小限セルのアイデアの結晶化	総合芸術		空間の人間工学的、機能的アプローチ
⑭	チャンディガールのキャピトル・コンプレックス	独立を称える記念碑的、彫刻的建築群の傑作	近代性の初期を象徴するインド大陸における決定的影響	25年間探求したシビック・センターのプロトタイプ	サイト・スケールにおける彫刻的建築の傑作		サイト・スケールに応える優れたアーバン空間構成
⑮	ラ・トゥーレットの修道院	モダン・ムーブメントの総合芸術		住居の個とコレクティブのの均衡のコンセプトの結晶化	ブルータリスム：生コンの採用	5つの要点の再解釈	空間構成効果へのマテリアルとしての自然光の使用
⑯	国立西洋美術館		ル・コルビュジエ作品の長年の受容とモダン・ムーブメントの地球規模の浸透の証言	プロトタイプ無限成長美術館			美術館空間としての新しいコンセプト
⑰	フィルミニの文化の家			輝く都市とアテネ憲章のコンセプトによる革新的プログラム	建築における近代的彫刻形態の予見		傾斜内部と曲面空間の複合性

4　登録された建築作品

左に示す世界遺産センターの17の構成資産は推薦書類にのっとり、設計開始年をひとつの根拠として年代順に並べられている。しかし、設計開始年に関する議論はすべてのル・コルビュジエの建築作品において収束しているわけではない。実現された建築作品でさえも正式に契約が交わされなかったものも多い。ル・コルビュジエ自身の編集によるル・コルビュジエ全作品集においても、ほぼ年代順に建築作品が編集されているものの年代表記に関しては恣意的ともいえる書き換えがある。フランス国内の建築作品に関しては、*Le Corbusier en France: Realisations et projets (Documents d'architecture)*を根拠とした。また、「国立西洋美術館」に関しては設計契約日である１９５５年10月26日を根拠に、年代を１９５５年としている。

各構成資産は推薦書類の年代順に世界遺産リストＩＤが付与され、ユネスコ世界遺産センターのインヴェントリ（目録）によって管理されている。表４-３のように位置は座標軸によって、プロパティは各構成資産のコアゾーンの面積（敷地面積）、バッファーゾーンは緩衝地帯の面積を示す。推薦書類は「ル・コルビュジエの建築作品」全体に関する部分と、国ごとに作成された各構成資産の管理に関する記述よりなるが、構成資産の管理連携を図るル・コルビュジエ財団では、これらを所在地の国名順に並べて同一国内は年代順に並べるという形式でリスト化している。

	ID	名称	座標軸	プロパティ (ha)	バッファーゾーン (ha)
①	1321-001	ラ・ロッシュ=ジャンヌレ邸	N48 51 6.696 E2 15 55.26	0.097	13.644
②	1321-002	レマン湖畔の小さな家	N46 28 6.29 E6 49 45.61	0.04	5.8
③	1321-003	ペサックの集合住宅	N44 47 56.004 E0 38 52.368	2.179	26.475
④	1321-004	ギエット邸	N51 11 1.201 E4 23 35.7	0.0103	6.7531
⑤	1321-005	ヴァイセンホフ・ジードルングの住宅	N48 47 59.442 E9 10 39.594	0.1165	33.6213
⑥	1321-006	サヴォア邸と庭師小屋	N48 55 27.923 E2 1 42.038	1.036	155.585
⑦	1321-007	イムーブル・クラルテ	N46 12 0.576 E6 9 23.072	0.15	1.8
⑧	1321-008	ポルト・モリトーの集合住宅	N48 50 36.204 E2 15 4.644	0.032	57.113
⑨	1321-009	マルセイユのユニテ・ダビタシオン	N43 15 40.932 E5 23 46.248	3.648	119.833
⑩	1321-010	サン・ディエの工場	N48 17 26.952 E6 57 0.9	0.762	64.912
⑪	1321-011	クルチェット邸	S34 54 40.83 W57 56 30.57	0.027	6.965
⑫	1321-012	ロンシャンの礼拝堂	N47 42 16.164 E6 37 14.808	2.734	239.661
⑬	1321-013	カップ・マルタンの休暇小屋	N43 45 34.992 E7 27 48.24	0.198	176.172
⑭	1321-014	チャンディガールのキャピトル・コンプレックス	N30 45 27 E76 48 20	66	195
⑮	1321-015	ラ・トゥーレットの修道院	N45 49 9.826 E4 37 21	17.923	99.872
⑯	1321-016	国立西洋美術館	N35 42 55 E139 46 33	0.93	116.17
⑰	1321-017	フィルミニの文化の家	N45 22 59.484 E4 17 20.641	2.601	90.008

表4-3　世界遺産「ル・コルビュジエの建築作品——近代建築運動への顕著な貢献」構成資産
参照：http://whc.unesco.org/en/list/1321/multiple=1&unique_number=2085

① ラ・ロッシュ＝ジャンヌレ邸　１９２３　パリ（フランス）

パリ16区の閑静な住宅地にあるL字型平面1棟にはふたつの住居が入っており、一方は近代絵画の蒐集家でもありル・コルビュジエの初期のパトロン的存在でもあったスイス人銀行家ラウル・ラ・ロッシュ氏のギャラリー付き住居、もう一方はル・コルビュジエの兄の音楽家アルベール・ジャンヌレの自邸である。袋小路の突き当り正面に位置する「ラ・ロッシュ邸」の曲面壁をもつギャラリーの下にはピロティが設けられている。三層吹き抜けの広いエントランス・ホールのまわりに部屋が配され、それらが渡り廊下と階段によって結ばれることで、ピロティ上の二層吹き抜けのギャラリーとともに自然光に満たされた開放的な空間となっている。この建物は１９６８年以来、ル・コルビュジエ財団が本部として使用しており、「ラ・ロッシュ邸」部分は一般公開されている。「ジャンヌレ邸」部分の1階と2階には財団の事務・制作・会議を行うためのスペースがあり、3階には資料・図書室がありル・コルビュジエ研究の場となっている。

近代絵画の創作とその構成法の探求から初期の活動を開始したル・コルビュジエは、キュビスムの継承者としての「ピュリスム宣言」を１９１９年に行う。これはキュビスムの画家であるピカソやブラックなどの流れをくみながらも、批判的に継承していくもので、純粋な幾何学形態と多彩色

ラ・ロッシュ邸

ジャンヌレ邸

による平面構成で透明で奥行のある空間をつくり出すことを目指すものである。ピュリスムの平面絵画における探求を建築空間へ展開することを試み、この宣言の3年後の『建築へ（建築をめざして）』の出版年にこの住宅作品の構想を結晶化させ、「建築における初めてのピュリスム表現によるもの」として国際的影響を与えた。また「建築的プロムナード」が実現された流動性のある内部空間と、外観の「彫刻的建築」といった形態的、空間的な革新性は、鉄筋コンクリートの柱・梁システムによる「技術的実験」によって可能になったものとされる。

② レマン湖畔の小さな家　1923　コルソー（スイス）

ジュネーブから東へと広がるレマン湖沿いの南斜面には葡萄畑が段々に連なる。ル・コルビュジエは湖の上流の小さな街コルソーに両親のために「小さな家」を建てた。60㎡ほどの平屋である。太陽の光を映す湖が南側にあり、その背景に山並みが広がっている。この景色を著書『小さな家』(*Une Petite Maison*, 1954)の中で「世界にも比類のない美しい水平線」と評している。このパノラマを採り入れるために湖に向かって長さ11mの水平窓と、外部に置いたダイニング・テーブルから湖を望めるよう、庭の塀に開口を設けている。この開口に関してル・コルビュジエは、「どこからも見え、どこにでも顔を出す風景にはそのうち飽きてしまう。……そのような状況にあると、〝われわれ〟はもう風景を〝見なくなる〟ということを知っていますか？　風景が価値あるものであるためには、制限し、適切な寸法で区切ってやる必要があるのです。……壁は陰をつくり、涼を取るためでもあります。突然、壁は途切れ風景が現れます。光、空間、湖面、そして山々……どうです、うまい仕掛けでしょう！」と、風景を視覚的に調整する開口の役割を説明している。

近代建築運動のふたつの主要課題であった最小限住宅と量産住宅に応えるものとして、この住宅はその最初期の作品として位置付けられる。一層1スパン骨組が長手方向に展開する単純な空間の

中に機能に応じた家具が配置され、回遊性のある平面計画が実現されている。１９２３年当時では珍しかった機能的、人間工学的な分析によって厳格に寸法が決定されている。また、間仕切りの可変性やベッドなどの家具の可動性によって、空間の多義性がつくり出され、最小限の空間においても空間の快適さが最大限に提供できるということが示されている。このような標準型を目指したアーキタイプ「最小限の住む機械」はその後の近代建築運動に顕著な影響を与えた。

③ ペサックの集合住宅　1924　ペサック（フランス）

南西フランスのブドウ園のひろがるペサック市の郊外にペサックの集合住宅はある。これは企業家であるアンリ・フルジェと、住宅の規格化・標準化を掲げ、技術的・経済的な効果をあげることを目論んだ実験現場であった。PCコンクリートによる5m×5m標準スパンを基本としてつくられた5種類の標準住居モデルの組合せと繰り返しによって街区が構成され、多彩色による外壁が特徴となっている。しかし、地元の建設組合との紛争などによって工期が長引いたことで工費は膨み、実験は成功とはいえなかった。1960年代には近代建築運動に対する批判が繰り広げられる中、改変された住戸が社会学者によって調査され、近代建築の失敗作として紹介される。しかし、1970年代から住人による修復活動が始まり、1980年には、その1棟が文化財に指定される。そして、「歴史的記念物の周域に関する法律（1943）」により集合住宅地区の全体が文化省の保護監視下に入る。また1993年には、都市計画と連動した「建築都市景観遺産保護地区（ZPPAUP）」に街区全体がゾーニングされ、その後、街区全体における修復が試みられている。

この作品は量産型近代住居による集合住宅のプロトタイプであり、造形、技術、空間、配列の観点から量産住宅の先駆的な考えが示され、それによって共同体の新しい生活様式が提案されてい

る。革新的な考えによる多様な住居タイプが提案され、50住戸を超える都市的規模の近代住居による街区を実現している。すべての装飾を、原色と新たな形態言語に還元してしまうというピュリスムの理論によって、「富裕層と貧困層の住居」を等価に位置付ける近代建築運動の中心的課題をユートピア的に実現している。また、内部空間だけでなく外部の公的空間においては、ポリクロミー（多彩色）による抽象的構成によって、集合住宅全体のアーバニティを実現している。

④ ギエット邸　1926　アントワープ（ベルギー）

　ベルギー、アントワープ生まれの前衛的画家であり『エスプリ・ヌーヴォー』誌の発刊以来の購読者、ルネ・ギエットのためのアトリエ付き住宅である。街のはずれの新たに開発された住宅地の間口9m、奥行き30mの敷地に、間口6mのプロトタイプ「メゾン・シトロアン」を実現する。このプロトタイプの特徴である界壁に沿って設けられた階段は、手前から奥、1階から3階へと三層にわたってまっすぐに続き、印象的な空間をつくり出している。1階居間の一部を二層吹き抜けの空間とし、庭に面した開口部から自然光が導かれている。2階は建物中央に配置された踊り場より寝室3部屋と浴室にアクセスできる。3階に上がるといったん庭側の開口部に突き当たり、折り返して、曲線を描く廊下を通って使用人の部屋、二層吹き抜けのアトリエへと続き、アトリエのメザニン（中階）からは屋上テラスにアクセスできる。これは当時、ル・コルビュジエが探求していたプロトタイプである「メゾン・シトロアン」や、芸術家のためのアトリエなどにも見られる特有の空間構成である。

　1925年の「パリ万国博覧会」における「エスプリ・ヌーヴォー館」の発表を機に、ル・コルビュジエはフランス国外でも評価されるようになった。このアトリエ付き住宅作品はベルギーにお

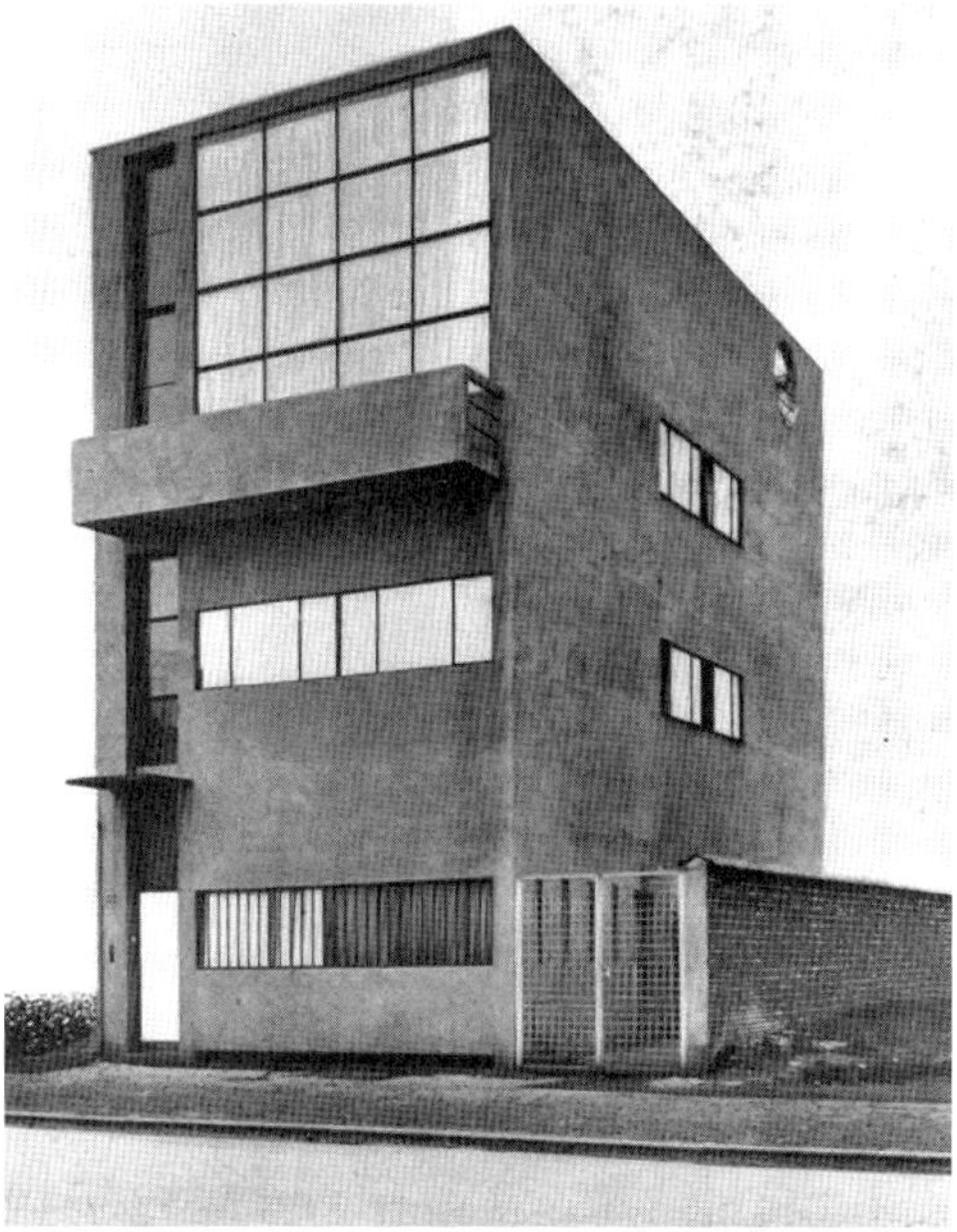

ける建築的ピュリスム表現の最初のものであり、フランス以外のヨーロッパ地域で認知された最初期の作品として位置付けることができる。動線をなぞるカーブが採用され、ほかでは見られないような空間の流動性が実現されており、配列と空間的コンセプトは単なる機能的課題の解決を超えて、彫刻的な次元に達するものである。フランドル地方のアントワープに実現されたこの作品は、近代建築運動の発祥の地として重要なベルギーとオランダをはじめ、他の多くの国々にも影響をおよぼした。

⑤ ヴァイセンホフ・ジードルングの住宅　1927　シュトゥットガルト（ドイツ）

1920年代のヴァイマール共和国時代のドイツにおいて多くの集合住宅団地が建設された。これらの計画にはバウハウスなどのモダニズムの建築家たちが多く参加し、近代建築運動の実践として建築史において評価されている。なかでも、ドイツ工作連盟がシュトゥットガルトのヴァイセンホフの丘に、住宅展を開催することを機に建設されたヴァイセンホフ・ジードルングはその代表的なものである。ドイツ工作連盟はドイツの産業育成を目指して1907年にミュンヘンで結成され、ドイツ語圏の近代建築運動を牽引した建築家らが参加し、バウハウスなどとも連動した。ヴァイセンホフ・ジードルングではミース・ファン・デル・ローエが全体計画を立て、近代建築運動を展開する建築家らが設計した住宅が建設された。ル・コルビュジエには街を見下ろす丘の中腹の敷地があてられ、プロトタイプである「メゾン・シトロアン」による独立住宅と、住戸ユニットふたつが隣り合うタイプのものが実現された。ここでは「建設と綜合に対する新たな精神」が国際的な関心であったことが示され、建築家たちによって文化を超えた理念と時代精神の表現が見出された。

原寸大の建築展において、量産型のプロトタイプとしてふたつの住宅棟を実現したことにより、

標準化、工業化などの考えが「新しい建築の5つの要点」とともに示された。両住宅棟ともにピロティ階と屋上庭園階をもち、窓の規格化、大きな部屋と小さな部屋との対比などが示され、最小限住宅の考えが具体的に体験できるものとなった。建築展の成功によって、ふたつの住宅作品が近代建築運動を示す代表的作品として建築理念とともに位置付けられるだけでなく、フランス語圏を越えてドイツ語圏の運動と連動する機会を与え、翌年のCIAM設立へと結びつく近代建築運動の国際的展開を開始する機会に実現した作品として位置付けることができる。

⑥ サヴォア邸と庭師小屋　1928　ポワシー（フランス）

パリからセーヌ川を西へ30㎞ほど下ると週末住宅が川を臨むように建ち並ぶ風景に出くわす。このノルマンディーを感じさせる景色に憧れ、多くのパリ人が週末をここで過ごした。サヴォア夫妻も顧客から7haにおよぶ広大な土地を購入する話をもち掛けられると、その機会を逃すことはなかった。「サヴォア邸」は、前川國男がアトリエにいた時期と重なる1929年4月に建設が始まり、彼の帰国後の1931年8月には完成している。小高い丘の上に建つこの住宅は、ピロティ階、主階、屋上庭園の三層からなり、「自由な平面」を最もよく表わすものである。1階のピロティは自動車が回れるよう、車の回転半径でガラス壁部の平面形が決められている。主階である2階は空中庭園を囲むように居間、キッチン、子供部屋、浴室、寝室、婦人室、外室がC型に展開され、4つの立面には同様の水平連続窓がある。スロープを上りながら展開する建築内外の風景によって「建築的プロムナード」を楽しむことができる。屋上庭園のソラリウム（日光浴場）からは、蛇行するセーヌ川のパノラマを楽しむことができたが、近隣の高校の校舎増築によって現在ではその眺めは限定的なものとなっている。

「サヴォア邸」は、1932年のニューヨーク近代美術館の「モダン・アーキテクチャー展」で紹

介され、最も影響力をもつ近代建築のイコンとなった。また、「新しい建築のための5つの要点」と「ピュリスム」の規範を示すだけでなく、屋上テラスの量塊の構成は彫刻的次元の様相として見ることができる。敷地入口の脇にある「庭師小屋」も構成要素のひとつであるが、これは最小限住宅をテーマにした1929年の第1回CIAMにて発表されたプロジェクトを実現したものである。豪華な邸宅と最小限の労働者住宅の対比は、社会的劈開《へきかい》を超えた万人のための建築といった、近代建築運動のユートピアの原則を示しているものである。

⑦ イムーブル・クラルテ　１９３０　ジュネーブ（スイス）

この集合住宅の開発・建設業者兼クライアントであるエドモン・ヴァネールの経営する鉄鋼建材の会社（ヴァネール社）は、１８５３年に創業した鉄工芸製品の会社が始まりであるが、１９２０年代にはさまざまなタイプの金属製サッシュを製造するなど建設工業化の製品開発を進めていた。ヴァネール社は、藁を圧縮した「ソロミット」という噴射コンクリート用の断熱パネルを生産しており、これは「エスプリ・ヌーヴォー館」にも使用されている。１９２０年代末から、ル・コルビュジエは「聡明な鋼材製造業者」であるヴァネールの主導により、鉄骨構造と「ソロミット」を用いた「乾式構法」による住宅建設に取り組み、紆余曲折を経てヴァネールの妻が所有する土地を敷地として具体化することになった。当初は複数棟の建設が予定されていたが、1棟のみが１９３１年6月から１９３２年7月にかけて建設された。スイス人の著名な構造エンジニアであるロベール・マイヤールが技術を担当し、ヴァネール社の製作した鉄骨が組み立てられ、「ソロミット」パネルは、主に天井に使用された。長軸方向のファサードは、網入りガラスのはめ殺し窓と、ヴァネールが特許をもつ二重の引き違いサッシュによって〝ガラス壁面〟として構成された。

「イムーブル・クラルテ」はル・コルビュジエが１９２０年代に探求した都市を構成する集合住居

棟である「イムーブル・ヴィラ」の標準タイポロジーの到達形を代表するものである。この集合住居棟は建設工業化と標準化、乾式構法、プレファブ化の端緒を切り開いたアーキタイプであり、第二次世界大戦後の集合住居棟の大量供給に多大な影響をおよぼし、その後の「ユニテ・ダビタシオン」を予見させるものである。ガラス・サッシュに合う規準尺の柱・梁の標準的な鋼鉄の骨組みを電気溶接によって組み立てたもので、二層ごとに設けられたテラスを使って仮設足場を組むなど工法にも効率化が示されたモデル現場でもあった。

⑧ ポルト・モリトーの集合住宅　1931　ブローニュ=ビヤンクール（フランス）

第一次世界大戦中にパリを訪れたル・コルビュジエは、セーヌ左岸の学生街にあるジャコブ通り20番地にあった17世紀の古い建物に住み、歩いて10分ほどのセーヴル街に設計アトリエを開設する。ここが手狭になったル・コルビュジエは、1931年6月にパルク・デ・プランス（パリ16区の自転車競技場。現在はサッカー場）の開発業者からこの共同住宅の設計依頼を受け、最上階を絵画アトリエ兼自宅にしようと設計、開発に取り組むことになる。アトリエに入所したばかりの坂倉準三も担当し、1931年7月から10月にかけて図面が作成された。世界恐慌のあおりで購入者の見通しは暗かったことから賃貸住宅も視野に入れて設計が行われ、中央に位置する階段と水回りを核に各階は1~3住戸にも分割できるフレキシブルな案となる。建設は1932年2月に始められたが、建設業者の倒産などにより工事は中断し、開発業者も倒産の危機に瀕するが、ル・コルビュジエの奔走などもあり1934年の初めには竣工する。仕切り壁とは独立したファサードはガラス・サッシュとガラスブロック面になっている。1950年には最初の改修工事が行われ、ファサードのガラス壁面が修理され、その後、数度にわたり修復工事がなされている。

ル・コルビュジエ自身のアトリエと住居が最上階に位置するこの賃貸共同住宅は、全面ガラス張

りのファサードをもつ最初期の共同住宅である。１９２３年にミース・ファン・デル・ローエがガラスの摩天楼の未完プロジェクトで夢見ていたものや、20世紀初頭のドイツで研究されていた衛生主義に基づく理想的なアイデアなど、建築史的にも世界的に注目に値するアイデアが結晶化したものである。また、第４回ＣＩＡＭの議論をまとめた「アテネ憲章」において、「都市計画の要素は、空、樹木、鋼とセメントで、この順序で重要である」と提唱したル・コルビュジエにとって、この共同住宅はそれを証明するものとなったのである。

⑨ マルセイユのユニテ・ダビタシオン　１９４５　マルセイユ（フランス）

長年にわたって理解者であった技術官僚で政治家でもあるラウル・ドートリーが復興・都市計画大臣として発注したもので、これがル・コルビュジエにとって最初の国家プロジェクトとなった。ル・コルビュジエは、「ユニテ・ダビタシオン」の研究を戦時中から始めていたが、これをマルセイユの戦後引揚者の急増による住居不足を解決するために、より具体的な設計条件の中で住居棟のプロトタイプを見出していった。敷地は3度変更され、最終的に、ミシュレイ通りに接する２００m四方の周辺環境も含め、非常に良い場所に落ち着いた。海抜は1・5mほどで、海への眺望も確保されている。ここに、7本の中通路によって住戸へのアクセスが可能となる18階建て３３７住戸を含む全長１３７m、奥行24m、高さ56mの建物が、敷地に対しては斜めに、海岸線とはほぼ平行の南北軸に配置された。このマルセイユの現場に派遣された吉阪隆正は、後半、フランス西部のナント郊外のルゼに建設された「ユニテ・ダビタシオン」の設計担当となる。その後、フランス国内ではブリエ＝アン＝フォレ、フィルミニ・ヴェールに、そしてドイツのベルリンに、計5棟の「ユニテ・ダビタシオン」が実現する。

この集合住居棟は建築のブルータリズムの基点となる作品であると同時に、近代の居住概念にお

マルセイユのユニテ・ダビタシオン

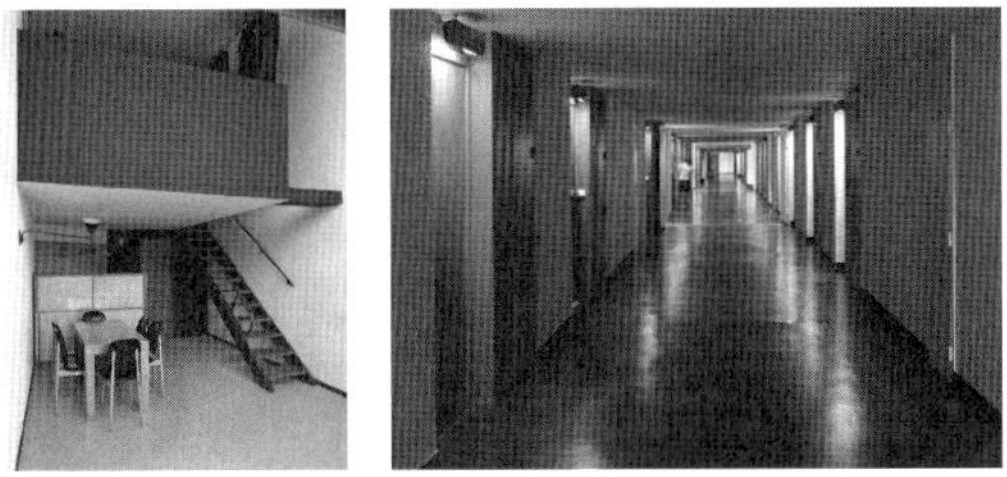

フィルミニのユニテ・ダビタシオン（左右とも）

ける個別（要素）性と全体性の調和をつくり上げた新しい住居形式の提案であり、近代建築史上において最も重要な作品のひとつとされる。ル・コルビュジエによる社会的・空間的配列に主眼をおいた25年におよぶ集合住居棟の探求が結晶化したもので、近代建築運動の社会的ユートピアを実現した建築作品として「輝く都市」と名付けられた。メゾネット方式の住居ユニット2住戸を上下に組み合わせ、真ん中に内部共用通路を設ける構成は革新的である。それだけでなく、この集合住宅棟は機能性、合理性、経済性を尊重しながらも、全体としての高潔さを実現している。

⑩ サン・ディエの工場　1946　サン＝ディエ＝デ＝ヴォージュ（フランス）

フランス東部のサン・ディエは住民2万人ほどの小さな工業都市であったが、1944年11月にナチス・ドイツ軍の攻撃によって壊滅的被害を受ける。ル・コルビュジエが市街地復興計画を策定する建築家として招聘されるよう、ジャン＝ジャック・デュヴァルをはじめとする進歩的な若い実業家たちは市当局や団体に掛け合う。そして、「ユニテ・ダビタシオン」を含む「アテネ憲章」を反映した都市計画案がル・コルビュジエによって示されたが、被災者たちが「ユニテ・ダビタシオン」に移転居住させられる案に同意しなかったため、この都市計画は実現に至らなかった。そこで、ル・コルビュジエは、「輝く都市」以来構想し、戦中に作成された「緑の工場」のアイデアを、デュヴァル家が経営する衣類製造の工場の再建として提案する。実現した工場の屋上階には屋上庭園と事務室があり、ピロティには管理人室、トラック用駐車場、自転車置場がある。ピロティ上の三層には、作業室、倉庫、準備室がある。ラウル・ドートリー大臣は1947年に、このデュヴァルの工場に対して資金援助を決め、その年の政府の復興建築リストに加える。そして、全長80m、幅12.54m、高さ18mの明るく近代的な工場が完成する。

この作品は、「輝く都市」と「アテネ憲章」における重要な要素となる「緑の工場」のプロトタ

イプを実現したものである。「暗黒の工場」のイメージに対して、生産施設の建築的枠組みを根本的に改善するために、ル・コルビュジエは、労働の場に、寛ぐこと、調和と歓びを意識させることの重要性を唱え、プロトタイプ「緑の工場」を提案する。またこの作品は、建物の太陽光の入射を制御するための技術的、形態的な設えであるブリーズ・ソレイユを、ヨーロッパにおいて初めて技術的実験として実現した。これは１９３６年に手掛けた「ブラジルの教育省」においてル・コルビュジエがブラジルの同僚らとともに考案したものである。

⑪ クルチェット邸　1949　ラ・プラタ（アルゼンチン）

学識豊かで、音楽や絵画、文学に造詣が深かったアルゼンチンの外科医、クルチェット博士のための診療所兼住宅である。この住宅作品のあるラ・プラタはアルゼンチン・ブエノスアイレス州の州都で、ブエノスアイレスが連邦の首都として連邦地区となった1880年以降に開発された計画都市である。全体が正方形で碁盤の目と対角線道路によって構成されている。この四角い街を大きく横切る主軸に近く、北東の境界沿いにある区画である敷地は、三角形平面をした公園に面し、住宅の敷地自体も道路側を斜線道路に切り取られた変形敷地である。「近代の人間」を自負する博士は、診療所と住宅という難しい計画条件を示しながらも、すべての部屋に自然光が射すことを求めていた。待合室、診察室と回復室兼看護婦室からなる通院患者用の小さな診療所、そして3つの寝室を備えた住宅、というのが要求された条件であった。それに対して、ル・コルビュジエは道路レベルの地上階は移動のみの空間とし、敷地手前の2階に診療所、そしてその上階である3階に居間と連続するテラスを配し、敷地奥の二層を住居部分にあて、手前と奥のふたつのヴォリュームはそれぞれ独立させながらもスロープで結ぶアイデアを示した。

「クルチェット邸」は、基本計画のみを協働した「ブラジルの教育省」(1936-1943)を除いて、南

米におけるル・コルビュジエの唯一の実現作である。ル・コルビュジエの建築言語の総体を理解できる建物として、アルゼンチンをはじめ南米各国に絶大な影響を与えた。このことは第二次世界大戦後の近代建築運動の国際化の状況を示し、ル・コルビュジエの影響が当時、地球規模であったことを証明している。特に自然採光と通風を制御する、住宅に被せた彫刻的なブリーズ・ソレイユのファサードは、この住宅に対するオマージュとして南米において独自の展開をし、また、それとともに開放的な空間が断面的に展開する全体構成は大きな影響を与えた。

⑫ ロンシャンの礼拝堂　1950　ロンシャン（フランス）

カトリック・ドミニコ会の「ノートルダム・デュ・オー礼拝堂（ロンシャンの礼拝堂）」は、東フランスのオート＝ソーヌ県ロンシャンの丘の頂にある。もともとこの地は巡礼の地であり、ここに中世に建てられた礼拝堂があったがナチス・ドイツの爆撃により破壊された。ロンシャンの人びとの再建の願いを受けるかたちでル・コルビュジエに設計が依頼され、1950年に設計が始まり1955年に竣工した。丘の上にある有機的な形態をもつ量塊と自然光による豊かな内部空間が特徴となっている。うねった屋根、それを浮かせるように支える外壁が対比的で、開口部から射し込む多様な自然光によって祈りの空間がつくられている。開口部に色ガラスが嵌められた壁は、場所によっては3mもの厚さをもち、その基壇には破壊された旧礼拝堂の石も使われている。中心街から離れた、巡礼者のための小さな礼拝堂であるため、普段は町から祈りのために訪れる人も少ない。しかし、祝祭日にはロンシャンの丘を覆いつくすほどの大勢の巡礼者が集い、屋根が大きく張り出した東側の屋外礼拝空間の聖壇を中心にミサが行われる。礼拝堂の周りは造成しており、その周縁にル・コルビュジエは巡礼者の家と管理人の家の2棟を設計している。

この作品は20世紀の宗教建築において革命的であり、キリスト教建築の平面と形態の規範を再編

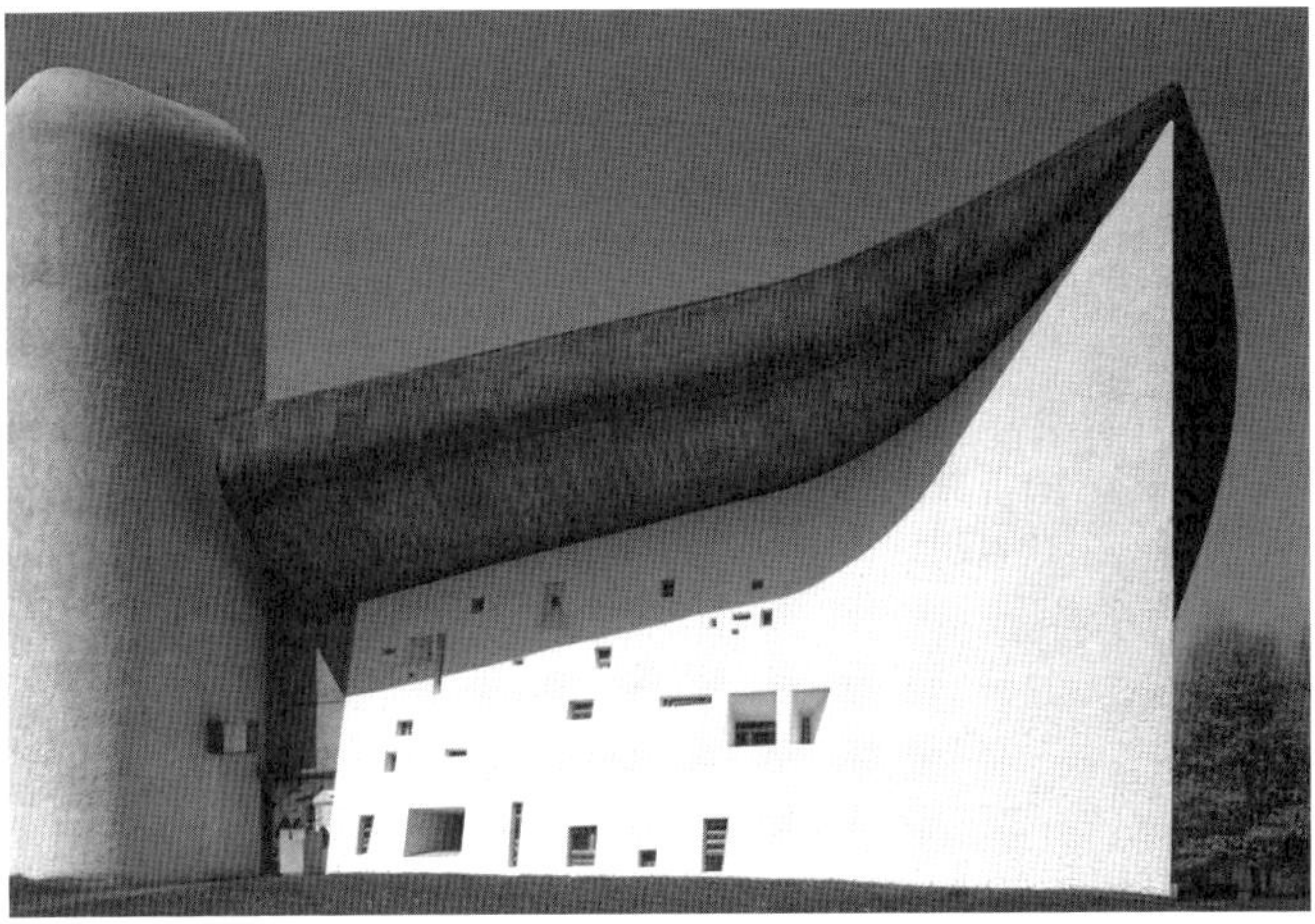

したイコンである。巧妙な光の扱いによって空間に拡張と圧縮の効果を導入することで、十字形平面の参照に決別するという宗教建築の空間のコンセプトに革新を起こしたものとして、宗教建築の形式を前後に時代区分するものとなっている。彫刻的建築へと向かう、新しい建築言語の革新性において、この礼拝堂は多大な貢献をするものである。また、屋根の架構においては、飛行機のウィングの構造を参照した骨組みに表裏２枚のコンクリートのシェル構造（厚さ６㎝）といった革新的技術が採用されている。

⑬ カップ・マルタンの休暇小屋　1951　ロクブリュヌ=カップ=マルタン（フランス）

モナコからイタリア方面へ地中海の海岸線を東側に進むと、1965年夏、ル・コルビュジエが水浴中に心不全を起こし他界した、カップ・マルタンの海辺に着く。この穏やかな地中海の水平線・陽光とともに小屋はある。小屋に隣接して軽食屋「ヒトデ軒」があり、すぐ近くには女性建築家アイリーン・グレイが『アルシテクチュール・ヴィヴァン』の編集発刊人であるジャン・バドヴィッチのために設計した「ヴィラE1027」がある。ル・コルビュジエは彼らを訪ねるために1930年代から何度かここを訪れている。1949年にはボゴタの都市計画をまとめるために建築家たちと滞在し、その時に開店したばかりの「ヒトデ軒」で食事をとり、店主のトマ・ルビュタトと、周囲を夏のアトリエ・芸術家村にしようという構想が立ちあがる。その構想を進めるため立ち寄った1951年12月30日に、妻への誕生日の贈り物として一気にスケッチは描き上げられ、小屋は翌年に完成する。モデュロールによってベッド2床、テーブル、収納家具、洗面台、トイレが配置された、簡素な小屋は、まさに人間の尺度に基づいた「自由な平面」であり、ふたりの最小限面積（約15㎡）に最大限の豊かさをもたらす天井高と窓のある空間である。

この小屋は総合芸術作品とされる一方、人間工学と厳格な機能主義者としてのアプローチをもと

に到達した最小限空間の原型といえる。これは20世紀の近代建築家の課題であった最小限空間の概念に関する探究の成果とされる。機能的な最小限住宅としての意味を超えて、ログハウスのようなバナキュラーな装いをもつキャバノン（小屋）は、「原始の小屋」の寓話を呼ぶものとなった。アイデアを結晶化させた普遍性を示しており、「小屋」は近代建築のイコンとして疑いの余地のないものである。木の扱い、家具のデザイン、採光、床と天井の多彩色、ル・コルビュジエによる壁画によって、この最小限の空間は多様な質をもつ豊かなものとなっている。

⑭ チャンディガールのキャピトル・コンプレックス　1952　チャンディガール（インド）

インド北西部のパンジャブ州の新州都として実現したチャンディガールにおいて、州の三権を司る機関の施設を集約させた地区がキャピトルである。都市の北東部の大地が最も高くなっている部分にこの地区は設定され、当初は州議事堂、高等裁判所、合同庁舎、総督公邸の建設が計画されていた。これらの4つに加え、州議事堂と高等裁判所の間に位置する広大な広場に、殉教者の碑、陰の塔、開かれた手、モデュロール碑、調和のスパイラル、太陽軌道の碑といった造形物を配置することが提案されていた。しかし、ル・コルビュジエが他界した1965年の時点でキャピトル地区に建設されていたのは、合同庁舎、高等裁判所、州議事堂の3つのみである（この3つを含むキャピトル地区が世界遺産に登録されている）。その後、1972年から1987年にかけて、陰の塔、殉教者の碑、幾何学的な丘、開かれた手が順次建設されたが、今日に至るまで総督公邸とその庭園は建設されていない。キャピトルの建築群は、非対称性の中に空間としての視覚的な均衡が求められる近代的な手法がル・コルビュジエによって探求され、州都の象徴となり得る新たな記念碑的空間がつくり出された。

「チャンディガールのキャピトル・コンプレックス」は、ヒマラヤ山脈を背景にした超大な彫刻的

合同庁舎（左）と州議事堂（右）

開かれた手の碑

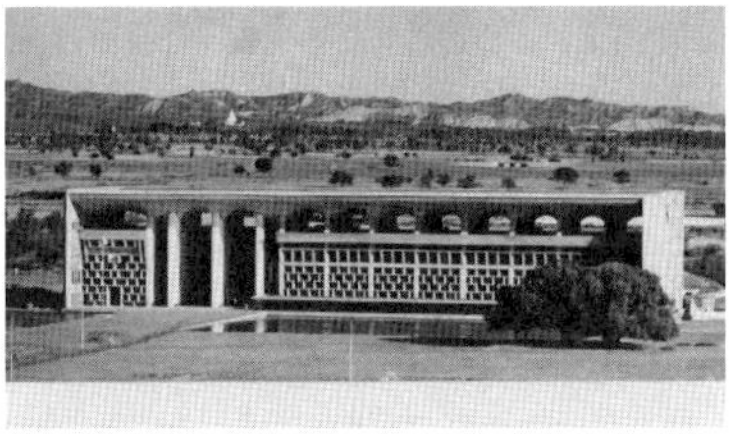

高等裁判所

な建築作品群であり、州の独立を象徴する記念碑的存在である。また、キャピトルは25年間かけてル・コルビュジエによって探求された近代のシビック・センターのプロトタイプの実現である。「輝く都市」や「アテネ憲章」の理論に基づいて実現されたという点で、キャピトル地区はチャンディガールの都市計画とともにある。また、州議事堂に採用された双曲線構造などの技術的革新性のほか、二重屋根やブリーズ・ソレイユ、雨水集水、水面の利用など、さまざまな気候条件に対応した試みがなされている。また、モデュロールを大規模に展開した公共施設の建築群でもある。

⑮ ラ・トゥーレットの修道院　1953　エヴー＝シュル＝ラルブレル（フランス）

リヨン郊外にある聖母マリアを献堂したカトリック・ドミニコ会の修道院である。丘の斜面に沿うように建ち、大地の上に置かれた聖堂の量塊と、ピロティによって持ち上げられた居住部分と共同生活の場が対比的にデザインされている。立面を特徴付けている最上階の個室が並ぶ天辺は初期スケッチからすでに表れており、ギリシャのアトス山の修道院の影響も指摘されている。斜面状の中庭は、厳格な方形の四辺に沿って配置されたヴォリュームに囲まれている。祈祷室のピラミッド屋根、スロープの歩廊、聖具室や鐘楼の四角いヴォリュームなど、シンボリックな形態が厳格な構成の中に配置されている。そして礼拝堂を照らす円筒状の「光の大砲」、聖具納室を照らす角錐状の「採光銃」、そして立面を特徴付ける、モデュロールに基づく律動ルーバー、これらの光の演出によってつくり出された宗教空間である。ル・コルビュジエはクチュリエ神父の勧めによりシトー会のル・トロネ修道院を訪れており、厳格な方形による構成は、そこから着想を得たのではないかという指摘もある。基準寸法であるモデュロールが、個室の最小限空間をはじめ修道院のあらゆる部分に適用されている。

この修道院施設は、居住と祈りの場という共同体を主題に、ピュリストの形態を組み合わせ、ブ

ルータリストのテクスチャーにより、革命的解決を導いたという点において、近代建築運動の卓越した集大成として位置付けられる。後に国際的音楽家となるヤニス・クセナキスとともに、ル・コルビュジエはここで初めて考案し使用した、光の大砲、採光銃、光線、ロッジア、律動ルーバーによって、自然光を制御する配光パレットを操るかのごとく、空間とヴォリュームを彫り上げ、自然光の扱いによって、革新的な空間をもつ、注目すべき作品となっている。また、CIAMにおいて議論が続けられた、個人と共同体との関係の調和の考えを結晶化させた作品でもある。

⑯ 国立西洋美術館　1955　東京（日本）

フランス政府から寄贈返還された印象派の絵画およびロダンの彫刻を中心とするフランス美術コレクション「松方コレクション」を基礎に、日仏間の国交回復・関係改善の象徴として、現在の「本館と前庭」部分のみで1959年4月に発足した。プロトタイプに基づきパリのアトリエで基本設計がなされ、弟子の坂倉準三が意匠を、前川國男が構造と設備を、吉阪隆正がパリとの連絡役、図面作成補助を担当し、モデュロールの寸法体系を参照しながら実施設計がされた。観覧者とコレクションの増加に応えるために、20年後の1979年には新館が弟子の前川國男の設計により増築され、また1998年には美術館活動のいっそうの充実を図るために、前庭の地下部分に企画・特別展専用の展示室と、敷地西側に研究・管理部門を含む棟が増築され現在の形になっている。そして1999年には本館部分が免震化されル・コルビュジエの意匠が担保されながら耐震性能が確保された。竣工後、何度か増築・減築が繰り返されてきたが、「本館と前庭」はル・コルビュジエのプロトタイプ化した「無限成長美術館」の考えを反映しており、現在でも良い状態で保存されている。

東京の「国立西洋美術館」は世界中どこへでも移植可能な「無限成長美術館」のプロトタイプの

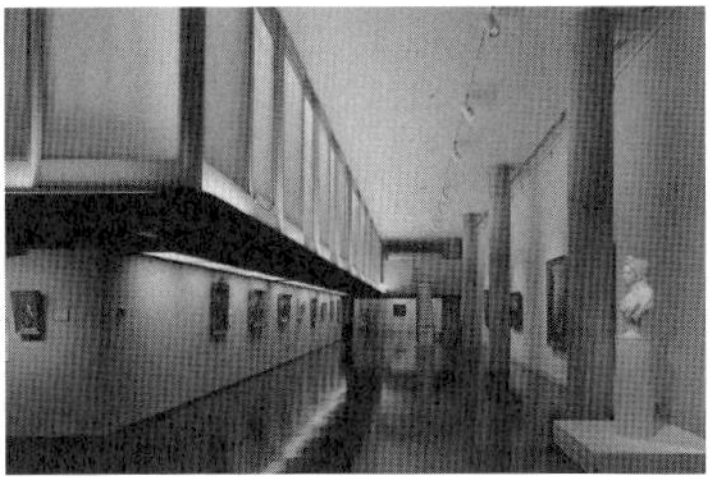

実現形であり、その探求は30年におよんだ。また日本における「ル・コルビュジエの建築作品」の長い期間の受容および近代建築運動の国際化の過程を証言するものである。このプロトタイプによる美術館は他にインドにふたつ実現された。標準化された公共建築のプログラムとしてこの美術館は、個人と共同社会との均衡を図る都市的スケールの施設タイプのひとつであり、アテネ憲章に採用された原則に基づき、「輝く都市」における住居棟の足もとに実現されることを見込んだ施設の原型でもある。

⑰ フィルミニの文化の家 1953〜1965 フィルミニ（フランス）

リヨン近郊の炭鉱町として栄えたフィルミニの市長であったクロディウス＝プティ（元復興・都市計画大臣）は、1954年以来、ル・コルビュジエの「アテネ憲章」に倣って、フィルミニの郊外に緑豊かな近代的な街を建設することを計画していた。そして、ル・コルビュジエに「文化の家」、「ユニテ・ダビタシオン」、スタジアム、教会といった一連のフィルミニ＝ヴェールの建築群の設計を1955年から依頼する。ル・コルビュジエが没した1965年には、大方の作品は建設開始、あるいは竣工していたが、教会の建設開始は敷地が脆弱地盤であったこともあり1973年を待たざる得なかった。スタジアムに隣接する「文化の家」は当初、競技場の観客席と一体となって計画されていたが、行政管理の問題から競技場部分と分けることが余儀なくされ、現在のような姿となった。112mの長さの建物で、屋根はケーブルによる7mスパンの吊り構造であり、スタジアムと反対側の壁面には「ラ・トゥーレットの修道院」や「国立西洋美術館」で展開された律動ルーバーが採用されている。また妻側の打放しコンクリート壁面の象徴的な牡牛のレリーフは当初の計画にはなかったが、コンクリート型枠制作時に細工が施されたものである。

「文化の家」、スタジアム、野外劇場、教会、プールといったフィルミニ＝ヴェール新地区の地域

サービスの構成施設群は、「アテネ憲章」と「輝く都市」のコンセプトによる革新的プログラムによる建築群である。また、「文化の家」のコンセプトは、文化大臣であったアンドレ・マルローによって策定され、国レベルの計画として進められた文化事業であった。傾斜したファサードとカーブした屋根による形態は、１９６０年代という近代建築当初の厳格な幾何学の正当性の勝利の中で構想されたが、その後、彫刻的建築へと方向転換し、近代建築の空間的、形態的コンセプトを再度、変革した作品として注目に値するものである。

あとがき

世界遺産登録に至るまで、その道のりは易くなく、長くもあった。建築家ル・コルビュジエがどのような活動をし、作品をつくり出してきたのか、それを少しでも理解しようとル・コルビュジエの弟子たちや専門家らと意見交換を行いながら、財団の資料室において調査し建築作品を何度も見て回った。ある時から、対象を歴史的事象として単に捉えるだけではなく、ル・コルビュジエ作品群をわれわれの生きる今日の文化遺産としても捉えるように私自身の意識が変化していった。そこで得た視点を推薦書類の起草委員会に提案し、議論を重ね、ICOMOSの同僚たちとも意見交換を行った。そこでの成果が最終の推薦書類における「――近代建築運動への顕著な貢献」に繋がっている。

ル・コルビュジエの建築作品群を世界遺産にしようという話はドコモモ・インターナショナルパリ大会(2002)の懇親会の場で、委員長を務めた恩師ジェラルド・モニエ教授(1935-2017)からも出されたことを記憶している。その後、ル・コルビュジエ財団の事務局長にミッシェル・リシャール氏が就任したことから推薦書類の起草の話が具体化し始めた。公式なWGは2002年からスタートし、当初からル・コルビュジエの現存する建築作品を群として(できることならすべての作品を)登録するという気運があった。その作業部会に非公式に出席が求められ意見交換を行った。

このようにして私はこのプロジェクトに関わり始めた。

フランス政府文化省とル・コルビュジエ財団が主導して作業が進められたが、途中、起草委員の間で意見が一致しないこともあった。多数の国から集まった委員はそれぞれの国の文化財制度や事情を背景に意見を述べることもあり、場合によっては全体方針を収束させるのに苦労することもあった。また、起草委員はフランス語を喋るフランコ・フォンと言われる人びとであったのに対し、ICOMOS ISC20cやICOMOSインターナショナルの執行部は英語圏(アングロ・フォン)の専門家が大半を占め、フランコ・フォンとアングロ・フォンの間で、文化財に対する考え方に差異があり、あるいはたとえ相手の言葉に歩み寄って喋ったとしても議論の仕方自体の違いから話がかみ合わないこともあった。その中でICOMOS ISC20c副委員長の立場から意見調整をすることも多かった。多様な考え方に接し、それぞれの立場を尊重しながらも、その中から大筋を見出し、状況を複雑化させずに全体を前に建設的に進めることを心掛けた。

当初からWGに参加していた人びとの中で、2016年まで続く長期の作業になることを誰が想像していたであろうか。作業部会後に、遠くから駆けつけることに対して毎回労ってくれ、別れ際に温かい手で握手を交わした高齢の友人たちは、時を経るにしたがって少なくなっていった。すでに高齢であったル・コルビュジエの弟子や関係者たちはさらに高齢となり、何人かは登録を待たずに他界する者もいた。十年が経過したころから、肉声として聞こえなくなった彼らの思いがプレッシャーとなってきていた。2016年7月17日17時14分（現地時間同日11時14分）に、世界遺産一覧表に「記載」することが決定された瞬間、そのストレスから解放された。その感慨を今でも忘れることはできない。

ル・コルビュジエの建築作品の世界遺産登録を推進することを応援してくれたすべての人に、この場を借りて感謝を申し上げたい。国立西洋美術館を世界遺産に推薦する話に理解を示してくれた国立西洋美術館の青柳正規館長（当時）、そして、馬渕明子館長、村上博哉副館長、寺島洋子室長、秋葉正嗣副館長（当時）をはじめとする国立西洋美術館の方々。坂倉準三氏、前川國男氏、吉阪隆正氏の御遺族、事務所関係者の方々。石山和幸国立西洋美術館世界遺産登録たいとう推進協議会会長をはじめとする地元台東区で世界遺産登録を長年にわたって応援してくださった方々、そして、故・吉住弘前区長、服部征夫区長をはじめとする台東区役所の方々。毎回の海外出張を同行した西和彦さんをはじめとする文化庁関係者、そして外務省、ユネスコ代表部の方々。原眞麻子さんをはじめとする東京都の方々。ドコモモ・ジャパンの初代代表の故・鈴木博之教授をはじめとするドコモモ関係者。南條史生館長をはじめとする森美術館関係者。日本建築学会の各調査WGにおいて学術的専門的見地から調査に協力してくれた先生方、専門家の方々。福田京さんをはじめとする大学の研究室で一緒に過ごした多くの学生たち、時には毎月にもおよぶ海外出張を許してくれた同僚、なかなか成果が出ない活動を見守ってくれた東京理科大学。オリビエ・ポワッソンさん、ミッシェル・リシャールさん、ベネディクト・ガンディーニさんらの世界遺産推薦書類起草委員会のメンバーをはじめとする国際的に広がるル・コルビュジエの研究者、愛好家……。ここには挙げきれない多くの方々の協力と思いのおかげで世界遺産登録を果たすことができた。

しかし、われわれはやっとスタートラインに立ったのであり、これから世界遺産となったル・コルビュジエの作品群を後世に伝えていくことに対して、今まで以上に真剣に向き合わなくてはならなくなった。そして、今回の登録を機会に近現代建築に対する文化遺産としての認識が日本をにおいても広がることも期待したい。

最後に、本書の企画を提案してくれたＴＯＴＯ出版の清水栄江さん、編集を担当してくれた川崎亮さん、相川みゆきさん、南風舎（協力）、デザインの中島英樹さんに感謝を申し上げたい。彼らの献身的な支えと励ましがなかったらこの本を世に送り出すことはできなかったであろう。予定よりもかなり遅れての脱稿にお詫びを申し上げるとともに、辛抱強く最後まで付き合っていただけたことに心からお礼を申し上げたい。

そして、いつも迷う私に指南と道筋をつけてくれる妻パトリシアに感謝を込めて、筆を置くことにしたい。

谷中の自邸にて

人名一覧

本書内の人名については、確認のできる範囲でのアルファベット表記（姓、名）および生年、没年（２０１８年２月現在）を記載し、掲載ページは初出と詳述ページを挙げた。（50音順）

ア

アールト、アルヴァ（Alvar Aalto, 1898-1976）p. 113
アインシュタイン、アルベルト（Albert Einstein, 1879-1955）p.62
秋葉正嗣（Masatsugu Akiba）p. 191
アスプルンド、グンナール（Gunnar Asplund, 1885-1940）p.79
アリー、ベン（Zine El Abidine Ben Ali, 1936-）p. 209
アローズ、グスタボ（Gustavo Araoz）p. 191
アンリ、シャルル（Charles Henry, 1859-1926）p. 31

イ

石山和幸（Kazuyuki Ishiyama）p. 196
今井兼次（Kenji Imai, 1895-1987）pp. 162, 164

ウ

ヴァネール、エドモン（Edmond Wanner）p. 250
ヴィーコ、ジャンバッティスタ（Giambattista Vico, 1668-1744）pp. 19, 21
ヴィオレ＝ル＝デュク、ウジェーヌ・エマニュエル（Eugène Emmanuel Viollet-le-Duc, 1814-1879）pp. 25, 58（注10）
ウィトルウィウス（Marcus Vitruvius Pollio, c. 80 BCE – after 15 BCE）p. 27
ヴェルフリン、ハインリッヒ（Heinrich Wölfflin, 1864-1945）pp. 127-128
ヴォワザン、ガブリエル（Gabriel Voisin, 1880-1973）pp. 32, 59（注19）
ウツソン、ヨーン（Jorn Utzon, 1918-2008）pp. 91-92

エ

エストベリ、ラグナール（Ragnar Östberg, 1866-1945）p. 164

オ

大髙正人（Masato Otaka, 1923-2010）p. 166
大原孫三郎（Magizaburo Ohara, 1880-1943）p. 172
岡倉天心（Tenshin Okakura, 1863-1913）pp. 23, 58（注8）
小木曽定彰（Sadaaki Ogiso, 1913-1981）p. 182
オザンファン、アメデエ（Amédée Ozenfant, 1886-1966）pp. 31-32, 128-132
オトレ、ポール（Paul Otlet, 1868-1944）pp. 63, 117（注5）

カ

ガウディ、アントニ（Antoni Gaudí, 1852-1926）pp. 107-109
ガリ、イヴォンヌ（Yvonne Victorine Gallis, ?-1957）p. 38
ガルニエ、トニー（Tony Garnier, 1869-1948）pp. 45, 49, 93
川崎正蔵（Shozo Kawasaki, 1836-1912）pp. 168, 170

キ

ギーディオン、ジークフリート（Sigfried Giedion, 1888-1968）pp. 38-40, 126-129
ギエット、ルネ（René Guiette, 1893-1976）pp. 139, 244
岸田日出刀（Hideto Kishida, 1899-1966）p. 164
ギゾー、フランソワ（François Guizot, 1787-1874）p. 24
ギマール、エクトール（Hector Guimard, 1867-1942）p. 45

ク

クセナキス、ヤニス（Iannis Xenakis, 1922-2001）p. 267
クチュリエ、マリー＝アラン（Marie-Alain Couturie, 1897-1954）p. 266

クビチェック、ジュセリーノ（Juscelino Kubitschek, 1902-1976）p. 77
クルチェット、ペドロ・ドミンゴ（Pedro Domingo Curutchet, 1901-1989）p. 258
グレイ、アイリーン（Eileen Gray, 1878-1976）p. 262
グレゴワール、アンリ（Henri Grégoire, 1750-1831）p. 22
クレマンソー、ジョルジュ・バンジャマン（Georges Benjamin Clemenceau, 1841-1929）p. 43
クロディウス=プティ、ウジェーヌ（Eugène Claudius-Petit, 1907-1989）p. 270
グロピウス、ヴァルター（Walter Gropius, 1883-1969）pp. 46, 143-144

コ

児島虎次郎（Torajiro Kojima, 1881-1929）p. 162
コスタ、ルシオ（Lucio Costa, 1902-1998）pp. 119（注18）、208
コリィ、ニコライ（Nikolai Dzhemsovich Kolli, 1894-1966）p. 209
コンスタンタン、アルベール（Albert Constantin, 1947-）p. 94

サ

サール、ジョルジュ（Georges Sarre, 1889-1966）p. 171
サヴォア、ウジェニー（Eugenie Savoye）p. 248
サヴォア、ピエール（Pierre Savoye）p. 248
坂倉準三（Junzo Sakakura, 1901-1969）pp. 124, 165, 167, 172
佐々木宏（Hiroshi Sasaki, 1931-）pp. 145-146

シ

ジェイコブズ、ジェイン（Jane Jacobs, 1916-2006）p. 35
シトロエン、アンドレ=ギュスターヴ（André-Gustave Citroën, 1878-1935）p. 137
ジャンヌレ、アルベール（Albert Jeanneret, 1889-1965）p. 238
ジャンヌレ、シャルル=エドゥアール［ル・コルビュジエ（Le Corbusier）の本名］（Charles-Eduard Jeanneret-Gris, 1887-1965）pp. 31, 223
ジャンヌレ、ピエール（Pierre Jeanneret, 1896-1967）p. 138
シューマン、ロベール（Robert Schuman, 1886-1963）p. 170
シュタイナー、ルドルフ（Rudolf Steiner, 1861-1925）p. 164
ジュルダン、フランツ（Frantz Jourdain, 1847-1935）p. 140
ジョセリー、レオン（Léon Jaussely, 1875-1932）p. 34
ジョンソン、フィリップ（Philip Johnson, 1906-2005）p. 144
シラク、ジャック・ルネ（Jacques René Chirac, 1932-）p. 211
シンドラー、ルドルフ（Rudolf Michael Schindler, 1887-1953）p.51

ス

スーラ、ジョルジュ（Georges Seurat, 1859-1881）p. 31
スクウォドフスカ=キュリー、マリア（Maria Skłodowska-Curie, 1867-1934）p. 62
スフロ、ジャック=ジェルマン（Jacques-Germain Soufflot, 1713-1780）p. 27

セ

セリエ、アンリ（Henri Sellier, 1883-1943）p. 134
セルト、ホセ=ルイ（Josep Lluís Sert, 1902-1983）p. 38

ソ

ソヴァージュ、アンリ（Henri Sauvage, 1873-1932）p. 45

タ

タイゲ、カレル（Karel Teige, 1900-1951）p. 152
ダウカー、ヨハネス（Johannes Duiker, 1890-1935）pp. 54, 92

ダナ、ティエリー（Thierry Dana, 1956 ）p. 194
丹下、健三（Kenzo Tnage, 1913-2005） pp. 164, 166

テ
デ・ヨング、ヴェッセル（Wessel de Jonget, 1957-）pp. 55, 110
デニア、スーザン（Susan Denier）p. 191
デュヴァル、ジャン=ジャック（Jean-Jacques Duval, 1913-2009）p. 256
デュソウル、ピエール（Pierre Dussaule）pp. 50-51
デルメ、ポール（Paul Dermée, 1886-1951）p. 31

ト
ド・ウェリー、シャルル（Charles de Wailly, 1730-1798）p. 27
ド・カンシー、カトルメール(Quatremère de Quincy, 1755-1849) p. 27
ド・ゴール、シャルル（Charles André Joseph Pierre -Marie de Gaulle, 1890-1970）p. 44
ド・シャトーブリアン、フランソワ=ルネ（François-René de Chateaubriand, 1768-1848）p. 24
ドーシ、バルクリシュナ（Balkrishna Vithaldas Doshi, 1927-）p. 177
ドートリー、ラウル（Raoul Dautry, 1880-1951）pp. 254, 256
トレアン、エヴリィン（Evelyne Tréhin）pp. 42, 208

ニ
ニーマイヤー、オスカー（Oscar Niemeyer, 1907-2012）pp. 109, 119（注18）, 208
新渡戸稲造（Inazo Nitobe, 1862-1933）p. 62

ネ
ネルソン、ポール（Paul Nelson, 1895-1979）p. 38

ノ
ノイトラ、リチャード（Richard Joseph Neutra, 1892- 1970） pp. 38, 51
ノヴァリナ、モウリス（Maurice Novarina, 1907-2002）p. 46

ハ
バァ、アルフレッド（Alfred H. Barr Jr., 1902-1981）p. 144
バーク、シェリダン（Sheridan Burke, 1889-1958）p. 191
服部征夫（Yukuo Hattori, 1943-）p. 196
パッラーディオ、アンドレーア（Andrea Palladio, 1508-1580） pp. 107-108, 186
バラガン、ルイス（Luis Ramiro Barragán Morfin, 1902-1988） p. 122
バルタール、ヴィクトール（Victor Baltard, 1805-1874）p. 49

ヒ
ヒッチコック、ヘンリー=ラッセル（Henry Russell Hitchcock, 1903 -1987）p. 144
ヒルデブランド、ハンス Hans Hildebrandt, 1878-1957）p. 129

フ
フィリッポ、ポール（Paul Philippot, 1925-2016）p. 86
フェノロサ、アーネスト（Ernest Francisco Fenollosa,1853-1908） pp. 23, 58（注8）
ブドン、フィリップ（Philippe Boudon, 1941-）p. 48
ブラングィン、サー・フランク・ウィリアム（Sir Frank William Brangwyn, 1867-1956）p. 168（図3-12）
プルーヴェ、ジャン（Jean Prouvé, 1901-1984）pp. 46, 135
フルジェ、アンリ（Henry Frugès, 1879-1974）p. 242

ヘ
ペイル、マリー=ジョセフ（Marie-Joseph Peyre, 1730-1785）p. 27
ペヴスナー、ニコラウス（Nikolaus Pevsner, 1902-1983）p. 28
ベネディット、レオンス（Leonce Benedite, 1859-1925）p.170

ベルグソン、アンリ=ルイ（Henri-Louis Bergson, 1859-1941）p. 62
ペレ、オーギュスト（Auguste Perret, 1874-1954）pp. 44-46, 53
ペレ、ギュスターブ（Gustave Perret, 1876-1952）p. 45
ヘンケット、フーベルト=ヤン（Hubert-Jan Henket, 1940-）pp. 55, 110

ホ
ボードワン、ウジェーヌ（Eugène Beaudouin, 1898-1983）p. 45
ホール、ピーター（Peter Hall, 1931-1995）p. 91
ボヌヴェ、ローラン（Laurent Bonnevay, 1870-1957）p. 134

マ
マイヤー、アドルフ（Adolf Meyer, 1866-1950）pp. 81, 109
マイヤール、ロベール（Robert Maillart, 1872-1940）p. 250
前川國男（Kunio Mayekawa, 1905-1986）pp. 124, 164-167
松方巌（Iawao Matsukata, 1862-1942）p. 170
松方幸次郎（Kojiro Matsukata, 1866-1950）pp. 168-170
松方正義（Masayoshi Matsukata, 1835-1924）p. 168
マルロー、アンドレ（André Malraux, 1901-1976）pp. 40-41, 44
マレ=ステヴァンス、ロベール（Robert Mallet-Stevens, 1886-1945）p. 46

ミ
ミース、ファン・デル・ローエ（Ludwig Mies van der Rohe, 1886-1969）pp. 80, 122

メ
メリメ、プロスペル（Prosper Mérimée, 1803-1870）p. 24

ヤ
薬師寺主計（Kazue Yakushiji, 1884-1965）p. 162

ユ
ユーゴー、ヴィクトール（Victor Hugo, 1802-1885）p. 24

ヨ
ヨキレット、ユッカ（Jukka Jokilehto, 1938-）p. 86
吉阪隆正（Takamasa Yoshizaka, 1917-1980）pp. 124, 167, 254

ラ
ラ・フォンテーヌ、アンリ=マリー（Henri-Marie La Fontaine, 1854-1943）pp. 62-63, 149-150
ラ・ロッシュ、ラウル（Raoul La Roche, 1889-1965）pp. 39, 42, 238
ライト、フランク・ロイド（Frank Lloyd Wright, 1867-1959）pp. 45, 54, 112-113, 192

リ
リートフェルト、ヘリット・トーマス（Gerrit Thomas Rietveld, 1888-1964）pp. 80, 122
リシャール、ミッシェル（Michel Richard, 1947-）p. 208

ル
ル・コルビュジエ=ソーニエ（Le Corbusier-Saugnier）pp. 32, 129
ルシュール、ルイ（Louis Loucheur, 1872-1931）p. 134
ル・クール、シャルル（Charles Le Coeur, 1830-1906）p. 45
ルノワール、アレクサンドル（Alexandre Lenoir, 1761-1839）p. 24
ルビュタト、トマ（Thomas, Egildo Rebutato, 1907-1971）p. 262

レ
レヴェレンツ、シーグルド（Sigurd Lewerentz, 1885-1975）p. 79
レーモンド、アントニン（Antonin Raymond, 1888-1976）p. 47

ロ
ロージエ、アントワーヌ（Marc-Antoine Laugier, 1713-1769）p. 26
ロート、アルフレッド（Alfred Roth, 1903-1998）p. 38
ロッズ、マルセル・ガブリエル（Marcel Gabriel Lods, 1891-1978）p. 46

参考文献

●近現代建築保存に関するもの

Bernard Toulier, *Architecture et patrimoine du XXᵉ siècle en France* (préface de François Loyer), Monum Patrimoine Eds Du. (1999)

Bernard Toulier; Paul Smith; Fabienne Chaudesaigues; France. Direction du patrimoine. Sous-direction des monuments historiques, *Mille monuments du XXᵉ siècle en France: le patrimoine protégé au titre des monuments historiques*, Paris: Editions du patrimoine (1997)

Theodore H. M. Prudon, *Preservation of modern architecture*, John Wiley & Sons Inc. (2008)（邦訳：テオドール・H・M・プルードン著、『近代建築保存の技法』、玉田浩之訳、鹿島出版会（2012））

文化遺産としてのモダニズム建築展実行委員会編、『文化遺産としてのモダニズム建築展　ドコモモ20選』図録、神奈川県立美術館（2000）

Dennis Sharp and Catherine Cooke (eds), *The Modern Movement in Architecture: Selections from the DOCOMOMO Registers*, 010 Publishers, Rotterdam (2000)

DOCOMOMO１００選展実行委員会編、『文化遺産としてのモダニズム建築　DOCOMOMO１００選展』図録、新建築社（2005）、（同、『ＪＡ』no. 57, 新建築社（2005））

●文化遺産、世界遺産に関わるもの

西村幸夫・本中眞編、『世界文化遺産の思想』、東京大学出版会（2017）

泉美和子著、『文化遺産としての中世　近代フランスの知・制度・感性に見る過去の保存』、三元社（2013）

東京文化財研究所編、『世界遺産用語集』、独立行政法人国立文化財機構・東京文化財研究所（2016）

西村幸夫著、『都市保全計画』東京大学出版会（2004）

ユッカ・ヨキレット著、『建築遺産の保存　その歴史と現在』、益田兼房監修、秋枝ユミ・イザベル訳、立命館大学歴史都市防災研究センター叢書（2005）

D・オドル、R・スシエ、L・ヴィラール著、『世界遺産』（文庫クセジュ）、水嶋英治訳、白水社（2005）

●ル・コルビュジエ建築作品の保存に関するもの

Claude Prelorenzo; Fondation Le Corbusier. Rencontres (ed.), *La conservation de l'œuvre construite de Le Corbusier* : rencontres du 14 juin 1990

Ivan Zaknic, *Le Corbusier - Pavillon Suisse: The Biography of a Building*, Birkhäuser Architecture; 1 edition (2004)

Gilles Ragot et Olivier Chadoin, *La cité de refuge, Le Corbusier et Pierre Jeanneret, l'usine à guérir*, Photographies de Cyrille Weiner, Les Éditions du Patrimoine (2016)
Fondation Le Corbusier avec la contribution de Christine Mengin, *Le Corbusier, l'œuvre à l'épreuve de sa restauration*, Editions de la Villette (2017)
南明日香著、『ル・コルビュジエは生きている　保存・再生そして世界遺産へ』、王国社（2011）
日本ユネスコ協会連盟編、『世界遺産年報２０１０』、東京書籍（2010）
日本ユネスコ協会連盟編、『世界遺産年報２０１７』、講談社（2016）
Docomomo international, *DOCOMOMO JOURNAL 53: LC 50 YEARS AFTER* (2016)
文化庁文化財部監修、「世界遺産　ル・コルビュジエの建築作品」（『月刊文化財』６４０号）、第一法規、２０１７年１月号

●プロトタイプ、無限成長美術館、国立西洋美術館に関するもの
日本建築学会国立西洋美術館歴史調査WG編、『国立西洋美術館　歴史調査報告書』（2007）
国立西洋美術館編、『ル・コルビュジエと国立西洋美術館：開館50周年記念』、国立西洋美術館（2009）
藤木忠善著、『ル・コルビュジエの国立西洋美術館』、鹿島出版会（2011）
ル・コルビュジエ、ポール・オトレ著、『ムンダネウム』、山名善之・桑田光平訳、筑摩書房（2009）
ル・コルビュジエ著、『マルセイユのユニテ・ダビタシオン』、山名善之解説・訳、戸田穣訳、ちくま学芸文庫（2010）
山名善之著、『国立西洋美術館――ル・コルビュジエの無限成長美術館』、Echelle-1（2016）

●ル・コルビュジエと日本に関するもの
藤岡洋保、「大正末期から昭和戦前の日本の建築界におけるル・コルビュジエの評価」、『日本建築学会計画系論文報告集』３７１巻、pp. 112-118 (1987)
高階秀爾・三宅理一・鈴木博之・太田泰人編著、『ル・コルビュジエと日本』、鹿島出版会（1999）（Gérard Monnier ed., *Le Corbusier et le Japon*（2007））
佐々木宏著、『巨匠への憧憬　ル・コルビュジエに魅せられた日本の建築家たち』、相模書房（2000）
国立近現代建築資料館編、『ル・コルビュジエ×日本　国立西洋美術館を建てた３人の弟子を中心に』（2015）
山名善之、「ル・コルビュジエ誕生――１９２２年パリ・サロン・ドートンヌで昇華した工業化の美学」、『パリII――近代の相克（西洋近代の都市と芸術　３）』、竹林舎（2015）

●近現代建築史に関わるもの

Sigfried Giedion, *Bauen in Frankreich, Bauen in Eisen, Bauen in Eisenbeton*, Leipzig: Klinkhardt & Biermann (1928)

Sigfried Giedion, *Space, Time and Architecture*, Harvard University Press, Cambridge (1941)（邦訳：ジークフリート・ギーディオン著『空間・時間・建築』、太田實訳、丸善）

ジェラール・モニエ著『20世紀の建築』（文庫クセジュ）、森島勇訳、白水社（2002） 原著：Gérard Monnier, *L'architecture du XXe siècle*, Que sais-je?, n°3112 (1997)

●ウェブサイト（２０１８年１月時点で参照可能なもの）

http://whc.unesco.org/en/list/1321：世界遺産センター The Architectural Work of Le Corbusier, an Outstanding Contribution to the Modern Movement

http://www.city.taito.lg.jp/sekaiisan/：台東区世界遺産登録推進室「国立西洋美術館を世界遺産に」

http://www.fondationlecorbusier.fr/CorbuCache/2049_3253.pdf： L'œuvre architecturale et urbaine de Le Corbusier, Fondation Le Corbusier (2009)

http://www.fondationlecorbusier.fr/CorbuCache/2049_3821.pdf： L'œuvre architecturale de Le Corbusier - Une contribution exceptionnelle au Mouvement Moderne, Fondation Le Corbusier (2011)

http://whc.unesco.org/archive/2016/whc16-40com-inf8B1-en.pdf：イコモス勧告（2016）

http://whc.unesco.org/archive/2016/whc16-40com-19-en.pdf：第40回世界遺産委員会決議文／Report of the Decisions adopted during the 40th session of the World Heritage Committee (Istanbul/UNESCO, 2016) (WHC/16/40.COM/19), World Heritage Centre (2016)

クレジット一覧

●写真・図版提供

© Bibliotheque historique de la Ville de Paris' collection, Illustration YON, Edmond Charles Joseph (1836-1897)　p. 22

© FLC/ADAGP　pp. 169, 176, 245, 247, 265

© FLC/ADAGP, Paris & JASPAR, Tokyo, 2018 C2027　pp. 33, 139, 142, 148, 153, 163（下）, 185

© paris1900.lartnouveau.com　p. 50

© 2014 ICOMOS International Scientific Committee on 20th Century Heritage (ISC20C)　*MADORID DOCUMENT* Second Edition 2014 (ISBN 978-2-918086-13-0)　p. 96

© Frank Lloyd Wright Building Conservancy (https://savewright.wordpress.com)　p. 114

© FLC/ADAGP, Paris & JASPAR, Tokyo, 2018 C2027, Le Corbusier-Saugnier, *Vers une architecture*, 1923, Paris, Editions G. Crès 表紙　p. 129／「DES YEUX QUI NE VOIENT PAS...」より　p.131

© FLC/ADAGP, Paris & JASPAR, Tokyo, 2018 C2027, *L'ESPRIT NOUVEAU*, 1920 (No. 1), 1921 (No. 4) 表紙　p. 163（上）

川崎重工業株式会社　p. 168（右）

© David Brangwyn, The Mitchell Wolfson Jr. Study Centre's collection　p. 168（左）

© FLC/ADAGP, Photo: Olivier Martin Gambier　pp. 239, 241, 253, 255（下）, 257, 259, 263, 267, 269, 271

© FLC/ADAGP, Photo: Paul kozlowski　pp. 243, 249, 255（上）

© FLC/ADAGP, Paris & JASPAR, Tokyo, 2018 C2027, Photo: Eveline Perroud　p. 251

© ADAGP, Photo: Paul kozlowski　p. 261

*特記なきものは著者提供

●編集協力

南風舎

山名善之（やまな・よしゆき）
1966年東京都生まれ。1990年東京理科大学卒業。香山アトリエ／環境造形研究所、パリ・ベルヴィル建築学校DPLG課程（フランス政府給費留学生）、パリ大学パンテオン・ソルボンヌ校博士課程。アンリ・シリアニ・アトリエ（パリ・文化庁在外派遣芸術家研修員）、ナント建築大学契約講師等を経て、2002年より東京理科大学勤務。現在、同大学理工学部建築学科教授、フランス政府公認建築家DPLG、博士（美術史）。専門：建築史・意匠学、アーカイブズ学。ICOMOS、ドコモモのメンバーとして建築保存（近現代建築）、文化遺産分野で活動。日本イコモス理事、ドコモモ・インターナショナルAB理事。2008年第3回西洋美術振興財団賞学術賞、2016年第15回ヴェネチア・ビエンナーレ国際建築展審査員特別賞、2017年フランス芸術文化勲章（シュヴァリエ）など。建築作品に「飯能K邸」、「南馬込K邸」、「日食の家（五浦の小屋）」、「谷中の自邸」など。著書、訳書に『ジャン・プルーヴェ』（日本語版監修、TOTO出版、2004）、『ムンダネウム』（翻訳・解説、筑摩書房、2009）、『マルセイユのユニテ・ダビタシオン』（翻訳・解説、ちくま学芸文庫、2010）、『国立西洋美術館――ル・コルビュジエの無限成長美術館』（著、Echelle-1、2016）など。

TOTO建築叢書 9

世界遺産 ル・コルビュジエ作品群
国立西洋美術館を含む17作品登録までの軌跡

2018年3月20日 初版第1刷発行

著　者　山名善之
発行者　加藤　徹
発行所　TOTO出版（TOTO株式会社）
〒107-0062 東京都港区南青山1-24-3 TOTO乃木坂ビル2F
［営業］TEL. 03-3402-7138 FAX. 03-3402-7187
［編集］TEL. 03-3497-1010
URL: https://jp.toto.com/publishing
印刷・製本　大日本印刷株式会社

Printed in Japan
ISBN978-4-88706-368-6